造園がわかる本

第二版

[illegible]信 編

「造園がわかる」研究会 著

彰国社

編　者
赤坂　信　（千葉大学名誉教授）

「造園がわかる」研究会（50音順、＊はコアメンバー）
赤坂　信　（千葉大学名誉教授）*
池尻あき子（プレック研究所）*
池邊このみ（千葉大学）
上野裕治　（元長岡造形大学）
加藤　修　（ヘッズ）*
木下　剛　（千葉大学）
新保奈穂美（兵庫県立大学）
菅　博嗣　（あいランドスケープ研究所）
髙﨑康隆　（髙﨑設計室）*
竹田直樹　（兵庫県立大学）
辻野五郎丸（修景社）
内藤英四郎（都市ランドスケープ）
飛田範夫　（庭園史家）
福成敬三　（フォーサイト緑地環境研究所）*
町田　誠　（公園財団）
美濃又哲男（エル・エス研究室）

装幀　宇那木孝俊（宇那木デザイン室）

まえがき

「造園」と聞いてどのようなイメージを思い浮かべるだろう。身近な庭園や公園の芝生や花壇、また植木職人や「造園業」と書かれたトラックなどを連想するかもしれない。しかし、造園の仕事の活動範囲はもっと広い。庭園や都市公園に限らず、国立公園、国定公園などの広大な自然公園もその活動対象である。その仕事の内容は、日本造園学会監修『ランドスケープのしごと －人と自然があやなす風景づくりの現場－ 』(彰国社、2003) に詳しい。この本の多彩な執筆陣が各人の仕事の内容を紹介している。造園の英訳はランドスケープアーキテクチュア（landscape architecture）である。しかし、一般に「ランドスケープ」イコール「造園」と呼び慣わす傾向は厳密さを欠いている。上掲書にも示されているが、ランドスケープとは風景（景観）を指す言葉である。「設計する」という意味の「アーキテクチュア」という言葉がなければ、造園の意味は完結しない。それにもかかわらず造園をランドスケープと呼ぶには、いくつかの理由があろう。ランドスケープアーキテクチュアでは名前がいかにも長すぎる。つまりその略称としてランドスケープを使う。また従来の造園という語が喚起するイメージが限定されてしまっているので、これを超えようという意味で、造園に代わる新たな名称として使っている面がある。たしかに「ランドスケープ」という名のもとに生まれた空間があるとしても、庭園や公園など従来の「造園」を背景として生まれたものとはその数は比較にならないほど少数だろう。しかしながら、ここで両者をくっきり分けようとは考えない。この本としては両方いただくという立場をとる。「造園」の学会が「ランドスケープ」の本を出す状況であるから推して知るべし、である。造園の仕事を具体的に知りたい場合には『ランドスケープのしごと』を、キーワードで造園の中味を知りたい場合にはどうか本書『造園がわかる本』をご利用願いたい。あわせて読んでいただければ理解はさらに進むはずだ。

この本は、初学者が手にすることを意識して分かりやすくをモットーに編集したものである。また造園を学ぶ人だけではなく、建築や土木を職業とする人も卓上に置いて使えるものを目指した。小さな本だけにすべてを網羅するものではないが、関連の専門書への橋渡し、入口、案内の役は果たせるように心がけた。用語集をつくることからこの本の企画が始まった。しかし単なる用語の解説にとどまらず、これを読めば造園の全体像が、おおむね把握できるような、これまでにない新しいタイプの本をつくろうと考えたが、果たして実現できたか、読者のご判断を待ちたい。刊行に至るまでの6年間に景観法の公布や文化的景観に関する文化財保護法の改正があり、時代とともに歩みながら本づくりをしてきた思いがある。6年にわたり、この企画を支えてくれた彰国社編集部の大塚由希子氏の忍耐強さと変わらぬあたたかい励ましに感謝したい。

2006年10月

赤坂 信

第二版刊行にあたって

初版が出たのが、2006年。すでに16年が経ち、社会の動きに合わせて本書を改訂することになった。造園という日常の生活における制度、倫理、文化、歴史、芸術に関わる分野にもかかわらず、時代に応じた改訂版を出さずにきたが、ここ3年の新型コロナウイルス感染症 COVID-19のパンデミックによる日常の生活文化の大激変を契機に、本書を根本から見直すこととした。パンデミックが猛威を振るい、日常の生活空間における人間のふるまいに大きな影響を与えてしまっている。テレワークなどの普及で、都心に拠点を集中させることが求められなくなると、地方で仕事をする人が出現し、住まい方にも大きな変化がすでに見られる。また国連において採択されたSDGs（エスディージーズ：持続可能な開発目標）も「未来のかたち」として新たな生活目標の価値基準に大きな役割を果たすことが予見される。改訂版には、新たな社会事象についての解説も掲載した。一方、このコロナ禍の3年で変わらずにいるものも確認できたことも一つの収穫だった。花見という人間の年中行事はいったん消えたが、花の咲く季節は確実に巡ってくることを、私たちは3度体験している。コロナ禍という専ら人間側の騒ぎをよそに、自然の巡りはほぼ確実なのだ。こうした自然のダイナミズムをより深く識ることで、造園のセンスにさらに磨きを掛けたい。しかしもう一つ、人間側の事情で生じたものに、あろうことか、21世紀の今、欧州で起きている戦争がある。造園が展開できる世界はなによりも平和が前提となる。一日でも早く平和が訪れることを祈る。

2023年1月

赤坂　信

目次

まえがき

第1章　はじめに知っておきたい造園

第2章　造園が扱う空間

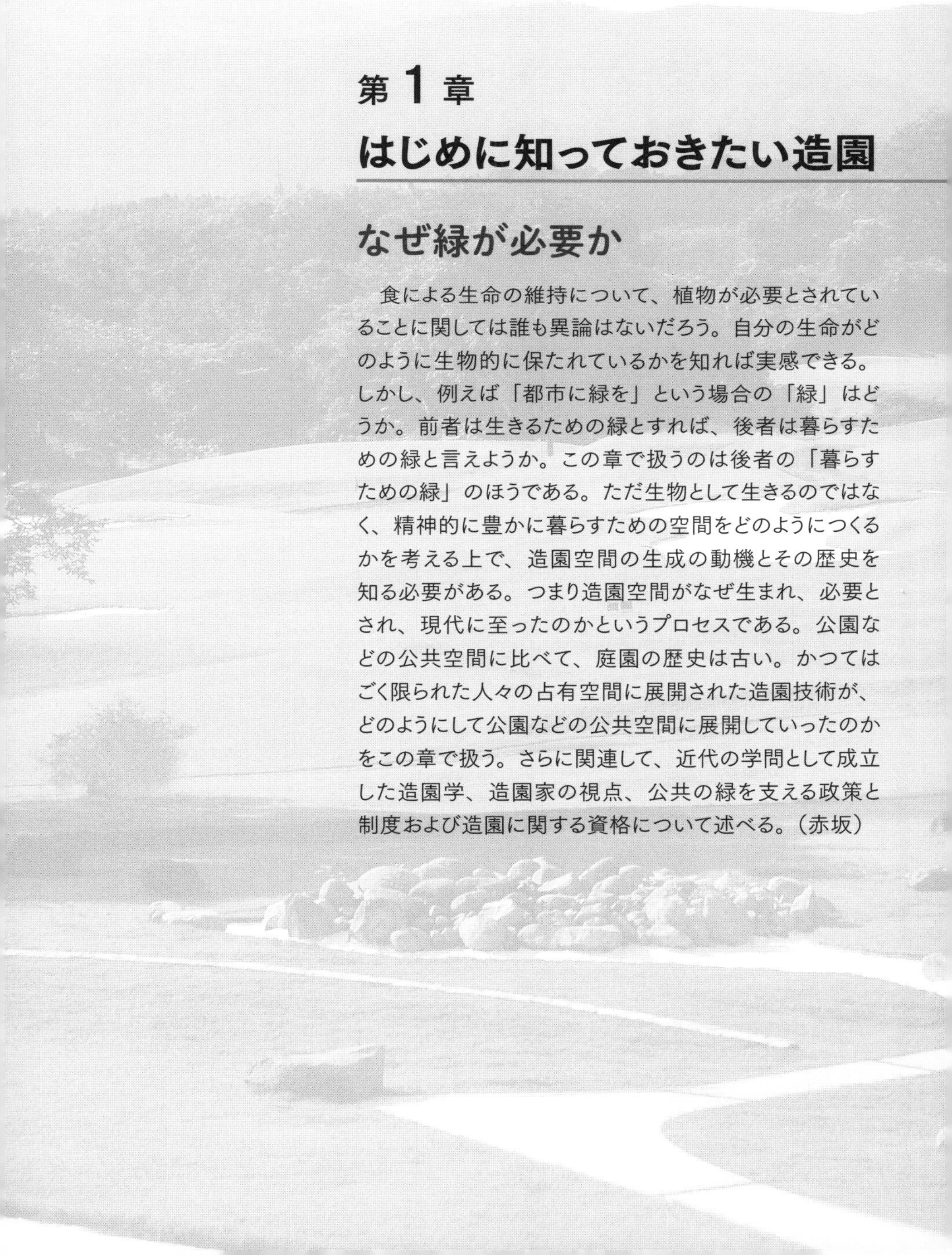

第 1 章　はじめに知っておきたい造園

なぜ緑が必要か

　食による生命の維持について、植物が必要とされていることに関しては誰も異論はないだろう。自分の生命がどのように生物的に保たれているかを知れば実感できる。しかし、例えば「都市に緑を」という場合の「緑」はどうか。前者は生きるための緑とすれば、後者は暮らすための緑と言えようか。この章で扱うのは後者の「暮らすための緑」のほうである。ただ生物として生きるのではなく、精神的に豊かに暮らすための空間をどのようにつくるかを考える上で、造園空間の生成の動機とその歴史を知る必要がある。つまり造園空間がなぜ生まれ、必要とされ、現代に至ったのかというプロセスである。公園などの公共空間に比べて、庭園の歴史は古い。かつてはごく限られた人々の占有空間に展開された造園技術が、どのようにして公園などの公共空間に展開していったのかをこの章で扱う。さらに関連して、近代の学問として成立した造園学、造園家の視点、公共の緑を支える政策と制度および造園に関する資格について述べる。（赤坂）

思想

造園という学問

本多静六（1866-1952）
彼は東京帝国大学（現·東京大学）で造園に関わる講義を初めて開始した人物。ドイツで林学を学んでいる。

『LANDSCAPE GARDENING IN JAPAN』

●造園学の始まり　高等教育における「造園学」は、明治・近代に生まれた学問諸分野と同様に欧米からもたらされたものであり、明治から大正にかけて（20 世紀初頭）林学や園芸学などの農学系の分野で教育されていた。日本人建築家を養成するためにイギリスから来日した建築家ジョサイア・コンドルは、日本の庭園にも深い関心を抱いていた。日本で活動し、日本で没した日本芸術の愛好家であったコンドルは、造園の古書を参考に日本の庭園について包括的に解説した“LANDSCAPE GARDENING IN JAPAN”（KODANSHA）を著している。当時の異文化理解を知る意味でも興味深い図書である。

●私的な空間からパブリックな空間へ　造園技術は、もともとヨーロッパで庭園をつくるためのものであった。公園に比べれば庭園の歴史ははるかに古く、庭園は私的な占有的空間であるため、その内と外の間に境界を持っていた。庭園の中で発達した造園技術は、やがてその境界を越えた空間、つまり庭の敷地の外へと展開されていくが、これで造園の技術的な面が一挙に社会化されたというわけではない。王侯貴族のパーク（この時代はまだ公園の意味ではなく、自分たちの林苑、狩猟林であり、むしろ私園）をつくる技術がさらに広く展開されることは、彼らの空間的権限の拡大を意味する。イギリスに生まれたランドスケープガーデンで農村集落がその中に取り込まれて、農家の軒先まで美化されたにしても、それはあくまで庭園の延長拡大であり、第一義的には集落の住民のためのものではない。

一方、19 世紀の近代都市に生まれた公園や緑地は、当初から人民のためにつくられたものがあった。人民の庭、民衆のパークとして登場した造園空間は、そこで現代のパーク（公園）の意味を獲得するのである。このようにして造園の対象領域は、庭園というプライベートな占有空間からパブリックな街路・市街地・河川・山岳（自然公園など）へと広がっていった。

●自然の営みを知ろう　造園空間の広がりと展開を考える中で、時間の推移も空間に変化をもたらす。日の出や日の入り、晴曇風雨など気象の日変化から四季の変化、潮の干満など、いわば地球の自転公転がもたらす変化を自然のダイナミズムと捉える視点が必要と思われる。月見、雪見、花見などは現代にも残ることばであるが、古来わが国では時間の変化を楽しみ、享受する際のボキャブラリーが豊富にあった。現代人が見失ったもの、例えば季節感覚を取り戻すには、かつての「風流」を成り立たせている条件・要素を、こうしたボキャブラリーから探ってみることもできる。

以上、自然の営みが展開される「空間」「時間」について述べたが、これらを享受する（例えば見る、聞く、触れる、楽しむなど）ためには次の３条件を欠かすことができない。まず、（1）享受の対象が存在すること、（2）享受する場所があること、（3）享受できる手段が保障されていること、の３点である。例えば、遠くにある富士山の姿を愛でる富士見という「眺望」を例に挙げてみると、眺望の対象である富士山があること、眺める場所（眺望点）があること、さらに眺望を妨げるものがないこと（ヴィスタの確保）である。通常、享受の対象の存在だけが重視されがちであるが、あとの２条件がなければ、「享受」はもちろん成り立たない。この３条件を整えることが造園の仕事である。

最後にもう一つ付け加えなければならない。変化するのは享受の対象だけではない。享受者そのものも変化するものであることを覚えておくべきだろう。（赤坂）

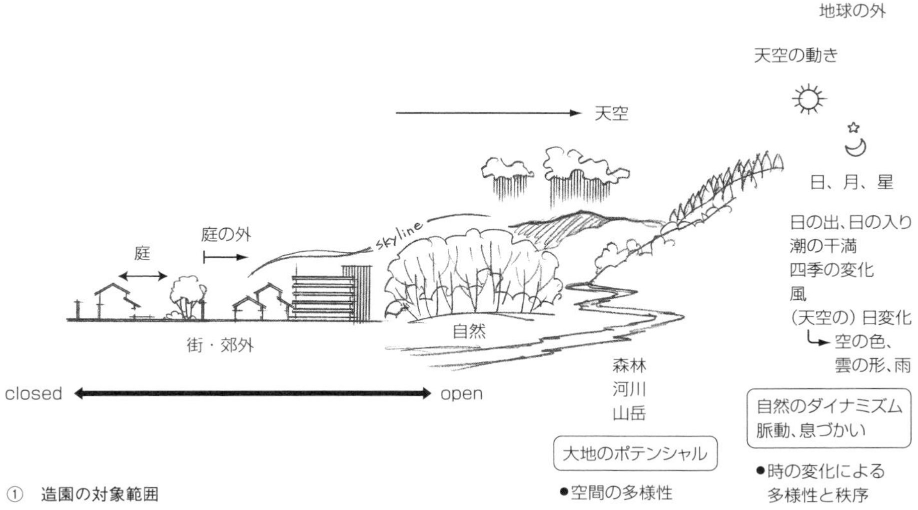

①　造園の対象範囲

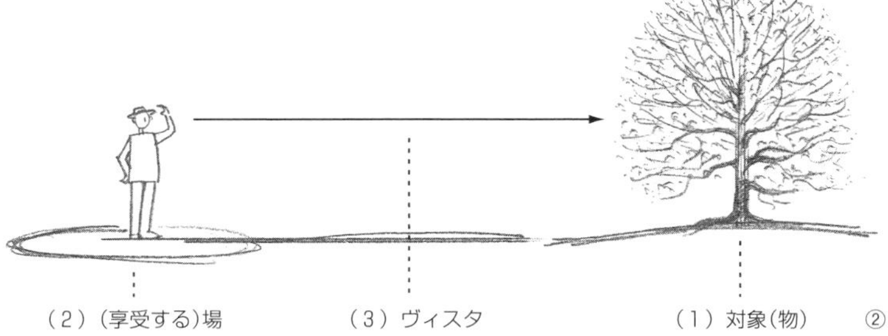

②　自然を享受する３条件

思想

造園家の視点

新型コロナウイルスの流行以来、世界中の人々がマスクをする姿がニュースで報道されてきた。しかしコロナが収まったら、果たして元に戻ることができるのだろうか。たしかに世界中がコロナにまみれようと、冬が終われば春には花が咲き、季節の巡りを感じる。考えてみると、疫病に恐れおののいているのは主に人間側のみで、その他は泰然としているように見える。しかし、果たしてそうなのか。この機会に自然というものへの対処の仕方を基本的にとらえ直すべきではないか。造園家も自然相手に仕事をしてきたが、ここで改めて自然をどう理解すべきかを考える契機としたい。

●造園家は自然をどう扱うか 庭園や公園緑地をつくったり（設計造成）、手入れ（維持管理）したりすることを実際に仕事とする職業人を造園家とするならば、これまでその職能の枠内で扱ってきた空間を構成する素材やこれを扱う上でのしきたりや哲学があるはずである。一言で自然といっても、植物などの生物から岩石や土、水などの無生物に至るものを素材としてきた。かつて、ホンモノの自然とニセモノの自然が対置されて論議されたことがあったが、こうした二元論ではホンモノは正しく、ニセモノはあってはならない悪いものとなる。例えば森林に生えているアカマツはホンモノで、植木鉢のアカマツの盆栽はニセモノというように。しかし両方ともPinus densifloraというホンモノの生命体である。一方、盆栽は人間の手入れなしには生きていけない点では森林の中にあるものとは異なり、人間の生活文化の中に生きてきたものである。同じ種でも、対人間の社会的文化的スタンスが異なる。自然科学的な理解が優先される時代には、植物と人間との間の文化的な理解が軽視される傾向があった。どちらが正しいということはない。むしろ造園家には両方必要な視点である。

●自然は絶えず変化する 生物は成長の過程で変化を遂げていく。無生物である水、土、また地形も変化を続けていく。四季の変化に応じて春には花が咲き、新緑の時期を経て、夏には緑陰を人々に提供し、また紅葉し、落葉するという一年の巡りは、地球の公転がもたらすものである。河口近くに築かれた江戸の大名庭園には、潮の干満という地球の脈動をわが庭に引き入れた「潮入（しおいり）の池」があった（現存するものは東京にある浜離宮恩賜庭園）。これも自然のダイナミズムを取り込む造園の技法である。扱うものは生物に限らず、広く自然現象も古来その対象としてきた。雨や風、霧などの気象の変化や地球の自転公転がもたらす自然現象も造園家の扱う「自然」と考えたい。現代人の見失ったもの、例えば自然の季節感覚を失い、厳粛な生死の事実から目をそらし、しかもこうしたことに気が付きにくい時代に、取り戻すべきは、自然が刻む太古以来の時間感覚ではないだろうか。身近なものでは樹木の成長のスピードや森林の遷移（ひょっとして自分自身の身体の変化も？）が相当するであろう。静止しているように見えても成長を続けているのである。こうした自然のダイナミズムが実感できる場、「時間感覚」を取り戻す場が必要とされている。造園家は、こうした場のつくり手としての役割を担っている。

●人もまた絶えず変化する　時代とともに景色がすっかり変わってしまったと嘆く声をよく聞く。こう嘆く人は、自分も変化を遂げていることにはあまり関心がない。つまり、目の前の変化を感じる自分自身が以前とは違うのに気が付かないのである。自己の美意識、価値観が変化していることは、風景の評価も変動するということにつながる。例えば棚田というテラス状につくられた水田風景の保護が話題になったが、かつては普通に見られたものが、今では滅びゆくものとして世間の耳目を集めている。以前は棚田が実際にあっても、今でいう「棚田」の認識はなかったであろう。つまり、目の前にあっても関心がなければ結局見えないのである。享受の対象（風景）だけが変化するのではない。享受の主体（人間）も変化を遂げるものという理解が必要である。風景の再発見は、対象はそのままなのに、主体の方が変化して起こる場合がある。見方が変わる、面白さを見つける、美しく感じるなど、人間側の事情で風景はかたちを得ていくのである。

●環境をつくる素材と要素を熟知する　環境のスケールの相違によって、例えば森林や山岳、河川というものから住宅の庭園のレベルでは、その扱いも大きく異なる。つまり対象は自然のシステムに大きく依存するものから、人間の社会生活の中に入り込んで人間の強い干渉を受けるものまで多様である。どこに力点を置くかはその対象によるが、その土地が本来持っている力や自然のダイナミズムを見抜く目が必要とされる。具体的にはその対象地における生き物（動植物）、土・水・光・風の条件について熟知しておくこと。さらにその環境の日変化および年（季節）変化のプロセス（動態）についても同様である。このことは気象の変化、つまり雲や雨などの天空の変化、さらに太陽・月・星など天体の運行の年変化・日変化も対象地の環境要素として組み入れることを意味している。ここに科学的な理解が当然要求されるが、もう一方で「自然をこれまでどう見てきたのか」という文化的な理解の仕方が重要である。つまり諸々の自然現象に人間がこれまでいかに対し、また味わい、なじんできたのかを知らずには、月見、花見、雪見という行為は理解できない。天空の変化や木々の成長などから「天然の変化」に直接人が触れて、天体の運行とともに自己が存在していること、自然（が刻む太古以来の時計）とともに自己が生きていることを実感できる戸外の環境を用意することが、造園家の仕事である。（赤坂）

思想

「風景」と「景観」の関係

三好学（1861-1939）
天然記念物の保存を主唱し、現在の文化財保護法の前身「史蹟名勝天然紀念物保存法」の法制化に大きく貢献した。

辻村太郎（1890-1983）
地理学者。日本地理学会を育て、会長となる。日本における地形学と景観地理学の事実上の創始者とされる。

●概念の混乱から　「風景」ということばに比べれば、「景観」は語感もかたく、学術的な記事や景観条例など行政上の文言でも用いられる用語である。事実、景観という語は植物学者の三好学によるドイツ語のラントシャフト（Landschaft）の訳語として生まれたことばとされている。元来、原語のラントシャフトの概念には視覚的な意味と土地、地域の属性を指す意味を併せ持つものである。ところが三好の訳語に対して、地理学者の辻村太郎が、景観の意味を「大體に於て眼に映ずる景色の特性と考へて差支ない」として、ここでは「景色」の意味に限定している[1)]。つまり、すでに訳語として生まれていた造語に、さらに別な意味を持たせるという混乱した履歴を「景観」は持っている。一方、「風景」は日常的な場面から文学的表現に至るまでより広く使われることばである。都市の風景計画を提唱する西村幸夫は、都市景観という用語が一般的であるのにあえて「風景計画」という用語にこだわりたいという[2)]。

「景観」よりも「風景」を用語として使うことの意味は、これまでの景観ということばに限界を感じてのことであろう。知覚主体（人間）抜きでも成り立ちうる景観に対し、風景は人間の存在による影響・文化をくぐり抜けてイメージ化されたものと言える。そういう意味で風景は記号的性格を持ち、「姿」だけではなく「意味」を持っている。主体（人間）があっての風景ならば、風景の享受者である人間側の多様な認識や理解があるはずである。ただ一定の「風景の見方」にとらわれたり、固定観念から解放されない場合もある。これは自己の目で見て考えるということをせずに、他人に判断を任せることによる。例えば景色を愛でる大作家あるいは分析描写する専門家（？）の権威に委ねることである。柳田國男は1926（大正15）年に、この時代の風景ブームに苦言を呈している。その一つに紀行文学の弊を挙げ、風雅を極める人が著名人の足跡をあがめる風潮においては、名勝は「風雅道の霊場、文人伝の古蹟」となっていると批判している[3)]。しかし自己の目で見て考えるというシンプルな図式は言うほどに簡単ではない。先に述べた記号としての性格を持つ風景は、しばしば「姿」を見せると同時に「意味」を自ら発してしまう。こうした、これまで持っていた「意味」、いわば先入観に屈することなく、自分の目で見て考えるには相当な眼力がいる。その眼力とは、文化的背景を十分に理解する力と、とらわれない自由で柔軟な発想力である。こうした能力は造園家にはぜひ備えてほしい素養である。

●風景の意味と姿　ドイツの自然学者で、科学的探検家アレキサンダー・フォン・フンボルトは、自然の見方(『自然享受』の一環である自然研究)について「①現象(眺め)という覆いを先ず見る」そして「②その覆いを通してその法則、仕組みを究明する」と述べている。現象という覆いとは「見た目」のことだが、これをフンボルトは「相観」と名付けて、まず相観を通して自然の諸力と諸現象との因果関係を究明することを主張している。その理由として相観は自然の諸力によって規定されているからと述べている[4)]。すなわち、見た目から始まるということ。十分に観察し、その覆いの下にある法則を把握することである。相観は対象を受け止める(享受する)際の入口である。それはまさに「入口」にすぎないが、入口の重要性に変わりはない。以上は自己の目で見て考えるというシンプルな図式の一例である。柳田が先に述べた「文芸の専制」は「静かに田舎に住んで天然の美しさを学ばうとするものの為には、無用な誘惑であり、有害な錯乱」と、ある種の権威ある情報に大衆が惑わされ、踊らされていることを批判している。目前の実景より人の手で書かれたものを尊ぶ、現実の姿より情報メディアを優先する傾向は現代につながる問題として重要な指摘である。しかし風景に一定の情報が含まれていることは、現実には不可避的である。純粋に物理的な対象を捉えようとするとき、対象にこびりついた「意味」を振り払う目的で「景観」という用語が定義されたとすれば、「意味」が除かれ「姿」のみの風景とは、辻村の言う景観であった。こうした景観は現実の世界には存在しない学術上の「概念」に名付けられたものである。前述の西村が計画の対象としたいのは、その土地の姿のみならず、意味を含み込んだ「風景」という現実の世界を相手にしたいということである。景観条例が日本全国の500に近い自治体で制定されたものの、ほとんど実効のない存在となっているのは現実味を欠く用語「景観」のせいであろうか。

さて2004(平成16)年6月18日に景観緑三法が公布された。景観緑三法とは「景観法」「景観法の施行に伴う関係法律の整備等に関する法律」「都市緑地保全法等を一部改正する法律」の三法をいう。全国各地の条例は数々の巨大オフィスビルやマンション建設がもたらした問題、また近郊の緑や里山の消失の問題を背景に生まれてきたものである。ここに法的な論拠が切実に求められてきたことも事実である。このような問題をめぐる論争や訴訟には、たしかに「景観」という語を用いることが多い。美観や昔ながらの景色の保存という景観論争には、開発と保護という対立図式で考えがちであるが、いずれもその地域の将来像をめぐる論争だととらえ直すことが必要である。そうすれば単に見た目(姿、かたち)だけの話にならない。いずれにしても「景観」の付いた法律を初めて日本の国民が持つことになったのである。法の運用や浸透によって景観も新たな意味を獲得していくかもしれないが、地域の「風景」にどのような役割を果たすのだろうか。(赤坂)

『空間の経験』

思想 環境になじむことの意味

●問題提起の背景 イーフー・トゥアン（段　義孚）は1930（昭和5）年に中国の天津で生まれたアメリカの地理学者である。世界的に知られることになる“Space and Place”という本が1977（昭和52）年に出版され、『空間の経験』[1]として日本語に翻訳されるのはその11年後の1988（昭和63）年である。私はかつて「見知らぬ空間」にどのようにして人はなじむのだろうと考え続けていたことがあった。来たこともない知らない街、できたばかりのニュータウンに、あるいは引っ越してきたばかりのアパートへの入居など、見知らぬ空間にある日突然住むことになるという体験は珍しいことではない。しかし、その見知らぬ空間、新しい環境にどのように自分をなじませていくのか。なじむとか慣れるということは、一体どのようなことなのか。この本と出会ったとき、そんな疑問に応えてくれるような気がした。

『空間の経験』の中心テーマは、抽象的で不特定なSpace（空間）が、そこで生じた個別的体験によってPlace（場所）に転換することである。こうした論調は、フランスの地理学者オギュスタン・ベルクが巻末の日本語版解説で述べているように、いわゆるモダニズム（近代建築、近代都市政策）の誤りや行き詰まりに遭遇しているときに、人間を主体として扱う環境整備の論拠を明示するものであった[2]。たしかに彼の本では、空間よりは場所の方に重点が置かれている。ベルクによれば、空間（自由）より場所（安全）を重視してしまう点で、トゥアンの論点は自由より安全の方に偏重しているとして保守的な価値観に基づく書であると断じられる危険があるという。過去や未開社会を重視する見方は今日の先進社会のレトロブームにいかにもぴったりしていて、人間の感受性を本来のものと正当化し、その歴史的な過程を過小に評価する恐れがある。ベルクの心配は、均衡のとれた生活環境には空間（自由）も場所（安全）も両方必要なのであり、場所さえあればいいととられかねないというものである。本書の持つ両義性に惑わされないために、われわれは本書が書かれた1970年代半ばの状況を思い起こす必要がある。それは建築や環境整備において、近代主義に代わってポスト・モダンの台頭の時期であった。トゥアンの問題提起を翻訳すると、「それはspace主義への反撥、place主義の抬頭という転換期だった」ことに思いを馳せなければならないとベルクは説いている。

さて、私はトゥアンの説の正統な解説者ではないが、ここでこの本から触発された点について述べたい。

●見知らぬ空間になじむには 長崎県沖に浮かぶ採炭のために人工的に

軍艦島

つくられた軍艦島（①）に関する報告書に、今も記憶に残る写真がある。それは階段の踊り場に植えられたひとかたまりの植物。それが花だったか野菜だったか定かではないが、そうやって何から何まで人工的につくられた空間に自分が植えた植物がある。その植物を栽培するには土を本土から運ばなければならない。そうしてまで育てることの意味を考えさせられた。見知らぬ土地、慣れない環境に己の行為の結果を認めることは、その環境と一体になる第一歩かもしれない。引っ越したばかりのアパートの部屋に自分の好みのポスターを貼る行為もわが「場所」を主張する一つの姿だろう。大地に木を植えること、庭に花を植えること。行為者はこうした体験を通じてその空間を「場所」と認識する。公園に住民が計画段階から参画したり、植樹を自分たちで実施することは、将来の公園ユーザーにとって自らその体験の「思い出の場所」をつくることである。個人住宅の庭園は、一般に設計から造成、管理（手入れ）をプロの手に任せていたが、所有者が自分で簡単にケアできる庭園の規模・形態が好まれるようになってきている。つまりガーデニングブームの背景には、植栽の選定からその配置、手入れを自らやり遂げて庭園空間を自分の手に取り戻そう、わが「場所」にしていこうとする動機が潜んでいると思われる。環境に「なじむ」にはそれぞれ個々の体験が必要である。ここでは代理人はきかない。トゥアンの言う「空間」から「場所」への転換も、個々の体験を経由せずには不可能である。しかし実際に自分自身が環境になじむとき、その両義性を感じることになる。昔からこうだったというオキテに無批判に従うのか、自ら働きかけて環境をわが方の味方にしていくのか。ベルクのことばをまた借りることにしよう。どちらが正しいということではない。無論、注意深さがいるが、両方が必要なのである。さらに現代の先進社会で、しばしば忘れられがちなことは、慣れること、なじむという「体験」には時間が必要ということである。いくら文明が発達しようとも、この時間を省略することはできないし、してはいけない。（赤坂）

① **軍艦島の屋上庭園**
軍艦島（端島（はしま））の外に出る子供たちはバケツを手にして出掛け、帰りにはそれぞれ土を入れて持ち帰る。こうしてアパートの屋上などに花壇やささやかな野菜畑がつくられた。

思想

名所・名木を保存する考え方

長岡安平（1842-1925）

●長岡の保存論　造園家は making（つくり出す）の能力だけではなく、finding（見つけ出す）の能力も同時に求められる。その土地の良いところやポテンシャルを見抜く力は、名所や名木を重視する姿勢につながる。近代において活躍した長岡安平（ながおかやすへい）の名所旧蹟に関する保存論を紹介してみたい。

全国各地の公園を精力的に設計していた長岡は、1906（明治 39）年に「名木の保存」と「名所旧蹟の保存事業」という論説[1]を公にしている。これは長岡が 64 歳頃に書いたものであるが、大正 10 年代まで仕事をしていた長岡にとって、この年齢が晩年とは言い難く、十分に実践をとおして得られた自身の意見と思われる。

「名木の保存」では、保存樹木の定義を独立樹か樹林を問わず「一地方の風致を添えるもの」としている。樹木保存の条件は、十分な広さとその土地が官公有地であることを挙げている。さらに道路・鉄道・電線といえども断じて保存樹木を害してはならないことを条件に加えている。該当する植物に有害な物質や陰になる建物は除去すること。また注目すべきは、一般公衆に対する教育が必要であることを説いている。つまり、保存されているものは皆によって大事にされ、尊重されているということが自然に分かるようにするべきだという考えである。

「名所旧蹟の保存事業」では、名所旧蹟は「生ける国宝にして国粋の精華なり」としている。ここで長岡は名所を「名苑」「勝地」「社寺境内」とし、それぞれ「絵画彫刻と同じ一つの芸術」「天然美景の粋」「これ自身一篇の歴史であり尊厳崇高の感を発生するもの」に相当するものと定義している。さらに公園を設計する立場でありながら、「名所旧蹟と公園との区別を明らかにすべし」と主張する。すなわち、名所旧蹟は秘蔵すべきものではなく、広く国民に公開すべきだが、一般公園のように運動や遊歩本位の場所ではないという考え方である。名所旧蹟をもとにして公園をつくることは、いかにも都合が良いと考えがちだが、それがために国家的世界的な価値を持つ名所旧蹟の本来の性質を失う恐れがあるとみていたのである。

井下清（1884-1973）

●井下の保存論　長岡が没した翌年の 1926（大正 15）年に長岡に私淑する井下清（いのしたきよし）は『祖庭長岡安平翁造庭遺稿』を出版するが、井下の論文（1932）に「東京の史蹟其他の保存事業を顧みるに其実績は大部分が公園地に於て為され又は関連して居ることは公園の誇りではなく寧ろ保存事業としては悲観すべき事実である」[2]という文章がある。本来ならば長岡の教えのとおりにしたかったということだろう。近代都市として発展変貌を遂げ、戦争による社会不安をくぐりぬけ、そして井下の場合には関東大震災で江戸以来の遺産を失ってしまった東京を復興する事業を自ら手掛けた経験がある。結局、公園地でしか一定のまとまりの環境を保存することができなかったという実感が井下にはあったと思われる。同時にこれを人手に渡して改変消滅させないためには公有化の必要を痛感していた。『史蹟名勝天然紀念物』に掲載された２度目の論文（1932）に井下は「保存事業は一般の理解し易い市民生活の幸福の上に重大なる貢献を為す公園事業と関連して其実を挙げんとするものである」と前述のように公園事業を通じて史蹟等の保存を実現させることを宣言する。これが寄附公園事業（①）であった。井下自身、「東京都の寄附公園と岩崎久彌翁」を『造園雑誌』（1956）に寄稿し、自らの体験を語っている。また『井下清先生業績録』（1974）の「公園地寄附の下地づくり――いわゆる『貰い頭』の先生――」では、寄附者との接し方などさまざまなエピソードが紹介されている[3)]。

保存事業の実現はなぜ困難なのか。歴史的物件は学者にとっては研究調査の対象、実業家から見れば投資の対象にすぎない。目的を遂げれば後は放置という保存物件の維持と運営に関しては驚くほど冷淡な時代であった。そこで井下は自己の職能の範囲で可能な保存事業の実現を目指したのである。保存事業の意義がまだ社会的に定着していない時代に、上に述べたような理由から保存物件の公有化が求められ、やがて保存の法的根拠も史蹟名勝天然紀念物保存法制定によって与えられるが、井下のような批判が繰り返されるのは、保存事業に付随する経済的な保障の問題を棚上げにしたまま、役人を講演、講習に出席させたり、国民を顕彰、旌表（せいひょう）方式で褒めたり脅したりする内務省主導の地方改良運動的な処方（井下に言わせれば、宣伝、文学、口舌のみ）が改まらなかったためであろう。国の保存事業は昭和初期に内務省から文部省へと移管されるが、上記の２論文は内務省、文部省時代の保存事業に対する井下の批判的論考である[4)]。（赤坂）

地方改良運動
日露戦争では初めて大量の戦死者を出し、また多大な戦費による財政の破綻が生じた。戦後、経済の立て直しと社会矛盾の激化などで動揺した民心を、国家主義で統合することを目指して、地方改良運動という内務省主導の官製運動が全国的に展開された。

①　寄附公園の一つ、清澄庭園（東京都）

思想

保存思想は破壊から生まれた

大切なものは壊さないようにとっておく（保存する）思想はどのようなことから生まれたのだろう。大きく価値観が転換し、混乱を極めた明治期に近代の保存思想が生まれたという。

●復古ゆえの破壊 明治文化史研究家であり、また大審院判事を務めた尾佐竹猛（おさたけたけき）（1880-1946）は、明治初期のすさまじい破壊の様子を伝えながら、その破壊の末に保存思想が生まれたことを機関誌『史蹟名勝天然紀念物』（1940）で明らかにしている[1)]。明治維新とは王政復古である。古（いにしえ）に復するのだから、本来「最も総てのものが保存さるべき…」ところが、実は最も多く破壊されたのである。王政復古は「過去」を理想とし、維新は「将来」を理想とする。この過去と将来の思想がほとんど同一歩調で維新を成し遂げたのは、復古のためには、まずは破壊だという大前提があったからである。現状を打破しようとする気運は明治初年の内乱や暴動、政変の背景となった。尾佐竹は、革新運動は主に建設運動より破壊運動において猛烈に働くので、破壊すれば後に建設があるだろうということになることから「明治維新も破壊運動が先に立つ」とみている。その破壊の先駆として第一に宗教的理由、幕末からあった（仏教をターゲットにする）外来思想排斥の一片鱗としての廃仏毀釈（はいぶつきしゃく）、攘夷思想（じょういしそう）を挙げている。ここでは詳細は省くが、注目すべきは尾佐竹が 1940（昭和 15）年の時点で「今日の流行説」を批判している点である。つまり明治の文化は欧米の物質文化の輸入によって「固有の美風良俗或いは道徳習慣が破壊せられたり」というものであるが、こと破壊に関してはむしろ欧米文化の影響を受ける以前において、国内ですでに猛烈な勢いで進行していた事実をすっかり忘れているのではないかと尾佐竹は指摘する。欧米化が入ってきて旧文化が破壊されたのではなく、旧文化が崩れたところに欧米文化が入ってきたのである。これは破壊のプロセスを考える上で非常に重要な点である。また破壊思想のもう一つの理由に政治と経済を挙げている。版籍奉還（はんせきほうかん）によって分権的であった地方政治が中央集権化され、各地の城が破壊され、武士階級は失業していったが、一方では産業が新政府によって奨励され、東京市中の空き家と化した数多くの大名屋敷は桑や茶を栽培する畑とされていった。

●価値観の混乱 刷新ゆえの破壊と価値観の混乱は、物質的環境にとどまらず、庶民の習俗にも及ぶ。1871、1872（明治 4、5）年の門松・年賀・年玉・歳暮・盆の習慣の廃止、制限、停止などが東京府、青森県、山梨県、京都府などで通達されている。また五条の橋がペンキで塗られ、明治天皇の「五条の橋はどこへ行った」という一声に役人があわてて復原したり、奈良の県庁の役人が三笠山で鹿狩りをやるというエピソードも紹介されている。

●破壊から保存へ　尾佐竹によれば、1877（明治10）年前後までは最も破壊思想の猛烈な時期とし、その次の10年、1887（明治20）年前後を第二期と定め、保存思想が漸次台頭してくる時期としている。第二期はいわば一応破壊されつくした段階で、今度は保存思想が勢いを得て欧米文化を吸収した結果、逆に自国の文化を見直そうという気運が生まれた。彦根城保存に関する特旨（1878）がなされ、日光東照宮等の保存を目指す保晃会（1879）が結成、古社寺保存金制度（1880）が生まれ、フェノロサが日本画の保存を唱えたのは1882（明治15）年、正倉院が宮内省に全部保管となり、農商務省の博物館が宮内省の所管となるのもこの第二期である。さらに1885（明治18）年の内閣管制の改革で、「旧蹟、名勝、公園地等存廃処分の件」が内務省地理局の職掌となり、社寺局で古社寺保存の事業が営まれることになる。その次の10年は破壊思想が影を潜め、1897（明治30）年には古社寺保存法が制定されるのである。造園に関することでは1873（明治6）年の太政官布告による公園の設置がある。これが日本の公園制度の出発点になるが、ほとんどが社寺境内地や名所、行楽地が公園として転用されたものであった。しかし逆に言えば、公園が社寺の建造物等を含むものであったことが、史蹟の保存、歴史的な環境の保全に一定の役割を果たしたと言えよう。昭和初期の保存事業に対する井下清（当時・東京市公園課）の批判によれば[2)]、1919（大正8）年に現在の文化財保護法の前身である史蹟名勝天然紀念物保存法が制定されたが、さかんに論議されるわりには資力実行力ともに乏しく、史蹟その他の保存が実現された環境は事実上公園地の場合が多かったことを挙げている（17頁参照）。（赤坂）

思想

作庭家と造園家

●庭づくりの定義　江戸時代までにつくられた庭園は、中国・朝鮮経由の文化から影響を受けてきた。一方、明治以降の庭園は、西欧文化の影響を受けていることに特徴がある。広く庭園の構想・デザイン・工事に携わり、作庭の中心的役割を果たした立場の人をここでは「作庭家」とし、特に昭和の時代に庭園設計という行為を庭づくりの仕事に定着させた人たちを「造園家」と定義してみよう。

●作庭家の思想　日本庭園の思想は、世界最古の造園書といわれる『作庭記』の中に早くも述べられている。著者の橘俊綱は、自身も作庭家であったと考えられ、その思想の第一は、「生得の山水をおもはへて（自然の風景を思い浮かべて）」に始まる自然と名所に学ぶ姿勢であり、これは日本庭園の現在まで変わることのない大きな特徴である。「こ（乞）はんにしたがふ」は（石の）望むようにという意味で、自然物に動きを感じ取り、そのエネルギーを組み立てる行為が作庭だとする。しかし、また半面で、当時の社会全般に影響を与えていた「陰陽五行説」に従った「禁忌」のような形式論も展開している。この「陰陽五行説」は、室町時代に刊行された『山水並野形図』の中でも難解な形式をつくり出しており、作庭思想の一つとして影響力を持っていた。

橘俊綱（1028-1094）

鎌倉時代、藤原定家は植栽を趣味とし、その庭の様子は日記の『名月記』に詳しい。また室町時代の植栽については、足利義政の『蔭涼軒日録』などから窺い知れる。前者からは、平安時代の庭園植物に加え、花木の品種群が増加したこと、後者からは武士の美意識による、鋭く力強い印象の針葉樹が多く植栽されたことが分かり、植栽傾向には当時の人々の美意識が反映されていると言える。

藤原定家（1162-1241）
鎌倉前期の歌人

室町時代の禅僧、夢窓疎石の作庭思想は、その宗教的宇宙観に拠っている。永保寺（岐阜県）、瑞泉寺（神奈川県）、恵林寺（山梨県）、西芳寺（京都府）、これらに共通するのは、第一に地形で庭園の背後には地域を見渡せる小高い山の頂があり、亭が建てられた。ここは悟得の域を表現し、その下に厳格な枯山水、最下段に禅宗化した浄土形式という、疎石の理想とした庭園空間が大スケールの三段構成をなすものであった。

夢窓疎石（1275-1351）
夢窓国師、仏統国師。
臨済宗の禅僧。
天龍寺・西芳寺開山

日本庭園史上、最も有名な作庭家の一人は小堀遠州であろう。遠州は作事奉行として公儀の作庭に当たり、仙洞御所、二条城二の丸庭園改造、南禅寺金地院（いずれも京都府、①）など、それぞれの庭園の目的と依頼に応じた構想と趣をつくり出すために、自在な造形感覚を駆使した。この意味で、遠州に至って初めて、今日でいうデザインの概念に適う作庭行為が

小堀遠州（1579-1647）

孔孟思想の影響
儒家の祖、孔子の言行録である『論語』や、その教えを継ぐ孟子の書からの一節が庭園名に用いられた。

認められる。遠州は自邸や菩提寺の大徳寺孤篷庵（京都府）などでも簡潔で独創性あふれた作品を残し、他者の追随を許さない。

① 金地院庭園は､「祝儀の庭」として小堀遠州によりデザインされた。

江戸時代には多くの大名庭園がつくられたが、それらの構想には中国の名所や孔孟思想の影響が強く現れ、庭園名にも反映された。また庶民の庭では作庭書の普及などにより、形式化が進んだ。

山縣有朋（1838-1922）

小川治兵衛（1860-1933）

明治時代の欧風化の波は、文学では「自然主義」の思潮を生み、現実をあるがままに写し取ろうとするその考えは広く普及した。山縣有朋は、この時代の新思想を無鄰庵（京都府）の庭園構想で表現し、定型化が進んだ江戸時代庭園に革新をもたらした。有朋の思想を具現化したのが、京都の小川治兵衛である。山裾に流れる小川の景を主題とした「流れの庭」をはじめ、大規模な池庭を次々と手掛け、新しい庭園樹木も取り入れて、昭和時代の「雑木の庭」へと続く一様式をつくり上げた。

重森三玲（1896-1975）

●造園家の思想　重森三玲は、明治・大正時代に流行した「流れの庭」を、自然を写し取るだけで芸術の在り方としては安易であると批判し、精気あふれる独創性の強い庭園芸術を主張した。青石（緑泥片岩）の立石を多用した石組や、創作の竹垣・石貼などを駆使して、寺院の枯山水や茶庭、住宅庭園等多数の庭園を意欲的につくり続けた。

飯田十基（1890-1978）

小形研三（1912-1988）

飯田十基と小形研三は師弟の関係であるが、自然風景の描写という日本庭園の最も核心をなす主題を扱い、仕立てた庭園木を用いない「雑木の庭」という昭和時代の庭園様式を完成させた。関東地方のコナラ、ソロやカエデ類などの野木、筑波石とモルタルの造形による細い流れの景を得意とした。飯田は茶庭としての使える庭、小形は住宅の部屋から観賞するための庭というそれぞれの時代の生活環境を考えた庭園をつくった。

中島健（1914-2000）

中島健は、日本庭園の本質を「無限感」という空間感覚に見出し、その美の原理を現代に応用して住宅、美術館、ホテルなど、時代を反映した作庭の場に展開した（②）。また、海外での日本庭園づくりにおいて「日本庭園とは何か」の問いに実作で応え続けた。さらに日本庭園への草花の導入に取り組み、敬愛社軽井沢山荘の傑作を生み出した。

井上卓之（1921-1995）

一方、図面というツールを使うことによってこそ生まれる新しい庭園デザインを追求した井上卓之は、日本庭園に幾何学デザインを導入するなど新鮮な印象の作品を遺した。

荒木芳邦（1921-1997）

荒木芳邦は、超高層建築という大空間に対し、大木の群植や地被植物の混植という景観形成技術によって都市スケールの造園を試みた。（髙﨑）

② ホテル紅葉館庭園

思想

ランドスケープデザイナーとガーデンデザイナー

●ランドスケープデザイナーの思想 アメリカにおけるランドスケープデザイナーたちの活動も、はじめは庭園デザインから出発した。ヨーロッパの幾何学様式から発展して、より自由な庭園デザインで近代化を試みたのが、1910 年代からのカリフォルニア大学バークレー校での教育であった。アウトドアリビングの提案をしたトーマス・チャーチ、植物とのふれあいを重視したジェラルディン・スコットらが学んでいる。

続いてハーバード大学のガレット・エクボ、ダン・カイリーたちがランドスケープのモダニズム運動を実践した。ガレット・エクボは土地の自然条件と住む人の行動から出発した美的かつ機能的な景観デザインを主張した。ダン・カイリーはオークランドミュージアムにおいて、建築家や土壌専門家とのコラボレーションを実践し、フランス庭園のそれとは異なる幾何学線形による屋上庭園をデザインした（30 頁参照）。

ローレンス・ハルプリンはアメリカの自然を、都市空間の中にコンクリート素材で表現した。それは、水の動態の観察からその法則性を導き出し、新しいランドスケープを実現したものである。これら西海岸での動きと同時に、東海岸ではニューヨークを中心にロバート・ザイオンらがアトリウム空間やポケットパークの優れた作品をつくった。ポール・フリードバーグはニューヨーク市立大学での教育と同時に、都市の中での水辺空間計画において、非常に魅力的な情景をつくり出している。楽しく過ごせて、己を見つめることのできる「場」をつくることを主張した。

●アートとしてのランドスケープ

ハーバード大学でヒデオ・ササキから多くを学び、またパートナーとして事務所を開設したピーター・ウォーカーは、ランドスケープデザインはアートであると宣言し、現代日本の造園界そして建築界からも多くの支持を得た。建築および環境芸術による新しい都市空間の実現を志向する集団であるサイトの活動も注目される。サイトは鑑賞者の視覚を知的に刺激することで、新鮮な空間をつくり出した（①）。植物学者でもあるパトリック・ブランは、植物との共生を「垂直庭園」と呼ばれるアートとして作品化している。

① サイトによる「Forest Building（森の裂け目）」

ガレット・エクボ
Garrett Eckbo（1910-2000）

ダン・カイリー
Dan Kiley（1912-2004）

ローレンス・ハルプリン
Lawrence Halprin（1916-2009）

ロバート・ザイオン
Robert Zion（1921-2000）

ポール・フリードバーグ
Paul Friedberg（1931-）

ヒデオ・ササキ
Hideo Sasaki（1919-2000）

ピーター・ウォーカー
Peter Walker（1932-）

サイト SITE（1970-）
アリソン・スカイ、ミシェル・ストーン、ジェイムズ・ワインズらによりニューヨークで設立された芸術家集団。

パトリック・ブラン
Patrick Blanc（1953-）

●ガーデンデザイナーの思想　イギリスのガーデンデザイナーの思想も多様で、イングリッシュガーデンの一語で表せるものではない。英国王立植物園キューガーデンの植物コレクションは、19世紀におけるプラントハンターによる世界中からの収集の結果で、これをいかに栽培し、見せるかという試行の結果がイギリスの園芸文化をつくった。このコレクション熱の一方で、田舎家の在来植物も大切にした無理のない植栽を提唱したのが、ウィリアム・ロビンソンであり、1870（明治3）年には『ワイルドガーデン』を著している。このコテージガーデンスタイルに画家としての蓄積を応用して、近代英国庭園に大きな影響を残したのが女性造園家ガートルード・ジーキルである。季節の花の植栽理論は現在のガーデンデザインの基本となっている。

ウィリアム・ロビンソン
William Robinson
（1838-1935）

ガートルード・ジーキル
Gertrude Jekyll（1843-1932）

　英国王立園芸協会が毎年春に催すチェルシー・フラワーショーは、世界で最も実績のある園芸展であり、ここで活躍するガーデンデザイナーには日本での庭園計画の機会も多い。ジョン・ブルックスは多くの著書により日本人にもよく知られ、人と自然の共存を、庭園文化という形で実現しようとする。ジェームズ・ラッセルは群馬県にある赤城自然園の植栽指導を行った。日本にたびたび滞在して、ウッドランド型英国庭園を計画し、注目すべきシャクナゲ原種園を若い日本人スタッフとともにつくり上げた（②）。ラッセルの作庭は完全な自然主義・現場主義で、数十年かけての庭づくりの思想を持ち、本格的な開園は植物景観が成熟してからの将来としている。

英国王立園芸協会
RHS（The Royal Horticultural Society）

ジョン・ブルックス
John Brookes（1933-2018）
著書 "The Small Garden" "John Brookes' Garden Design Book" など。

ジェームズ・ラッセル
James Russell（1920-1996）

②　赤城自然園のシャクナゲ原種園

　オランダ出身の栽培家ピエト・オウドルフは、ニューヨーク高架鉄道跡「ハイライン」の公園化にあたり、自生種に栽培種も加えた草原景観の美や樹木苗が成長する動的な庭を実現した。

ピエト・オウドルフ
Piet Oudolf（1944-）

●建築家や彫刻家の造園デザイン

　ルイス・バラガンはメキシコの風土に根ざしたデザインにより、建築と庭園が渾然一体となった独特の空間を実現し、安藤忠雄など日本の建築家に多大な影響を与えた。

ルイス・バラガン
Luis Barragan（1902-1988）

　フランスでは、パリの街はずれにあるラ・ヴィレットで公園設計の国際コンペが行われた。日本人も数多く参加したが、建築家ベルナール・チュミのフォリーを多用した、これまでにない公園デザインの提案は日本造園界にとって大きな衝撃であった。ダニ・キャラハンによるセルジ・ポントワーズ市大都市軸プロジェクトは、伝統的なヴィスタを用いた現代ランドスケープの創出を実現している。（髙﨑）

ベルナール・チュミ
Bernard Tschmi（1944-）

ダニ・キャラハン
Dani Karavan（1930-2021）

思想

グリーンインフラ

●グリーンインフラとは何か？ グリーンインフラ（green infrastructure の略称）とは何か。これまで造園分野で行われてきたことと何が違うのか。このことについて、実は明確な答えは用意されていない。グリーンインフラの取組みで先陣を切った欧米諸国の定義を見ても、わが国の国土交通省の定義を見ても、果たして緑地と何が違うのかはっきりしない。

国土交通省（2019）はグリーンインフラを「社会資本整備や土地利用等のハード・ソフト両面において、自然環境が有する多様な機能を活用し、持続可能で魅力ある国土・都市・地域づくりを進める取組」と定義する。この中で「自然環境が有する多様な機能を活用」という部分は海外の定義とも共通しており、グリーンインフラの根幹をなす特性と言える。単機能だが高いパフォーマンスを誇る土木インフラとの違いが際立つ部分でもある。しかし、自然の働きを活用するのはグリーンインフラに始まったことではない。造園分野でさまざまな目的のもとに行われてきた植栽や緑化は、いずれも植物や自然の働きを人々の暮らしに役立てようとするものだった。

一方、グリーンインフラとみなせる事例は昔からあるとする立場を明確にするのは日本学術会議である。同会議環境学委員会都市と自然と環境分科会（2020）とその委員長を務める石川幹子（2020）は、古代中国の都江堰・林盤に始まり、欧米の初期公園緑地、例えば公衆衛生のために整備された欧州各都市の公園、都市防火のために整備されたアメリカのパークシステムや、わが国の大通り公園・震災復興公園、太政官布達公園等々をあまねくグリーンインフラとみなしている。これらの公園・緑地がつくられた当時、もちろんグリーンインフラという言葉はなかったのだが、自然環境を生かしたインフラであるということのほかに以下の条件を満たしていることなどから、石川らはこれらをグリーンインフラとみなしている。

●社会的共通資本としてのグリーンインフラ その条件とは、戦略的に計画された社会的共通資本（宇沢、2000）であるということだ。社会的共通資本は所与のものではなく、その設置や管理が地域社会によって公認されて初めて社会的共通資本となる。その手続きが戦略的計画である。そうなるとグリーンインフラはおのずと気候風土、歴史文化をふまえた地域固有のものとなる。また、人々はそのサービスを享受するだけでなく、インフラの設置・管理にも関わるということが前提とされる。このことは、グリーンインフラがローテク、ローコストであることと相まって、一般的な土木インフラには見られない特性をグリーンインフラに与えている。インフラは文明の利器と言えるが、グリーンインフラは文化的な側面も併せ

社会的共通資本
この概念の提唱者宇沢弘文（2000）は、「社会的共通資本は、一つの国ないし特定の地域に住むすべての人々が、ゆたかな経済生活を営み、すぐれた文化を展開し、人間的に魅力ある社会を持続的、安定的に維持することを可能にするような社会的装置を意味する」とし、「自然環境、社会的インフラストラクチャー、制度資本の三つの大きな範疇に分けて考えることができる」。また、「社会的共通資本は、たとえ私有ないしは私的管理が認められているような希少資源から構成されていたとしても、社会全体にとって共通の財産として、社会的な基準にしたがって管理・運営される」と述べている。

持ったインフラということになる。

しかし、過去の事例もグリーンインフラとみなせるとして、それでは昔と同じものをつくればそれもグリーンインフラと呼んでよいのであろうか。緑地はおしなべてグリーンインフラとみなしてよいのであろうか。答えは否である。新しい言葉を使うからには従来の言葉では説明しきれない今日的な意義が含まれていなければならない。それは、より賢く自然を使う技術と分野横断的な取組みの２点に集約されよう。

●グリーンインフラの今日的意義　より賢く自然を使う技術とは、社会課題を解決するために、自然の働きを今まで以上に効果的、効率的に活用し、将来に問題を先送りしないようにする方法（持続可能な方法）である。例えばアメリカのパークシステムや日本各地の大通り公園は、すべての建造物を不燃化するのが難しい状況において、緑被地の持つ能力を最大限に活用し延焼リスクを最小化するという、効果的で効率的な都市計画が試みられたがゆえに我々はそれらをグリーンインフラと呼び得るのである。また分野横断的な取組みとは、多機能ゆえにさまざまな分野にまたがるということもあるが、それ以上に、グリーンインフラは他のインフラのサービスを補完できるという点が重要である。そこでは、その効果や費用をめぐって他のインフラと定量的な比較が行えることが望ましい。例えばアメリカのニューヨーク市（2010）では、グリーンインフラによるアプローチが、新たに下水道等を整備するよりも大幅に少ないコストで合流式下水道越流水を減らせることを定量的に示した上で、雨庭（rain garden）や緑溝（bio-swale）が整備されている。雨庭・緑溝（①②）とは、土壌等が有する自然の作用（ここでは雨水浸透能）を賢く使って都市型洪水の軽減、公共水域の水質改善に資するグリーンインフラの典型である。

このように、より賢く自然を使う技術や分野横断的な取組みが求められるのは、気候変動や人口減少対策に代表される今日の社会課題が、従前の技術や体制では解決することが難しくなっているからである。今日の社会課題を効果的に解決するには、技術面ではより環境負荷の少ない持続可能な手法が、体制面では個別最適化（縦割り型）ではなく全体最適化（横断型）のアプローチが求められているということである。（木下）

合流式下水道越流水
合流式下水道は、汚水と雨水を一つの下水道管渠に集める下水道の方式で、両者をそれぞれ別の下水道管渠に集める方式を分流式下水道という。合流式下水道は分流式下水道と比べて早く安価に整備できる一方、一定量以上の降雨時には未処理水の一部が雨水とともに川などに放流されるため、公衆衛生や水質保全・景観などに影響を及ぼす。

①　公共の広場につくられた雨庭（レインガーデン）の例（Sovereign Square, Leeds, イギリス）

②　自然な水循環を見える化した学習教材としての雨庭・緑溝の例（千葉大学附属図書館松戸分館緑のテラスと雨庭、千葉県）

思想

公共造園と民間造園

●造園の対象 あらゆる産業において、公共、民間の仕事をそれぞれ扱うことは特別なことではない。建設業においても同様であるが、道路や橋、ダムなどを扱う土木では公共の仕事が主体となり、建築では民間が主体である。造園はおおむね半々であるとみなせる。

公共造園の主な対象は、都市計画や緑の基本計画などに位置付けられた公園、緑地、街路樹、河川緑地、高速道路の緑化、港湾の緑地、公共施設としての学校、住宅、福祉施設のほか森林公園、自然公園などであり、これらの緑化計画を実現するため、議会承認を経た予算に基づいて実施されるものである。これらは国、地方自治体、その他の公共団体が発注者である。民間の造園は個人住宅や集合住宅の庭園、ホテルや旅館など民間宿泊施設の庭園、工場緑化、テーマパーク、ゴルフ場などが主な対象である。

●造園の特性 わが国の造園は、歴史的には日本庭園を主として発達してきたものである。寺社の庭園、貴族、大名の庭園などは基本的に私的な空間につくられたものであり、民間造園であると言えよう。庭師、植木職人として仕事をしてきており、どのような庭をつくることにするか（調査・計画・設計）を施主と相談しながら決め、現場に持ち込んだ石材や植物などの材料の特徴を見定めながら据えていき（施工）、その後の手入れ（管理）まで一貫して行っていた。

1873（明治 6）年に太政官布告によってわが国の公園制度が始まり、日比谷公園等の整備が進められたが、これらは基本的に役所の直営で行われた。大正時代の明治神宮造営、関東大震災後の帝都復興事業などの官需に対しては、民間が請け負うのではなく、職人、人夫を出すという形であったという。戦後は進駐軍工事、戦災復旧事業の中でゼネコンの下請けから始まり、民間業者が造園工事を請け負うようになった。1955、56（昭和 30、31）年には日本住宅公団、日本道路公団が相次いで発足し、本格的な公共造園時代に入っていく。1964（昭和 39）年の東京オリンピックに向けての造園工事など大型工事が増加するに連れて、発注側の職員では追いつかなくなり、造園の設計事務所が設立されるようになった。さらに 1971（昭和 46）年の建設業法改正で、造園工事業が建設業 28 業種の一つとして組み入れられ、設計と施工の分離も明確になった。

●公共造園の問題点 造園の仕事は、工業製品ではない自然石や樹木を主体に、場に合わせ、相互のバランス等を勘案しながら納めるため、どのような造園にするかという計画としては表現できても、個別に計測しきれない形状の材料を使うという点では現場合わせの技に重きがおかれ、施工のための設計図を作成してもそのまま施工することは本質ではない。そのため設計・施工が一貫していることの意味はほかの建設業に比べて大きいと言えよう。設計が独立しているとしても、設計者が現場に立ち合うデザイン監理を行う必然性があると考えられるが、公共造園ではミリ単位の図面を作成し、業者が異なっても同一のものができるという認識のもとで行われている土木の範ちゅうとされているため、日本庭園などの特別な場合を除いては行われていない。

また同じ立地、要求される機能や施設など設計条件が同じでも、設計者によってまったくと言っていいほど異なるデザインが考案されることは十人十色となる設計競技の場面などで明らかである。その相違は現地の環境や利用者への配慮の深さなどの良し悪しのレベル、デザインの志向などによる。民間の造園では発注者が設計者または業者を自ら選び、直接要望を伝え、納得するものに収斂されていくことになる。公園などの公共造園はどうか。近年でこそ住民参加の傾向が見られるものの、公平性、透明性が問われる中で、設計者も専門家としての一定レベルは保たれているとはいえ、その多くが判断に住民の参加もなく入札という金額の多寡だけを指標として選択されてきた。つまり安く設計をする業者に仕事を発注するということである。逆に言うと、税金を納めている市民は、設計にかける税金は節約できたかもしれないが、環境に対する配慮や、快適な空間の享受という点であるべき姿とは限らず、しかも何十年もそこに存在するものをさらに高い税金によって施工してきていることに気が付く必要がある。

●問題の解決に向けて　アメリカなどでは設計にプロジェクトチームの公募を行い、建設予算などの条件を受け入れている簡単なコンセプトの審査のあと、残ったチームに費用を出して基本計画図を描いてもらい、住民の意見によってチームが選考され、その後はそのチームに専門家集団として完成まで任せるプロジェクトマネジメント方式もとられていると聞く。

わが国においては、単年度会計であるため、管理においても毎年入札を行う方式がとられている（地方自治法の改正により指定管理者制度が始まり、そこでは複数年契約となっている）。しかし大切な個人庭園の管理を廉価だからと毎年違う業者に依頼しようと考える人は少ないと思われるように、街路樹や公園を管理する業者は複数年度契約を結べることが望ましい。なぜなら、単年度契約では指定された本数の木をとにかく剪定すればよいことになるが、複数年契約であればその期間中により良い街路並木や、公園の状態をつくり出そうとする意欲が出てくるであろうし、そうでない業者は排除されていくことになる。競争により、より良い社会をつくっていこうとするのであれば、設計や施工、管理においても入札金額の多寡は相応に、より技術や熱意を持つ技術者集団を育てていく必要があると考えられる。それが結果として市民の大きな利益につながるはずであるから。（福成）

2002（平成14）年度に行われた東京都の包括外部監査においては道路の管理もその対象となり、「街路樹に関する意見」の中で街路樹の計画的な剪定の重要性が語られた。さらに街路樹等の剪定における委託業務の発注については、委託業者の技術評価を考慮すること、また街路樹の重要性によってランク分けを行い、作業をこなして終わりとなる単年度契約でなく、できるだけ育て見守ってもらうことのできる3年以上の複数年契約が可能な方策を考えることが望ましく、例えば「5年契約」等について検討されたいという意見が付けられている。

思想

復興の思想と技術

本書の初版が出版されてから今回の改訂版に至るまでの年月に、日本は未曾有の大災害を経験した。2011（平成 23）年の東日本大震災であり未だ復興に至っていない。また、2019（平成 31）年からの新型コロナウイルス感染症 COVID-19 のパンデミックは世界的な問題であり、この本の改訂作業が進む 2022（令和 4）年の現在でも収束の見通しは立っていない。これら自然からの大脅威に対して日本の造園界ではどのような議論がなされたのかを整理してみた。造園という分野が第一に対象とするのは景観である。景観は空間・時間・人間によって成り立つ。

●復興の空間／防潮堤と高台移転　東日本大震災では沿岸部地方都市の復興が課題となり、発生から 11 年を経過して被災地の復興と避難先・移転先の整備との二つが進行してきた。景観としては前者の代表が「防潮堤」、後者では「高台移転」が象徴となっている。復興景観の基本構造として、「防潮堤」と「高台の住宅地」という二つの基本技術による「多重防御」（①）のまちづくりが進められた。

防潮堤高さの目標はレベル 1（数十年から百数十年に一度の津波）とレベル 2（数百年から千年に一度の津波）とがあり、地域・地区により異なる方針が選ばれた。震災前、高さ 10m であったものを 14.7m と上げた地区、海が見えるようにと一部に透明アクリル板を取り入れた地区、盛土とマツの植林という緑の防潮堤を建設した地区、漁業のために防潮堤を拒否した地区、避難訓練を重ねることで防潮堤をつくらないという決意をした地区など。各地区の人々の暮らしに対する明確な思想が技術を選択し、景観がつくられようとしている。

グリーンインフラは、人工構造物を中心としたグレーインフラに対して、自然資本の多機能性を活用した社会・経済に寄与する国土形成手法であり、その優位性として多機能性・費用対効果・伝統的な地域性および文化性・生物多様性・自律的回復力（レジリエンス）、そしてもとよりの景観性などが指摘できる。被災した東日本の海岸の景観的本質がリアス海岸というフラクタル性にあるとすれば、画一的な人工構造物は異質な要素である。グリーンインフラとグレーインフラの組み合わせをハイブリッド型と呼ぶことがある。

自然の脅威を巨大な人工物で持続的に抑え込むことはできない。その認識から導かれるのが「減災」という考え方である。「Eco-DRR」とは、健全な生態系の持つ機能を防災・減災に生かすという考え方のことをいう。

高台の住宅地計画では、もとよりあった地形を生かす場合と人工的にか

未曾有の大災害
関東大震災は近代日本の首都圏発展に大きな影響をもたらしたが、東京における震度は 6 であった。戦後の都市災害として記憶に残る阪神・淡路大震災（1995 年 1 月 17 日）での震度は震度 7。交通をはじめとする都市のインフラストラクチャーの復旧が急がれた。

防潮堤をつくらなかった地区
岩手県花露辺（けろべ）地区、宮城県舞根（もうね）地区など

Eco-DRR
Ecosystem-based Disaster Risk Reduction

さ上げする場合とがある。いずれの場合にも、かつてそれぞれの住宅から見えていた海への眺望を確保するような建物配置やコミュニティの形成に寄与する広場・公園・花壇づくりなどが造園計画の内容とされる。これらの重要性は、地域文化の象徴である祭りの開催やにぎわいのある商店街の形成といった経済活動とも直接に関わる点にある。

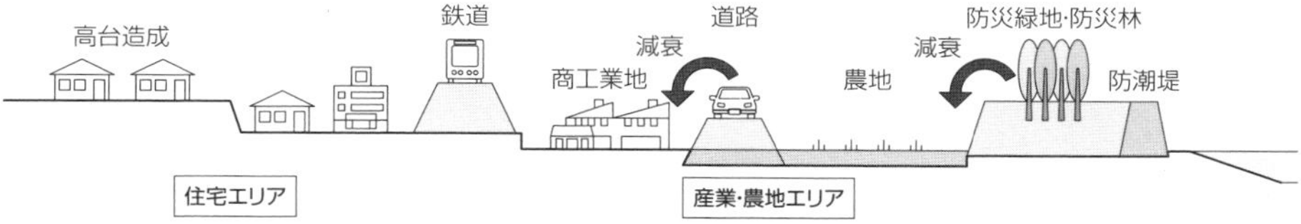

① 多重防御のイメージ

●復興の時間／レジリエンス 東日本大震災が引き金となり東京電力福島第一原発事故が起きた福島県では、11年目の2022年春までに避難指示対象区域の7割で指示が解除された。残る3割の帰還困難区域の中には「特定復興再生拠点区域（復興拠点）」が設けられた。復興拠点は、優先して除染などが行われ避難指示解除を目指す地域である。事故発生から11年目に一部での解除が始まる予定であるが、除染は生活域すべてを網羅するものではなく、森林などは放射線量が高いままである。限度線量への自然減衰には数十年から百年を要するとされる。この間、避難先での生活を送る中で帰還を希望しない住民も多くなる。帰還を促す大切な条件の一つがコミュニティ再建である。

「レジリエンス resilience」とは英語で「弾力、復元力、回復力」を意味し、生態学でも用いられる。東日本大震災以後の造園学分野でも注目されている概念で、自然の回復時間をふまえた新たなコミュニティの回復を目指す必要がある。

●復興の人間／コミュニティ 本来、人間という言葉は人と人との間という空間性の概念を含んでいる。

新型コロナウイルス COVID-19 のパンデミックは 2019 年末に始まり 2022 年夏の時点で収束の気配も見せていない。感染拡大を防ぐために「密」を避けるという発想は、人の集まる都市そのもの・コミュニティを否定することであり、造園の扱う「人間・じんかん」の在り方にも問題を投げかけている。密を避けることがリモートワークという働き方を広め、二拠点居住や地方回帰を促している。低密度のコミュニティ空間づくりという新しい課題がありそうだ。

COVID-19 のような人獣共通感染症拡大の一要因として、人間と家畜の個体数増加・高密度化が挙げられる。単一種・高密度での飼育という現代の畜産の構造と同じく、農業・林業という植物産業においても生物多様性の確保が重要な課題とされている。（髙﨑）

歴史と様式

東洋・イスラムの庭園

●東洋の庭園・インド　古代インドの庭園遺構は現存しないが、二大叙事詩『ラーマーヤナ』『マハーバーラタ』には、水・園亭・ハス・緑陰という庭園要素が見られる。ヒンドゥーの国であったインドにイスラムが入り、統一を成し遂げたムガル朝以降の庭園は、閉じられた田の字型の四分庭園形式を取り入れ、水・緑陰・花卉（かき）・果樹を主題としたが、豊富な水環境と変化のある地形とにより、本家ペルシャよりも豊かな庭園景観を発展させた。それらは細密画に見られるほか（①）、冷涼で山・渓谷・湖沼のあるカシュミール地方には、優れた庭園群が現存する。

カシュミール地方の庭園群
ラーム庭園、ヴェリーナグ庭園、シャーラマール庭園、ニシャート庭園、チャシュマ・シャーヒ庭園、アッチャーバル庭園など。

●東洋の庭園・中国園林と韓国庭園　中国語の「園林（えんりん）」は、庭園や「囿（ゆう）」（動物園）、「圃（ほ）」（菜園）、自然公園を含む概念である。明の時代に著された『園冶（えんや）』では「畳山（じょうざん）」の説明に力点が置かれ、中国庭園の本質が、石を積み、築山を築くものであったことを示している（②）。漢の袁広漢（えんこうかん）は、神仙思想のもとに、池中に不老長寿の世界を表現する島を築いた。中国園林は皇帝園林、私邸園林、寺観園林に分類される。皇帝園林には秦の始皇帝および漢の武帝の上林苑（じょうりんえん）があり、池を含む自然そのものを囲い込んで造成した広大なもので、宮殿建築群が配置された。そこでは珍しい動植物の観賞と狩りが行われた。中国園林史には、唐代の詩人白居易、清代の芥子園亭主李漁（かいしえんていしゅりぎょ）の名も見られ、作庭が詩作や絵画と共通の芸術であったことが分かる。

　韓国庭園は自然との合致を作庭の基本原理とし、美しく優れた自然景観を眺望することが最大のテーマとされる。一方、曲水（きょくすい）の宴（えん）を行うための流盃渠（りゅうはいきょ）など庭園ディテールにおいては人工的であって、自然性と人工性の調和と対比が特徴とされる（③）。

中国の庭園
現在、北京の頤和園（いわえん）、承徳の避暑山荘、紫禁城西苑の北海公園、蘇州園林の拙政園、上海の豫園（よえん）などを見ることができる。

韓国の庭園
古都慶州に雁鴨池（がんおうち）、鮑石亭、桂林、月城などの宮苑、佛国寺の庭園等が残るが、焼失、破壊されたものが多く、歴史的事情を物語る。

①　インドの庭園。園舎における社交の細密画

②　石を畳んだ中国の庭園。北京北海公園

③　人工的な韓国庭園部分。鮑石亭（ほうせきてい）曲水

●イスラムの庭園　イスラム庭園のもともとのイメージは、『コーラン』の中にある「楽園」に求められるが、『旧約聖書』に出てくる「エデンの園」「神の園」「エホバの園」や『伝道之書』に書かれる「ソロモンの庭」にも見ることができる。そして、これらの描写は仏教経典の「浄土」とよく似ている。すなわち水（川または池）、植物・果樹、金や宝石類の要素からなる、光に満ちた空間である。「楽園」の英語「パラダイス」は『新約聖書』にあるが、この「パラダイス」の語源は古代ペルシャの「パイリダエーザ」という語で、「囲われた土地」を意味した。すなわち、庭園とは囲われることから始まった楽園であった。ペルシャやメソポタミアの古代文明は庭園の建設に熱心で、さまざまな都市の中心に「地上の楽園」が建設された（④）。それらは城壁に囲まれた高台か、ジグラトと呼ばれる高い塔の頂につくられ、中でもバビロンの架空園はよく知られている。

グラナダの庭園群
アルハンブラ宮殿の「天人花のパティオ」「獅子のパティオ」「ダラクサの庭」「マチューカのパティオ」、ヘネラリーフェ離宮の「入口の庭」「上の庭」「下の庭」「水路のパティィオ」「望楼の庭」「杉とスルタンの庭」「滝の階段」など。

楽園の概念はイスラム教世界にも引き継がれ、現実のイメージとしてつくられたものがイスラム庭園の理想であった。イスラムがスペインに渡ってからの庭園をわれわれは体験することができ、グラナダにあるアルハンブラ宮殿の庭園群は有名である（⑤）。

●古代ヨーロッパの庭園　ヨーロッパ文明の揺籃の地であるエジプトでは、その特異な気候風土から、高い塀に囲まれた特有な庭園の姿を壁画から偲ぶことができる（⑥）。それは、中央に沈床池のある、緑陰樹・果樹を重視した、草花も植えられた庭園であった。

ギリシャにおいても建物や生垣に囲まれた中庭に果樹園、蔬菜園、噴水があるという点で基本構造は変わらない。

ローマの別荘庭園
将軍ルクルスが創始者とされる。ナポリやティボリに多くの別荘が建ち並んだ。

ローマの王宮庭園ではユリ、バラ、ケシなどの花壇がつくられた。ギリシャ征服後の共和時代に流行した別荘庭園は、富裕階級がギリシャや東方諸国の生活を模倣したもので、池、噴水、自然風の川と中島、養禽舎、円堂、格子細工、逍遥路などの充実した施設もつくられた。（髙﨑）

④　地上の楽園のイメージ

⑤　イスラムの庭園。ヘネラリーフェのパティオ

⑥　エジプトの庭園。庭園壁画からの想像図

歴史と様式　整形式庭園と自然風景式庭園

●整形式庭園—イタリア露壇式庭園　整形式とは、庭園の中の植栽（樹木・植込み）は自然のままの姿ではなく一定の形に刈り込まれたり、花なども幾何学模様に植えられたりしている状態のものをいう。フォーマルガーデン（Formal Garden）ともいう。

イスラム文化圏だったスペインでは、池・噴水・花壇・樹木による中庭形式の濃密な空間があり、それはパティオと呼ばれた。中世キリスト教文化圏の中では修道院の中庭や王侯の居城に付属する簡素な庭園があった。

ローマ帝国の中心イタリアにおいて開花したルネサンスは、庭園においても成果を上げ、ヨーロッパ各地と庭園史に大きな影響を及ぼした。それまでの庭園主が王侯・貴族と寺院であったのに対し、富裕な一般市民の郊外ヴィラが大規模な庭園を実現した。これらの庭園は郊外の丘陵地につくられた結果、露壇式という大形式を持ち、有機的に結合されたいくつかの区画に借景、カスケードや噴水・壁泉、花壇や彫刻、グロット（洞窟）、野外劇場といった要素を駆使した、魅力あふれるものとなった。特に、水景のさまざまな展開は多くの名園を生んだ。エステ荘の百噴水、ランテ荘の水階段などが有名である（①）。植栽ではサイプレス（糸スギ）とストーンパイン（傘マツ）によって、高低差のある地形が一層印象付けられた。

イタリア露壇式庭園
エステ荘、ボボリ園、ランテ荘など。

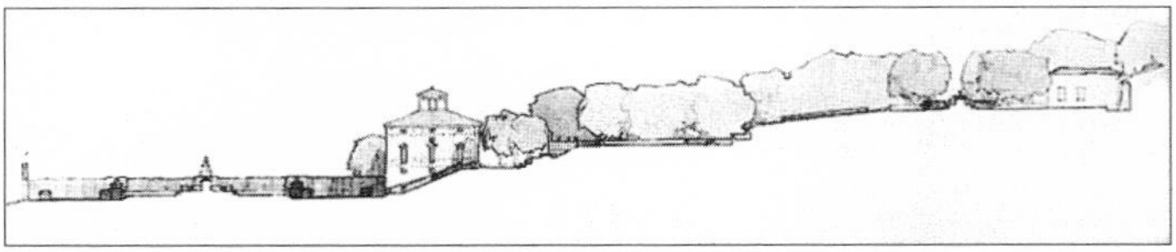

①　高低差を生かしたランテ荘庭園の断面図

●整形式庭園—フランス幾何学式庭園　フランス幾何学式庭園の創造者アンドレ・ル・ノートルは、イタリアに旅して多くを学んだが、それらを直截に再現するのではなく、フランスの広大な平地地形に対応させ、徹底した平面デザインを展開することで生かした（②）。刺繍花壇と呼ばれる幾何学デザイン、カナールの広い水面のプロポーション、おびただしい数の噴水と彫像、垂直要素のトピアリ（円錐形などの刈込まれた樹木）、

②　ヴォー・ル・ヴィコント庭園は、ヴェルサイユ庭園に先立ってつくられた。

フランス幾何学式庭園
ヴォー・ル・ヴィコント、ヴェルサイユ、フォンテーヌブローなど。

ボスケ（樹木群）、高低の生垣、トレリス（格子の工作物）、これらがすべて焦点となる中心建築へと向かって配置されることが、放射状幾何学様式の原理である。中心建築のさらに中心室に立つ王は、世界の中心にいることを実感したであろう。ヴェルサイユ宮殿にあこがれた各国王侯は、こぞって自国に模倣した庭園をつくった。

●自然風景式庭園　自然風景式様式を生み出したイギリス庭園。その歴史は、16 世紀イタリアとフランスの模倣、すなわち整形式から始まる。1515 年につくられたハンプトン・コートはイギリス初の大規模な庭園として記録に残るものである（③）。それまでの塀で囲まれた果樹・野菜・観賞植物中心のものから、よりオープンな空間へと変化した。しかし、全体で見ると複数の庭園の集合であり、さまざまな要素で埋められていったが、それらはノット（低い結び目状の生垣模様）や水景などイタリア庭園の影響を反映したものであった。

③　ハンプトン・コートの沈床園

自然風景式庭園
キャッスル・ハワード、スタウヘッド、スコットニー・キャッスルなど。

18 世紀に大流行した自然風景式庭園は、シンメトリーを崩し、自然の眺望を大切にした形式で、思想的には自然回帰と言える。ウィリアム・ケントは「自然は直線を嫌う」という有名な言葉を残した。時代の寵児ランスロット・ブラウンによって自然風景式に改造された庭園の数は 200 を超えるとされるが、早くも 1800 年には弟子のハンフリー・レプトンにより自然から芸術重視へのスタイル変更が提案された。

19 世紀には、プラントハンターによる世界各地の植物の収集が国家的規模で実施された。その結果、栽培技術、品種改良技術、展示技術が開発され発展したことが、今日の英国園芸文化の礎となった。イングリッシュガーデンの多様さや温室建築の流行もこの収集に源を発する。

20 世紀に入り、イギリスの自然環境になじむ無理のない庭園形式を指向したウッドランドガーデン（森林型庭園）がつくられている（④）。都市住宅ではアウトドアルームとしての庭園が重要視される。新様式の住宅庭園としては、風土に合ったナチュラルガーデニングの思想と、アート志向の結果であるデレク・ジャーマンによる乾燥地での作品が印象深い（⑤）。（髙﨑）

④　キャッスル・ハワードのウッドランドガーデン

⑤　デレク・ジャーマンの庭

イングリッシュガーデンの多様さ（テーマ植物の栽培環境と展示形式による庭園分類）
ノットガーデン、ボーダーガーデン、ローズガーデン、ハーブガーデン、キッチンガーデン、ロックガーデン、コテージガーデン、ウッドランドガーデン、サンクンガーデン、ウォーターガーデン、ウォールガーデン、ウォールドガーデン、ヒースガーデン、コニファーガーデンなど。

デレク・ジャーマン
Derek Jarman（1942-1994）
ロンドン生まれの画家、映画監督、舞台美術家。

歴史と様式

モダンランドスケープと都市のランドスケープ

① セントラルパーク

●モダンランドスケープ モダンランドスケープは、新素材と新しい生活を支える機能とにより、アメリカで生まれた。当初、アメリカに渡った造園デザインはヨーロッパ様式の継承であり、その影響は19世紀まで続いた。その中では自然風景式庭園の試みも見られた。オルムステッドらの計画によるニューヨークのセントラルパークは、自由な曲線を使ったデザインや自然の岩石を生かして設計され、アメリカの都市公園および自然公園の基礎となった（①）。

フレデリック・ロー・オルムステッド
Frederick Law Olmsted
（1822-1903）
1858年のコンペに優勝し、セントラルパークの設計を実施した。

アメリカンランドスケープのモダニズムは、1930年代からのガーデンデザインにおいて動き出した。そのデザイン上の特徴は地形、石、植物などの自然素材に加えて、新素材のコンクリートや金属が使用された点にある。風土を生かした景観美と新しい土地での生活に適う機能性。この両面から新しい景観の創造を考えた。住宅庭園の中に芝生、テラス、バーベキューコーナー、プールといったアウトドアリビングの新要素を導入した提案であった。

この「新素材」と「機能」というキーワードを持ったモダンデザインは、都心部の再開発やビジネス街のポケットパークにおいて見事な展開を見せ（②）、ルーフガーデンとアトリウムという新しいデザインの空間対象も生まれた。オークランドミュージアムの屋上庭園は直線主体の幾何学デザインであるが、視軸の固定された伝統様式から脱し、複数の移動する視線を前提とした抽象表現様式と言える（③）。ここでは、植物も幾何学デザインの一要素となっており、さらに次の段階ではアー

② フォアコートプラザ（ローレンス・ハルプリン、アメリカ）

③ オークランドミュージアム屋上庭園（ダン・カイリー、アメリカ）

トの素材として植物が扱われることとなる。

●都市のランドスケープ 都市、建築に対してランドスケープがどうあるべきかという問いかけは重要なテーマである。都市環境の中で植物と水とコンクリート、加えてアートが果たす役割は大きい。彫刻を都市の公共空間に設置したり、ランドスケープそのものを彫刻としてデザインしたりする試みは、日本においても多くの例を生み、植物、水とともに都会に集う人々の生活に刺激や潤いを与えている。また都市の大スケールに対抗する植栽景観の創造という面においても多くの試みがある。しかし一方で、アメリカの影響から植物をアート素材として扱う試みがあり、その評価は時間が与えてくれるはずだ（④⑤⑥⑦）。

④　BMクリアレーク（ピーター・ウォーカー、アメリカ）

⑤　ペイリーズパーク（ロバート・ザイオン、アメリカ）

⑥　方位と都市軸によるグラウンドデザイン（東京都有明下水処理場／髙﨑康隆）

⑦　都市と建築の大スケールに対応する植栽景観（さいたま副都心けやき広場／佐々木葉二）

●エコロジカルデザイン 環境に配慮したエコロジカルデザインは、視点の多様性を反映してさまざまな言葉で語られている。地球規模での環境問題意識から発生したサステイナブルデザインやゼロエミッション開発の研究は盛んであり、その実践がこれからの課題である。日本では、教育やコミュニティ形成にも期待の持たれるビオトープは各地に事例を増やしているが、本来の生態スケールが忘れられていることが多い。屋上緑化は素材と技術の問題が先行していて、はじめにどのような緑を創造するべきかの議論が不足しているように思う。しかし、これらの取組みや、高齢化社会に対応すべきユニバーサルデザインの実践などが、新しい様式をつくり出す試みとして大いに注目される。（髙﨑）

サステイナブルデザイン
継続可能な社会を標榜するデザイン。

ゼロエミッション
廃棄物を出さない社会システム。

歴史と様式

奈良時代までの庭園と寝殿造庭園

縄文時代
（紀元前 1 万年 -紀元前 3 世紀）

弥生時代
（紀元前 3 世紀-3 世紀）

古墳時代
（3 世紀末-7 世紀）

●縄文・弥生時代の庭　発掘調査によると縄文時代には、湧水の周囲に石を張ったり、木の実を採るためにクリ・クルミ・トチなどを管理栽培しているが、観賞用の庭園はまだ存在していなかった。弥生時代には水田耕作や畑作が盛んに行われるようになり、植物栽培の知識は増大している。

古墳時代になると、４世紀後半の三重県上野市の城之越遺跡のように、湧水に続く河川の護岸に小石を張り、立て石をいくつも加えるといった、かなり庭園に近い形態が見られるようになる（①）。

①　城之越遺跡（整備後）

飛鳥時代
（6 世紀末-709）

●飛鳥時代の庭園　飛鳥の酒船石の下方の酒船石遺跡で発見された亀形の石造物は、縄文時代から継承されてきた導水施設の一種なのだろう。祭祀に使われていたようだが、庭園として利用されていた可能性も強い。その近くで発掘された７世紀中期の造営とされる飛鳥京跡苑池は、南池部分では石造物を組み合わせて給水口とし、中島には屈曲した石積護岸が築かれていて（②）、７世紀後半に新羅の宮廷の別宮として造営された韓国の雁鴨池（アナプチ）に酷似している。北池では大規模な階段状の石積が設けられ、北東側に流水施設があることでは、酒船石遺跡とよく似ている。飛鳥時代の庭園は、朝鮮・中国の影響を強く受けていたと考えられる。

雁鴨池

②　飛鳥京跡苑池（発掘状況）

奈良時代
（710-793）

●奈良時代の庭園　奈良時代の庭園は、近年までは文献によってしか分からなかったのだが、発掘調査によって実際の姿を知ることができるようになった。平城京左京三条二坊六坪で発見された庭園は、小石を敷き詰めた流れのような形の園池があり、海岸の荒磯を模した石組が要所に置かれている（③）。平城宮東院の天平年間（729 ～ 748）につくられた下層の園池は、岸の部分に小石を張り巡らせたものだったが、築山を持った天平勝宝年間（749 ～ 756）につくられた上層の園池は、平安時代の庭園のように池底は砂利敷きとなり、日本化している（④）。奈良時代のこのような庭園を、『万葉集』では「しま」と呼んでいる。形態的には中島は仙人が住むという神仙島をかたどり、汀の石組は海岸の荒磯を模したものだった。

③　平城京左京三条二坊六坪庭園（整備後）

④　東院庭園（整備後）

平安時代
(794-1191)

鎌倉時代
(1192-1333)

●平安・鎌倉時代の庭園　平安・鎌倉時代の寝殿造建築は、主人が住み客人に対応する寝殿を中心に、その左右や背後に家人が居住する対屋を配置し、南側の園池に接する部分に釣殿を建て、この釣殿と対屋を廊下で連結していた。園池には遣水と呼ばれた流れが注ぎ込み、汀部分には小石を敷き詰めた洲浜がつくられ、要所には荒磯石組が置かれ、周囲には築山が設けられていた。絵巻物や文献から庭園の様子が分かる平安時代の事例としては、東三条殿や法住寺殿がある。

浄土信仰が盛んになってからは、阿弥陀堂の前面に園池を設ける浄土式庭園が流行しているが、これは寝殿造庭園の技法を応用したものだった。発掘調査によって形状が明らかになった平安時代のものとしては、平等院や岩手県の毛越寺、鎌倉時代のものとしては神奈川県の永福寺や称名寺などの庭園が名高い（⑤⑥）。（飛田）

⑤　平等院庭園（発掘状況）

⑥　法住寺殿庭園

歴史と様式

枯山水と回遊式庭園

室町時代
(1334-1572)

●枯山水 室町時代には、水を使わずに石や砂利で河川や海洋風景を表現した、枯山水（かれさんすい）が登場している。川や海を表現することから、枯山水が生まれたと一般には言われているが、山並みが続く風景を表現しようとして、石を立てることが始まったと、文献からは考えられる。石の持つ鋭さが禅宗の僧侶たちは気に入ったのか、水墨画や禅宗思想の影響を受けて多くの枯山水がつくられている（①②）。

① 大仙院庭園（京都府）

② 龍安寺庭園（京都府）

古岳宗亘、1548年没

大徳寺塔頭（たっちゅう）の大仙院（だいせんいん）庭園は、山奥から流れ出た水が川となって、大海に注ぐ様子を石組と白川砂で表現したもので、当時住職だった古岳宗亘（こがくそうこう）の作の可能性が高い。植栽としてはツバキとゴヨウマツが目立つが、数多くの青石が使われていて美しい。龍安寺（りょうあんじ）庭園はコケ以外には植物はなく、15個の石と白川砂だけを使ってできあがっている。海洋を表現したものとか、虎が川を渡る際に自分の子を守る様子をかたどった「虎の子渡し」だとか言われているが、抽象的なために意図をくみ取ることは難しい。当時流行していた盆石（ぼんせき）にならって、石を配置したものではないかという見方もある。

江戸時代
(1603-1867)

●回遊式庭園 江戸時代になると、財政的に豊かな大名や天皇・貴族たちは、大庭園を造営するようになる。園池・築山・流れ・茶屋などを配置して巡るにつれて庭園の光景が変化するのを楽しめるようにしたものだったことから、この形態は回遊式庭園と呼ばれている。現在も各地に優れたものが残されている。

京都では桂離宮や修学院離宮が名高い（③④）。桂離宮の園路には飛石だけでなく、小石を敷き詰めた「あられこぼし」と呼ばれるもの、切石を組み合わせた「真の飛石」、蹲踞（つくばい）と組み合わされた延段（のべだん）などがみられる。園池の岸部分については、洲浜・石組・切石護岸・船着場があり、燈籠にも岬・織部（おりべ）・手毬（てまり）などと呼ばれる特色のあるものが置かれている。建築だけでなく庭園部分もこのように凝っていることが、桂離宮の特色になっている。

後水尾天皇
(1591-1680)

修学院離宮は後水尾（ごみずのお）天皇が造営したもので、当初は上（かみ）・下（しも）の茶屋から成り立っていた。下の茶屋でくつろいでから、田畑の中の道を登って上の茶屋に至り、舟遊びや酒宴を楽しんでいる。上の茶屋からは広大な園池とその背後に広がる山並みを眺められることが、一つの魅力になっていた。

江戸の事例としては、水戸藩の上屋敷だった小石川後楽園がある（⑤）。広い園池と築山が設けられ、中国文化の影響を受けた円月橋や西湖堤、京都の名勝地である大堰川や渡月橋、そのほかには堂・茶屋・水田・藤棚などさまざまなものが配置されていた。浜離宮のように、海の水を園池に引き入れた「潮入りの庭」もつくられている。潮の満ち干きによって石組などが見え隠れして、庭園の景観が変化するのを眺め楽しむというものだった（⑥）。（飛田）

③ 「桂宮御別荘全図」

④ 修学院離宮（京都府）

⑤ 小石川後楽園（東京都）

⑥ 浜離宮（東京都）

歴史と様式

侘び茶と近代数寄茶

●茶の湯の変遷　茶の湯は客を招き、抹茶を点てて会席の饗応などをするもので、東山時代の書院茶に始まる。作法としての成立は15世紀後期に村田珠光が創始した「侘び茶」を千利休が完成させた。9世紀の僧・最澄による茶の日本への初導入、12世紀末の栄西による再導入、寺院から武家社会への広がり、そして一般への広がりという各段階を経てきている。さらに江戸時代初期には、大庭園での複数茶屋を舞台にした茶事の流行、そして明治・大正時代には近代数寄と呼ばれる変革も経験して、茶道は今日に至っている。

村田珠光（1422-1502）

千利休（1522-1591）

栄西（1141-1215）

●侘び茶と書院茶　今日「茶道」といえば、千利休を始祖とする三千家の茶の湯を思い浮かべる。これは利休の理想とした侘び茶の精神を実現した「草庵茶」であり、「市中の山居」を理想とした。一方で華美な風を好む書院茶も同時に盛んであった。しかし茶の湯から茶道への変遷には儒教の普及という時代背景があり、侘び茶が民衆に広まって生活に浸透していく。

侘び茶の精神性
簡素静寂の境地。これを、まちなかにあって実現するのが「市中の山居」。

今日、一般的な茶道の舞台は「露地」である（①）。三千家の流れを継承するその様式は、中門を挟んで外露地・内露地という二つの空間で山居を表現し、ここに参加者の集合・待機施設の腰掛けを配置し、蹲踞という水の装置によって身を清め、飛石を渡って席へと入っていくものである。席と呼ばれる茶室の大きさは、畳の数によって表され、床と炉を備える。

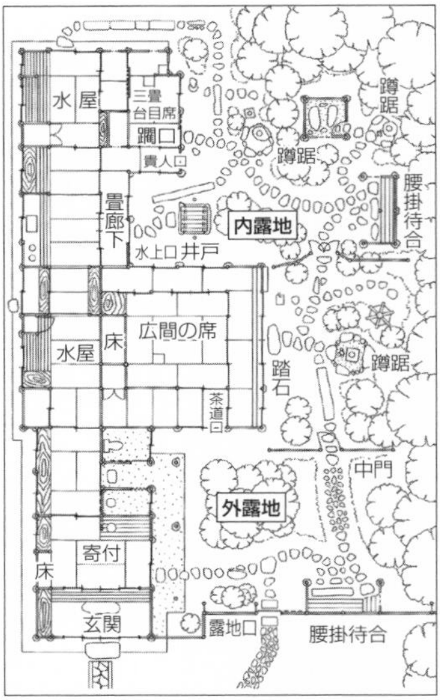

①　露地構成図

②　群馬県甘楽町の楽山園庭園は、江戸初期に創設された池庭で、20-30mの間隔をおいて「松」「竹」「梅」「腰掛」の茶屋があった。

●大名庭園での茶事　千利休の門下にはすでに多くの大名茶人がいて、利休の死後、独自の茶の湯を展開した。江戸時代初期、池泉様式の代表である桂離宮庭園には複数の亭や楼および軒、修学院離宮庭園には上・中・下の御茶屋があった。これらは侘び茶の作法とは趣が異なり、積極的に庭園景観や周囲の借景を楽しみながら行う茶事の場であった。窓の小さい閉鎖空間の中での参会者の緊密な心の交流を目的とした草庵茶室とは区別して、茶屋と呼ぶ。茶屋は、庭園景観が望める好位置である池庭のほとりや築山の上などに配置された（②）。桂離宮の池中に配置された手水鉢（ちょうずばち）のように、蹲踞のデザインにも工夫が凝らされた。そして江戸時代を通じておびただしい数がつくられる大名庭園では、さらに趣向を凝らした茶事が催された。

●近代数寄茶　近代数寄茶は、明治時代から大正、昭和初期にかけて流行した茶の湯で、近代人の新しい美意識のもとで展開された試みである。三千家に代表される閑寂な風趣を重んじる伝統的様式には関心を示さない明治の政界人・財界人は、自主自立・独立独歩の精神を持った新しい茶会を展開した。それらは道具を中心に据えた茶会という点で伝統的な茶事と同じであるが、かれらの選んだのは家元成立以前の道具類であった。近代数寄茶は露地と茶室の構成にも変革をもたらした。蹲踞を備えず、豪華な縁先で水を使う形式が見られる。井上馨、安田善次郎ら江戸時代末に生を受けた第一世代、高橋箒庵、益田鈍翁（東の大師会の中心人物）、原三溪、根津青山、土橋嘉兵衛（西の光悦会の中心人物）、藤田伝三郎らの第二世代を輩出した。開催した茶会は園遊会に美術品鑑賞の要素を加えた大寄せの茶会であった。強烈すぎる個性と経済事情の変化で近代数寄茶は衰退するが、各地に収集品をもとにした美術館を残した。

●流れと芝生の庭の大流行　近代数寄茶の舞台となった開放感のある庭園は、当時の「文人趣味」や「自然主義」の傾向を持っていた（③④）。自然主義の意匠として流れのモチーフが盛んに用いられ、京都の無鄰庵（むりんあん）はその先駆けであり、代表となった。浜離宮延遼館の南庭など園遊のための広い芝生は庭園の洋風化の結果でもある。

（髙﨑）

浜離宮延遼館
庭園のみ現存する。

③　無鄰庵（京都府）

④　三溪園（神奈川県）

歴史と様式

機能の庭と鑑賞の庭

●日本庭園における機能の庭　日本庭園の評価を、その鑑賞性・芸術性だけに限らず、そこで何がなされたか・なされるかという機能性から見直す試みがある。機能の庭とは、ある目的のために使う庭である。日本庭園の源流の一つと考えられる祭祀遺構の石造物や石組の意匠は、祭祀という行為のための場としてつくられたもので、機能の庭の一つの源流である。

寝殿造庭園における反り橋は龍頭鷁首の舟の通過を可能にするものである。舟には楽曲を演奏する隊が乗り、平安時代の貴族階級の楽しみの庭であった。この池庭と建物の間には砂敷きの平地が置かれ、また室町時代の禅宗寺院方丈南庭も白砂敷きとされ、儀式のための空間とされた。

平成以降の研究成果として、江戸での各藩邸における大名をはじめとする居住者や訪問者の行動が明らかになりつつあり、回遊式池庭の大空間が、茶事を中心としたいわば大きなテーマパークであったことが知られてきた。その中では「曲水の宴」を行うための施設も多い。曲水の庭は記録上では平安の宮廷での宴から、戦国武将の居館での宴、大名庭園での趣向、そして俳人の庵につくられたものまで各時代の歌文化の担い手により、規模とかたちを変えて受け継がれてきた機能の庭と言える（①②）。

俳人の曲水の庭
松山の栗田樗堂（1749-1814）が晩年に居住した庚申庵には、湧水を利用した曲水の庭がつくられている。

●現代における機能の庭　アウトドアリビングへの志向はキャンプやフィッシングなどのアウトドアレジャーの流行、街中でのオープンカフェの流行、さらには「環境問題」「エコロジー指向」という、外部空間へ向かう社会の意識傾向と無関係ではない。ガーデニングブームも同時に起こったもので、プロのつくった庭を眺めて楽しむだけではなく、自分自身で園芸作業を楽しむための庭が増え、舞台としてのウッドデッキなどが普及した。日本における住宅事情への不満が、機能の庭を充実させている。また、園

①　江戸時代俳人の曲水の庭（庚申庵庭園）

②　蹴鞠の庭も使う庭、機能の庭である。

芸療法のための庭（254、255 頁参照）は治療のための庭である。

●鑑賞の庭 鑑賞の庭は視覚芸術としての存在である。平安時代の寝殿造庭園と浄土式庭園は、技術的・部分意匠的には大きな違いはないとされるが、前者が池に舟を浮かべて楽曲を楽しむための機能の庭とすれば、後者は、見て浄土を感ずるという鑑賞主体の庭と言える。

枯山水様式は、寝殿造庭園の中の「荒磯」と意匠的には近いものだが、それだけが分化して一つの庭園様式として独立するのは、室町時代禅宗寺院の平庭においてである。この枯山水庭園は石組の意匠が直截に表現されるため、芸術への志向性を受け入れやすい様式と言える。このため昭和時代の鑑賞性の強い庭園として流行をみた。小面積においても成立し、メンテナンスもほとんど必要ないため、住宅庭園やビルの入口など、植物を用いることのできない空間に、芸術性を導入する際の便利な様式であった。また本来は茶事の舞台としての露地であるが、石灯籠や蹲踞という露地の要素がその鑑賞性において、やはり昭和時代の住宅庭園、とりわけ「雑木（ぞうき）の庭」や坪庭、コートヤードには盛んに用いられた（③）。

③ 現代の枯山水「北前船の庭」（蘇梁館、石川県）

平成時代におけるガーデニングブームは園芸作業を楽しむ流行であるが、日本でのイメージリーダーとなったのは「イングリッシュガーデン」、すなわち英国の宿根草を使ったボーダーガーデンやコテージガーデンのような美しい庭であった。当初、花いっぱいの住宅を目指したこのブームは一過性に終わらず、キッチンガーデンのような実用性と同時に鑑賞性をも追求する庭園や、ハンギングバスケット、コンテナガーデンのような都市性、さらにはオープンガーデンのように文化性・社会性を帯びた試みとして全国各地で発展を見せている。

オープンガーデンの試み
イギリスの「オープンガーデン・フォー・チャリティ」に倣ったもので、個人住宅の庭園を期間限定で一般公開する。通常、一定の地域で数軒以上のまとまりをもって行われる。

都市における高層建築の周辺に整備される公開空間や屋上庭園には、彫刻を伴うものが多い。砂利敷きの屋上に配置された彫刻は、かつての枯山水庭園における庭石と共通する抽象性・象徴性を有している。このアートをテーマにした庭園様式は、枯山水庭園の延長線上にある鑑賞の庭と言える（④）。（髙﨑）

④ 「日・月」の意匠（西蓮寺、東京都）

歴史と様式

山水河原者からガーデンビジネスまで

●山水河原者　平安・鎌倉時代には「石立僧」と呼ばれた僧侶が庭作りの指導をしていたが、室町時代に入ると作庭を専業とする「山水河原者」が活躍している[1)]。寺院や武家・貴族邸宅の庭掃除、庭園工事の材料搬入などに従事していたことから、庭園までつくるようになったのだろう。奈良の大乗院庭園をつくった山水河原者の善阿弥は、将軍足利義政にも作庭の名人として信頼されるほどだった（①）。

①　大乗院庭園

山水河原者
善阿弥（1386-1482）
小四郎（善阿弥の子）
又四郎（善阿弥の孫）
その他、市・彦三郎・彦六・左近四郎など。

●庭作り　江戸時代になると山水河原者にかわって、「庭作り」と呼ばれた専門家が登場するようになる。『武鑑』によると江戸幕府では、「庭作り」という御殿の庭園や露地などをつくる役職があり、山本道勺や鎌田庭雲が代々担当するという世襲制になっていた。ただし、江戸後期には露地は茶道に詳しい「露地作り役」が担当している。民間の庭作りとしては、京都では烏丸綾小路の道花、大坂では松屋町の石原与右衛門などが有名だった。

●植木屋　作庭材料の樹木を栽培・販売する業者を、江戸時代には「植木屋」と呼んでいる（②）。植木を販売するだけでなく、頼まれれば庭園をつくることも多かったことから、植木屋という言葉が作庭する人間を指す

②　江戸の植木屋

ようにもなった。植木屋は京都では室町時代にすでに出現している。『看聞御記』にはサクラやマツなどを販売する店が、千本通に存在したことが書かれている[2)]。江戸時代にはさらに発展して、樹木や草花を販売する植木屋が大都市で活動するようになった。京都では北野神社近辺に植木屋が集まっていて、江戸では『花壇地錦抄』（1695）などを出版した染井の伊藤伊兵衛が、多くの園芸品種を生産・販売して有名だった。大坂では高津の吉助の店が、江戸に負けないほど大規模だったという（③）。

③　大坂の植木屋

伊藤伊兵衛の著作
３代『花壇地錦抄』
４代『草花絵前集』
『増補地錦抄』『公益地錦抄』

●造園業　明治になると江戸時代に庭園をつくっていた植木屋と呼ばれていた人々が、公園もつくるようになっていく（④）。大正時代には郊外住宅が建てられるようになって、多くの小庭園がつくられるようになった。しかし、昭和になると不景気になって仕事が減り、第二次世界大戦によって造園人口は激減した。戦後は次第に回復して、経済成長期には造園業界は大きく発展して現在に至っているが、バブル経済が崩壊した 1990（平成 2）年以降は、厳しい状況に置かれている。

●ガーデンビジネス　1980 年代まで草花は花壇に植えることが多かったが、イングリッシュガーデン（イギリスでは「コテージガーデン」と呼ばれている）が流行したことから、ガーデニングブームが起こって一般に広まり、草花を主体とした庭園をつくるようになってきている（⑤）。ウッドデッキやトレリスが設置されるようになって、庭園のつくり方が一変したと言ってもいいだろう。園芸植物を生産するのにはバイオ技術が使われ、次々に新しい品種が誕生している。ガーデニングのための資材を販売したり施工することが、現在では一つのビジネスになっている。

（飛田）

④　日比谷公園（東京都）

⑤　草花を使った庭園

歴史と様式

庭園秘伝書と造園教育

●古代の秘伝書　『作庭記』は平安時代の作庭技法を集大成したもので、12 世紀後半頃に成立している（①）。庭園をつくるのに重要な事柄として、「地形により、池のすがたにしたがひ」、つまり作庭者自身の気持ちよりも、まず地形に従うことだと主張している。次には「生得の（自然の）山水をおもはへて（思い浮かべて）」というように、自然から学ぶべきだとする。そればかりでなく、「むかしの上手のたてをきたるありさまをあと（手本）として」というように、過去の作品に学ぶべきだとも説いている。また、「家主の意趣を心にかけ」と、依頼者の意向も尊重すべきだとしている。このように現代にも通じる造園の基本を述べていることで、古典としての価値を持っている。

①　『作庭記』（複製本）

●中世の秘伝書　室町時代の作庭書を代表する『山水並野形図』は、石立・野筋・滝・池・植栽のことを簡単な図を交えて説明している。しかし、万物は陰と陽から生じるという考え方で吉凶を判断する陰陽五行説などが入っているために、難解な部分もある。植栽については「本所」ということが強調されていて、植物が本来生育している所に似た庭園内の場所に植えるべきだと説明されている。『作庭記』と同様に、自然の景色を縮小して庭園化することを意図していることが分かる。

●近世の秘伝書　江戸時代後期の秋里籬島著『築山庭造伝（前・後編）』（1828）の前編は、北村援琴の『築山庭造伝』（1735）に加筆したもの

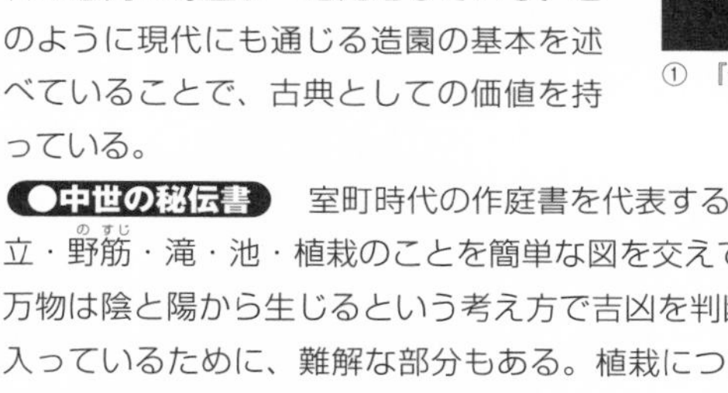

②　「行の築山の全図」

だが、後編は書道や華道の流儀に倣って、山水築山（さんすいつきやま）・平庭（ひらにわ）・茶庭（ちゃにわ）のつくり方を真・行・草の３形態に区分して説明している。図を掲載していることから、実際の現場に合わせて応用できる便利さがあって、大いに利用された。しかし、江戸後期の庭園が類型化するという結果を生んでいる（②）。

●造園関連雑誌　現代の公共造園関連の雑誌としては『公園緑地』（日本公園緑地協会）、『都市緑化技術』（都市緑化機構）、『ランドスケープデザイン』『My GARDEN』（マルモ出版）、庭園関連としては『庭』（建築資料研究社）などが刊行されている。また、業界紙としては『環境緑化新聞』（インタラクション）などがある。

●造園教育　造園教育機関として明治時代には、1886（明治 19）年に東京農林学校（東京大学農学部の前身）、1908（明治 41）年に東京府立園芸学校、1909（明治 42）年に千葉県立園芸専門学校（現在の千葉大学園芸学部）が創設されている。当初は福羽逸人（ふくばはやと）などの園芸家が造園に与えた影響が強かったが、林学の専門家だった本多静六（ほんだせいろく）（1866-1952）が1903（明治 36）年に日比谷公園を設計したことから、園芸と林学において造園教育が行われるようになった。

福羽逸人（1856-1921）

上原敬二（1889-1981）

1923（大正 12）年に関東大震災に見舞われたことから、東京の復興計画に関わった上原敬二は公共造園の必要性を感じ、復興のためには造園技術者の養成が急務であるとして、翌年に東京高等造園学校（現在の東京農業大学地域環境科学部造園科学科）を創立している。上原は造園学の体系化を目指し、この時に『造園学汎論』を出版している。

昭和に入ると、1941（昭和 16）年に東京府立園芸学校（東京都立園芸高等学校の前身）に造園科が設立されている。第二次世界大戦後には1960（昭和 35）年以降頃から、各地の高等学校に造園科が開設され、大学にも次第に造園コースを持つところが増加している。また、専門学校や職業訓練校でも造園科を設けているところが多くなっている。しかし、最近では芸術・工学関係の大学・学部などでも造園の学科を持つようになり、広く環境を考えるという視点から教育が行われている。

造園の関連学会
日本建築学会
地理情報システム学会
日本都市計画学会
農村計画学会
土木学会　など。

●学会　公益社団法人日本造園学会は 1925（大正 14）年に、造園という伝統的な職能が蓄積してきた技術と文化の上に、近代的な理論と科学的体系を構築することを目的に創設された。構成員は大学の研究者、行政担当者、民間の設計事務所・施工会社の技術者などで、約 2,400 人の会員を擁している。会誌としては『ランドスケープ研究』がある。

なお、1992（平成４）年には、日本庭園学会が設立されている。設立趣旨は「日本庭園を多方面から総合的に研究・討議するとともに、日本庭園を軸として日本文化についても考究する」というもので、学術研究領域を史学・農学・環境学・土木工学・建築学とする。会員数は 150 人ほどで、年１回『日本庭園学会誌』を刊行している。（飛田）

歴史と様式

公園の誕生

●公園に二種の法律　日本では、公園は法律的に都市公園と自然公園に分けられる。現在、所轄の省庁は、都市公園は国土交通省、自然公園は環境省であるが、このように二つに公園が法的に分けられたのは戦後である。

都市公園では、公園の敷地や施設が国または地方公共団体の所有で「営造物公園」と呼ばれる。自然公園には国立公園、国定公園、都道府県立自然公園があり、行政主体が土地所有のいかんにかかわらず自然公園の区域を指定している。これを「地域制公園」と呼び、その範囲内の行為の制限をする方式をとっている。なお、このほかに旧皇室苑地等が、環境省の維持管理による「国民公園」として一般開放されている。

戦前に法的根拠を持っていた公園といえば国立公園（1931）、さらに遡れば、明治初めの太政官布告（1873）によって誕生した公園ということになる。布告は、厳密には「法」ではないが、この太政官布告「社寺其ノ他名区勝跡ヲ公園ト定ムルノ件」によって、「公園」が全国各地に制度化されていった。どのようなところが公園となったかというと、昔から人々に親しまれていた「群衆遊観ノ場所」である名所や寺社の境内などが転用されたものがほとんどである。もちろん、この時代には都市公園と自然公園の区別はなく、規模に応じて大公園、小公園と呼ばれていたことがあった。

●公園の誕生　ヨーロッパで王侯の庭園を開放したのを公園の始まりとする説があるが、それには一定の身分や条件があって、誰もが入れたわけではない。これを公園の端緒とするならば、江戸時代の大名が一定の人々に開放した例も公園の前身としなければならない。特定の人々ではなく、はじめから一般の大衆に向けて開放された空間としてヨーロッパに公園が誕生したのは19世紀である。自治体が公園をつくったものではドイツのマグデブルク（1830）が知られている[1)]。イギリスではパクストンが設計したバーケンヘッド公園（1844）があるが、これは公園と住宅の建設をセットにして行った最初の事例で、公園の建設費は住宅用地の売却によって生み出された。そののびやかな自然風景式のスタイルはやがてアメリカのニューヨークにおけるセントラルパークの設計をすることになるオルムステッドに大きな影響を与えた。バーケンヘッド公園を訪れて、貧しい者も富める者も等しく美しい空間を自由に楽しんでいる姿に深く心を打たれ、オルムステッドは「民主主義国家であるアメリカには市民の庭（people's garden）は全くない」ことに衝撃を受けたといわれている[2)]。フランスでは近代の都市緑地の発展史上で画期的な出来事が起きていた。パリでは第二帝政時代（1852-70）にセーヌ県知事のオースマンがパリの大改造を断行し、公衆衛生的観点から都市のオープンスペースが配置された。シャンゼリゼなどの広い遊歩道やロンドン由来のスクエア、ロマンティックな公園やパリ東西にある郊外の森はこの時代に整備あるいは位置付けられたものである。やがてパリはヨーロッパの近代都市の理想型とされ、多くの都市の目標とされた。

●自然公園の誕生　自然公園の端緒についてはアメリカのナショナルパークの誕生にふれなければならない。イエローストーン国立公園ができたのは 1872（明治 5）年である。このころはすでにニューヨークではセントラルパークが都市の公園としてデビューしていた。国立公園をナショナルパークというが、実は「パーク」という名称をめぐる議論がされていた。つまりセントラルパーク（340ha）の 2,600 倍という敷地（約 90 万 ha、四国の約半分）のイエローストーン・ナショナルパークをはたしてパークと呼べるのかというのである[3)]。結果としてナショナルパークとは、広大な面積の自然を国民のプレジャーグラウンドとして国家が設定する不特定多数の大衆が利用できる公的なものとなった。日本の国立公園との制度上の相違点は、日本の場合、前述の地域制の方式をとっていることであり、アメリカではナショナルパークの土地は公園専用の国有地という点である。日本では 1931（昭和 6）年に国立公園法が制定されるが、アメリカとはまったく異なる方式の実現となった。

●日本の都市公園　公園として本格的に計画された都市における最初の公園といえば、日比谷公園を挙げなければならない。日比谷公園の設計案は最初から最終案まで 10 案が検討され、着工の 1902（明治 35）年までほぼ 10 年かけて結局採用された公園の設計案は、東京帝国農科大学教授になったばかりの本多静六によるものであった。ドイツ人ベルトラム著『庭園設計図案』にあるいくつかのプランを本多が直接引用参考にしたもので、当時の東京市会の洋風公園待望論と合致する内容であった。

大正期から戦前昭和期の都市緑地では明治神宮造営（厳密に言うと「公園」ではないが、公開されている都市緑地である）と関東大震災後の震災復興公園事業がある。明治天皇を祭神とする明治神宮の内苑（一般に明治神宮といわれている、①）と外苑（神宮球場がある）の造営には全国から造園の有識者や実践家が集められ、これまでにない広大なスケールでの都市緑地理論の実験が行われたのである。福羽逸人から指導を受けた折下吉延（おりしもよしのぶ）は、内務省の造園技師として内苑・外苑の造営に大いに力を発揮した。一方、震災復興公園では一挙に多数の造成が進められた。近代的な公園とその概念が世間一般に普及し、公園が身近な存在となっていく端緒となった。（赤坂）

折下吉延（1881-1966）

①明治神宮内苑の森林。南参道（東京都）
1915（大正 4）年に内苑の森づくりが始められたが、1920（大正 9）年の段階で「誰も 4、5 年でできた人工の森と思うまい」という発言だったという。森づくりへの自信が窺える。

政策と法制度

緑の環境をつくる法制度

●緑の環境をつくる法制度の種類 法制度とは、社会の基本的ルールや国民の権利・義務を実現するために、国の法律や地方公共団体の条例などによって定められる仕組みとそれを運用するシステムのことで、私たちの都市や地域の緑の環境もこの法制度によって維持されている。

緑の環境をつくる法制度にはさまざまな種類があるが、大きくは緑の環境の土台となる制度、緑を守る制度、公園などを整備・管理する制度、緑を創出する制度、住民などとの連携・協働の制度などに分けられる。

●緑の環境の土台となる制度 日本の国土は、国土利用計画法の「土地利用基本計画」という制度に基づいて都道府県の区域が都市地域・農業地域・森林地域・自然公園地域・自然保全地域の５地域に区分されており、それぞれの地域ごとに定められた法律に基づいて土地利用や開発の規制が行われている（①）。

例えば、都市地域の場合は、都市計画法という法律によって優先的・計画的に市街化を進める市街化区域、市街化を抑制する市街化調整区域、市街化区域での土地の用途や建物の規制を定めた用途地域などが設けられており、緑の環境づくりもこれを土台として進められる。

①　土地利用基本計画の５つの地域（複数の地域が重複するエリアもある）

区分	性格	対応する主たる法律
都市地域	都市として開発する地域	都市計画法
農業地域	農業を発展させる地域	農業振興地域の整備に関する法律
森林地域	林業の振興と森林を守る地域	森林法
自然公園地域	自然景観を保護・利用する地域	自然公園法
自然保全地域	良好な自然環境を守る地域	自然環境保全法

地域制緑地
緑を守る制度は、一定の地域に制度を適用して土地の利用などの行為を規制することから、地域制緑地と総称される。

営造物緑地
国又は地方公共団体が公共の使用を目的として設置する施設を「営造物」といいい、都市公園などの緑地は営造物緑地や施設緑地と総称される。

●緑を守る制度 緑を守る制度には、わが国の代表的な歴史的風土を守る制度、大都市近郊の大規模な緑地を守る制度、貴重な自然環境を守る制度、美しい風景地を守る制度、農地を守る制度、市街地内の身近な緑地を守る制度など、目的の違いや緑の形態に応じたさまざまな制度が設けられている（②③）。

●公園などを整備する制度 公園には、都市公園・国民公園・自然公園がある。このうち主に都市地域に整備される都市公園は、市民の憩いの場・活動の場として利用され、良好な都市環境の形成や都市の安全性の向上などにも重要な役割を果たしている。

都市公園には、日常的に利用する身近な公園から、都市のシンボルとなる公園、スポーツ活動の場となる公園、風景や歴史とのふれあいが楽しめる公園などがあり、多くの人々に利用されている（②④）。

●緑を創出する制度 緑を創出する制度は、樹木や草花の植栽によって生活空間の快適性を高め、良好な市街地景観の形成や環境改善を図っていくためのものであり、市街地の緑を増やす制度、工場敷地の緑地や環境施設を整備する制度、ヒートアイランドの緩和に向けてビルの屋上を緑化する制度などがある（②⑤）。

●緑の連携・協働の制度 緑の環境づくりでは連携・協働がキーワードとなっており、地方公共団体が条例などに基づき住民と行政が連携して緑を守り・つくり・育てる制度、緑の環境づくりの担い手を育てる制度などを設け、さまざまな事業を展開している（②）。（内藤）

② 緑の環境をつくる法制度の例

区分	根拠となる法律等	制度名・種類	制度の目的
緑を守る制度	古都保存法（略称）	歴史的風土保存区域　等	歴史的風土を守る
	首都圏近郊緑地保全法 近畿圏の保全区域の整備に関する法律等	近郊緑地保全区域　等	大都市近郊のまとまりのある緑地を守る
	都市緑地法	特別緑地保全地区	都市内の良好な緑地を守る
	都市計画法	風致地区	都市内の良好な風致を守る
	樹木保存法（略称）	保存樹、保存樹林　等	良好な樹木・樹林を守る
	生産緑地法	生産緑地地区	市街地内の農地を守る
	農振法（略称）	農用地区域　等	優良な農地を守る
	自然公園法	国立公園・国定公園　等	優れた自然風景地を守る
	自然環境保全法	自然環境保全地域　等	優れた自然環境を守る
公園などを整備・管理する制度	都市公園法	街区・近隣・地区・総合・運動・特殊・広域公園 緩衝緑地・都市緑地・緑道　等	人々の憩い・遊び・運動等の場をつくる 都市の環境を良くする
	港湾法、児童福祉法　等	港湾緑地、児童遊園　等	海との出会いの場、児童の遊び場等をつくる
緑を創出する制度	都市緑地法	緑化地域、緑地協定	緑豊かな市街地を維持する
	工場立地法	緑地・環境施設	快適な工場環境をつくる
	条例・要綱	緑化推進地区　等	緑豊かな市街地をつくる
緑の連携・協働の制度	都市緑地法、条例、要綱	管理協定制度、緑地協定制度、緑化施設整備計画認定制度　等	住民と連携して街の緑を守り、つくり、育てる

③ 法制度で守られている緑地

④ 都市公園の緑

⑤ 緑を創出する制度による緑化

政策と法制度

環境と緑の政策

●環境問題と緑の役割 環境問題と呼ばれるものには、大気汚染・水質汚染・廃棄物処理などがあるが、法制度の整備や人々の意識の高まりによって大きく改善しているものもあり、今日では地球温暖化に伴う気候変動、都市のヒートアイランド化、生物多様性危機が大きなテーマとなっている。

こうした環境問題と緑の関係では、森林や都市の緑が二酸化炭素などを吸収・固定して温暖化防止に寄与することや、都市の気温調節装置としての役割を果たしていることなどが知られている。

近年、わが国では、今後の緑政策の柱として、こうした緑（自然環境）の持つ多面的機能を最大限に活用し、環境問題の改善や持続可能で魅力ある国土・都市・地域づくりを推進していく「グリーンインフラ」の取組みが進められている。

自然環境が有する機能
- 良好な景観形成
- 生態系保全
- 浸水対策
- 健康、レクリエーション等の場提供
- 火災の延焼防止
- 地球温暖化防止
- 都市の気温調節　等

●グリーンインフラ 「グリーンインフラ」は、1990年代後半頃から欧米を中心に使われ始めた言葉である。ここでいう「グリーン」は単純に緑を表すのではなく、自然環境が持つ多面的機能を環境と共生する社会資本の整備や土地利用に生かすという幅広い意味を持つ。また、「インフラ」は一般的には日常生活を支える道路・水道といった公共施設をいうが、ここでは公共・民間が行う地域社会の活動とそれを支えるソフトの施策の取組みを含んでいる。

グリーンインフラの推進は、国が2015（平成27）年に閣議決定した「国土形成計画、第4次社会資本整備重点計画」に盛り込まれたほか、近年地方公共団体が策定した都市マスタープラン、緑の基本計画、環境基本計画などでは、計画内容にグリーンインフラの取組みが盛り込まれている。

●地球温暖化防止と緑の政策 地球温暖化とは、二酸化炭素などの温室効果ガスと呼ばれる物質の濃度が高くなることで、地表面の温度が上昇する現象をいう。

その対策の一環として、森林の保全・管理や都市の緑化を通じて二酸化炭素などの吸収・固定量を高め、大気中の二酸化炭素を低減することや、剪定枝・倒木などの植物廃材を化石燃料の代替エネルギーとして活用する取組みが進められている。

国の資料では、間伐更新や補植といった管理が適切に行われている森林の場合、1ha当たり年間で4.95tの二酸化炭素量を吸収・固定しているという数値が示されている[1)]。

1）国土交通省都市計画課『低炭素まちづくり実践ハンドブック資料編』2013

●ヒートアイランド現象の緩和と緑の政策 ヒートアイランドとは、都市中心部の気温が周辺部と比べて高くなる現象で、過去100年間における東京・大阪の年平均気温は 2.0 ～ 2.4 度上昇している。

都市の緑は、人工被覆面と比べて太陽光線からの熱の蓄積を抑えたり、植物の蒸散作用によって気温を低下させたりする機能があり、こうした機能を生かしたヒートアイランド対策として、都市内の河川緑地の保全、建築物の壁面や屋上の緑化、街路樹整備などの取組みが進められている（①～③）。

① 河川緑地の保全

② ビルの屋上緑化

③ 街路樹の整備

レッドデータブック
絶滅に瀕している動植物の種を示した資料集。国際自然保護連合が 1966（昭和 41）年から発行しているもので、現在は日本の環境省も作成している。

レッドリスト
レッドデータブックに挙げられている絶滅の恐れのある野生動植物の種のリストをいう。

●生物多様性保全と緑の政策　わが国には、知られているだけでも約 9 万種の動植物種が生息・生育しているといわれているが、2020（令和 2）年 3 月に公表された環境省レッドリスト 2020 では、保護の評価対象となっている動植物種のうち、哺乳類の約 21%、鳥類の約 14% などが絶滅のおそれのある種となっている。

④ 日本の保護評価対象動植物種と絶滅のおそれのある動植物種の割合

分類		保護評価対象種数	絶滅危惧種	絶滅危惧種の割合
動物	哺乳類	160	34	21%
	鳥類	約 700	98	14%
	爬虫類	100	37	37%
	両生類	91	47	52%
	昆虫類	約 32,000	367	1%
植物	維管束植物	約 7,000	1,790	26%

こうした状況をふまえ、国は 1995（平成 7）年に最初の生物多様性国家戦略を策定して以来、4 度の見直しを行って生物多様性保全の取組みを進めてきたほか、その後も 2002（平成 14）年に地域の再生を目的とする「自然再生推進法」や、2010（平成 22）年に地域の多様な主体が連携して生物多様性保全を促進するための「生物多様性地域連携促進法」を制定するなど取組みを強化している。

また、多くの地方公共団体においても、地域の特色を生かしたきめ細かな生物多様性保全の対応を行っており、まちづくりの基本計画である「総合計画」や各種関連計画においても、生物多様性保全は施策の柱の一つとして位置付けられている。（内藤）

政策と法制度

緑の基本計画

●都市と緑　「都市に緑を！」という考え方は、産業革命以降の19世紀後半〜20世紀前半にかけて欧米で広がったもので、当時の非衛生的な労働者の生活環境や急速な都市化によって増加していた火災を、計画的な緑地の導入によって改善・防止しようとするねらいがあった。

この考え方は、多くの都市で取り入れられ、「公園の整備」や「パークシステム」と呼ばれる公園・河川・広幅員街路などで構成される都市の緑地ネットワークを実現させ、今日につながる近代的な都市計画の土台となった。

●東京緑地計画　わが国で最初に策定された都市の緑地計画は、1939（昭和14）年に策定された「東京緑地計画」である。この計画は、急速な都市化が進行していた東京郊外での無秩序な開発を防ぐことや、市民の保健・休養の場となる緑地を確保することを目的として、東京駅を中心とする50km圏を対象に大規模な緑地帯をつくるという広大な計画であった。

戦争によって大部分は実現しないままに終わったが、この計画で多くの公園が整備されたほか、その考え方が今日の緑地保全制度・都市公園制度や緑の基本計画に形を変えて受け継がれている。

●緑の基本計画の特徴・内容　緑の基本計画は、市区町村が中長期的視点に立って緑地の保全や都市公園の整備、緑化の推進等を総合的・計画的に推進するため、1994（平成6）年の都市緑地法の改正に伴い創設された計画制度であり、次のような特色がある（①）。

生物多様性への配慮
国は、都市の生物多様性保全を緑の基本計画に反映させ、その取組みを促進するための手引きを、2018（平成30）年に作成した。

①　緑の基本計画の特徴

- ●住民に最も身近な地方公共団体である市区町村が策定する計画である。
- ●都市の緑とオープンスペースに関する総合的な計画である。
- ●法律に基づく措置から、市民の緑化活動までの幅広い内容が含まれる。
- ●計画に対する住民意見の反映と、計画内容の公表が義務付けられている。

緑の基本計画では、次の計画事項を定めるよう法律に示されている（②）。

②　計画に定める事項

●必ず定める事項
- ・緑地の保全および緑化の目標
- ・緑地の保全および緑化の推進のための施策に関する事項
- ・地方公共団体が設置する都市公園の整備および管理の方針

●必要に応じて定める事項
- 生産緑地地区内の緑地の保全に関する事項
- 特別緑地保全地区内の緑地の保全に関する事項
- 緑地保全地域および保全配慮地区の緑地の保全に関する事項
- 緑化地域および緑化重点地区の緑化の推進に関する事項

緑の基本計画への追加記載事項
2017（平成29）年の都市緑地法改正で、緑の基本計画の内容に、都市公園の管理の方針と都市農地の保全を記載することが示された。

緑の基本計画は、一般的に次の手順に沿って作成される。

③　緑の基本計画の作成手順

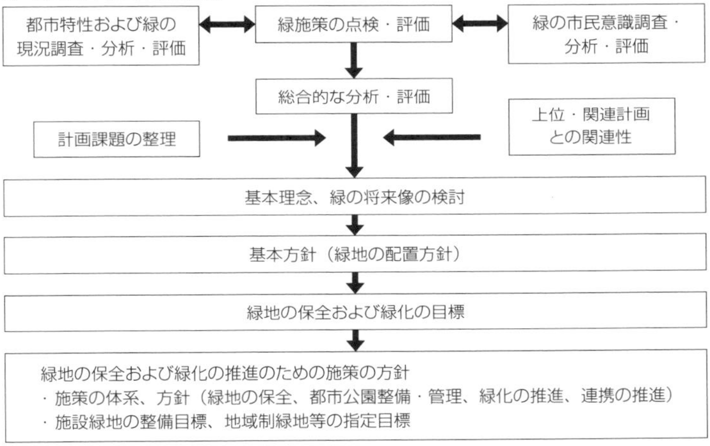

グリーンインフラとSDGs
近年策定された多くの緑の基本計画では、「グリーンインフラ」と「SDGs」の視点が盛り込まれている。

●計画の実現に関わる施策例

●緑地の保全
- 緑地保全に関わる法制度の指定
- 自治体の条例に基づく制度の指定
- 法制度や条例に基づく協定の締結
- 緑地保全財源の確保　等

●都市公園等の整備・管理
- 都市公園等の整備
- その他のオープンスペースの確保
- 民間活力による公園施設の整備・管理　等

●緑化の推進
- 緑化地域の指定
- 緑化重点地区の指定
- 道路、公共施設の緑化　等

●連携・協働の推進
- 住民の緑化活動の支援
- 緑の市民団体の育成
- 緑の情報提供　等

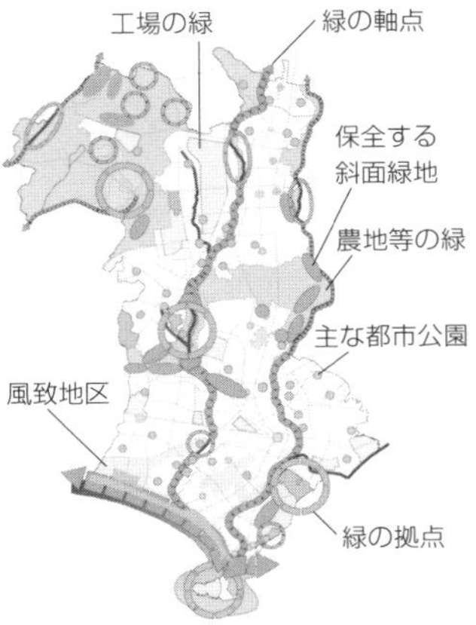

④　緑の基本計画の策定事例（国土交通省「公園とみどり」）

（内藤）

政策と法制度

環境アセスメント

●環境アセスメントとは 環境アセスメントは 1969（昭和 44）年にアメリカで制度化されたもので、開発事業による環境へのマイナスの影響を防止・緩和するために、事業の実施に先立ってその必要性・安全性・採算性などをさまざまな観点から検討・評価し、結果の公表と住民や地方公共団体からの意見聴取を経てその意見を反映させ、環境保全に十分配慮した事業が行われるようにするための制度である。

わが国においても、開発事業を行う者が環境への影響を最小限に抑えるために努力していることを評価することが大切であるという考え方が広がり、1993（平成 5）年に制定された環境基本法にこの制度が盛り込まれた。アセスメントは評価を意味する言葉で環境影響評価と呼ばれる。

環境基本法
わが国の環境政策の基本となる法律であり、基本理念に、持続的発展が可能な社会の構築や地球環境保全の積極的推進などが掲げられている。

その後 1997（平成 9）年に環境影響評価法が制定され、2011（平成 23）年に環境アセスメントの役割の変化に対応するための改正が行われた。

●環境アセスメントの対象となる事業 環境アセスメントは、大規模な土地の造成や大きな工作物の建設を伴う国・地方公共団体・民間の建設会社・鉄道会社などが行う次の 13 の事業が対象で、環境に与える影響の大きさなどから、「必ず行う」第 1 種事業と、「個別に判断する」第 2 種事業に分けられる。

1 道路（高速自動車国道、首都高速道路、一般国道、林道）
2 河川（ダム、堰、放水路等）
3 鉄道（新幹線鉄道、鉄道、軌道）
4 飛行場
5 発電所（水力、火力、地熱、原子力、太陽電池、風力）
6 廃棄物最終処分場
7 埋立て、干拓
8 土地区画整理事業
9 新住宅市街地開発事業
10 工業団地造成事業
11 新都市基盤造成事業
12 流通業務団地造成事業
13 宅地の造成の事業

環境アセスメントでの一般的な調査項目
・大気環境
・水環境
・土壌環境　その他
・植物
・動物
・生態系
・景観
・触れあい活動の場
・廃棄物等
・温室効果ガス等
・放射線の量

●環境アセスメントの手続き 環境アセスメントの手続きは、2011（平成 23）年の法改正で新たな項目が加わり、次の 7 段階で行われる（①）。

1. 計画段階での環境配慮書の作成 ―― 第 1 種事業を実施しようとする者が計画の立案段階で環境保全に配慮すべき事項を検討し、関係する行政機関や一般から意見を求め、環境配慮書を作成して要約を公表する。

2. 対象事業の決定（スクリーニング） ―― 第 2 種事業について環境アセスメントを行うかどうかを判断するための手続きで、関係機関の長が判定基準に従って行う。

3. 環境アセスメント方法の決定（スコーピング） ―― 環境アセスメントを

行う前に、事業を行う者が前もって評価の項目・方法などを書いた「環境影響評価方法書」を作成し、関係機関や一般の意見をふまえて環境アセスメントの方法を決定する。

4. **環境アセスメントの実施** ── スコーピングで決定した項目や方法に基づいて調査・予測・評価を実施するとともに、この対策によって得られる環境影響を総合的に評価する。

5. **環境影響評価準備書・評価書の作成** ── 事業を行おうとする者が環境アセスメントの結果案を環境影響評価準備書にまとめて関係自治体の長に送付し、そこでの意見をふまえて内容の修正を行い、「環境影響評価書」を作成する。また、その内容が確定したことを公告する。

6. **環境アセスメントの結果の事業への反映** ── 前項までの手続きに従って作成した環境アセスメントの内容を事業計画に反映させ、事業を実施する。環境影響評価法では、アセスメントの内容が適正に反映されていない事業に対して免許や補助金の交付をしない規定が設けられている。

7. **環境保全措置等の結果の報告・公表** ── 事業を行う者が、事業実施後も環境への影響や対策の状況等について報告書にまとめ、公表する。

① 環境アセスメントの手続き

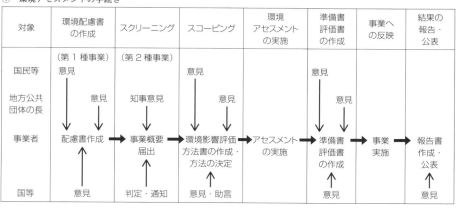

対象	環境配慮書の作成	スクリーニング	スコーピング	環境アセスメントの実施	準備書評価書の作成	事業への反映	結果の報告・公表
	（第1種事業）	（第2種事業）					
国民等	意見 ↓		意見 ↓		意見 ↓		
地方公共団体の長	意見 ↓	知事意見 ↓	意見 ↓		意見 ↓		
事業者	配慮書作成 →	事業概要届出 →	環境影響評価方法書の作成・方法の決定 →	アセスメントの実施 →	準備書評価書の作成 →	事業実施 →	報告書作成・公表
国等	↑ 意見	↑ 判定・通知	↑ 意見・助言		↑ 意見		↑ 意見

●地方公共団体の制度 環境アセスメントの制度は、法律に基づくものだけでなく、今日では多くの地方公共団体が条例で独自の環境アセスメント制度を設けているが、法律ではこれら条例による制度との間で手続きが重複しないような決まりが設けられている。（内藤）

政策と法制度

景観づくりと法制度

●景観法の制定に至る経緯 わが国の景観に関する制度の歴史を辿ると、大正期に制定された旧都市計画法の風致地区・美観地区や、昭和40～50年代に創設された歴史的風土保存区域、伝統的建造物群保存地区などが挙げられるが、これらはいずれも自然美や歴史的・文化財的価値を有する土地を対象としたもので、「景観」に総合的に対応する法制度ではなかった。

その後、さまざまな景観問題が顕在化する中で、「景観づくり」に正面から取り組もうという機運が高まり、2003（平成15）年に美しい自然と調和した国土・地域づくりを目指す「美しい国づくり政策大綱」が示され、翌2004（平成16）年に「景観法」が制定された。

また、この間、多くの地方公共団体も「景観条例」を制定するなどして景観問題に取り組んできた。

●景観法の特徴と制度 景観法はわが国で初めての景観に関する総合的な法律で、次のような特徴を持っている。

景観行政団体の数
景観行政団体は、2022（令和4）年3月末現在で799団体に及んでいる。

- **関係者（国・地方公共団体・事業者・住民）の責務が定められている。**
- **都市部だけでなく、農村部や自然公園なども対象に含まれる。**
- **地域の異なる個性が生かせるよう、地方公共団体の条例で 規制内容を柔軟に変更することができる。**
- **景観づくりにNPOや住民が参加しやすい措置が講じられている。**

良好な景観は多くの要素が含まれ、さまざまな組織や人々の連携・協働

景観計画の策定状況
景観計画は、2022（令和4）年3月末現在で、646の団体が策定している。

① 景観法の制度

制度	内容
景観行政団体	景観法を活用して景観行政を進める地方公共団体は、景観行政団体となる必要がある。
景観計画	景観行政団体が作成する、良好な景観形成のための総合的な計画で、その対象区域を景観計画区域という。
景観重要建造物・樹木	景観計画で景観上重要な建築物や樹木等を指定し、現状の変更を規制する。
景観地区・準景観地区	良好な市街地景観を形成する地区で建築物のデザイン等が規制できる。準景観地区は都市計画区域外で景観地区に準じた規制ができる地区をいう。
景観協定	良好な景観形成のルールを、地域住民が自主的に取り決め、守っていくための制度。
景観整備機構	景観行政団体が、良好な景観形成を担う主体として位置付ける制度。

② 景観法の対象地域のイメージ

によって成立するものであることから、次のような制度が設けられている。

●景観計画の概要 景観計画では、景観法第８条で次のような「必ず定める事項」と「選択で定める事項」が設けられている。

行為の制限
良好な景観形成のための行為の制限として、建築物の建築・工作物の建設・開発行為等に対する届出と、届出対象行為ごとの景観形成基準への適合が求められる。

③ 景観計画で定める事項

●必ず定める事項
- 景観計画区域
- 良好な景観形成のための行為の制限に関する事項
- 景観重要建造物又は景観重要樹木の指定の方針
- 景観計画区域における良好な景観の形成に関する方針（定めるよう努める）

●選択で定める事項
- 屋外広告物の表示、提出する物件の設置に関する行為の制限に関する事項
- 景観重要公共施設の整備に関する事項、占用等の基準
- 景観農業振興地域整備計画の策定に関する基本的事項
- 自然公園法の許可の基準

●景観緑三法 2004（平成 16）年は、景観法の制定とともに都市緑地法と屋外広告物法が改正された。この三つを総称して「景観緑三法」という。

都市緑地法の改正では、緑の基本計画の記載内容の充実に加え、緑地保全地域制度・緑化地域制度・立体公園制度の創設などが盛り込まれた。

また、屋外広告物法の改正では、屋外広告物に関する条例の制定、屋外広告物の許可対象区域を全国へ拡大、規制の実効性の確保、屋外広告業の登録制の導入が盛り込まれ、こうした措置により、これまで以上に緑の景観づくりや景観の改善につながる施策・事業がきめ細かく展開できるようになった。（内藤）

仕事と資格

登録ランドスケープアーキテクト(RLA)

(一社) ランドスケープコンサルタンツ協会
日本におけるランドスケープアーキテクチュアの思想と技術を継承し、発展させるために組織された。公共造園に携わる造園コンサルタントが中心となっている団体。

国土交通省登録資格
(公共工事に関する調査及び設計等の品質確保に資する技術者資格) 民間団体等が運営する一定水準の技術力等を有する資格について、国や地方公共団体の業務に活用できるよう、国土交通省が「国土交通省登録資格」として登録する制度。

管理技術者
契約図書等に基づき、業務の技術上の管理を行う技術者。

照査技術者
設計図書に定めるまたは調査職員の指示する業務の節目ごとにその成果の確認を行うとともに、成果の内容については、受注者の責において自身による照査を行う技術者。

●景観や環境の総合デザイン資格 登録ランドスケープアーキテクト (Registered Landscape Architect、以下、RLA) とは現在および将来にわたる人々の安全・環境・健康・文化・福祉に対する責任を自覚し、地球環境時代における美しい都市と地域づくりを担うランドスケープアーキテクチュア業務を遂行するに必要な一定水準の知識・技術・能力を持つ者をいう。この資格は、(一社) ランドスケープコンサルタンツ協会が実施する登録ランドスケープアーキテクト資格制度で定められる資格であり、ランドスケープアーキテクチュアに関する業務を実務者として遂行する技術者個人を登録する制度である。認定に必要な知識、技術、能力は、国際的にも通用するレベルとし、将来的には各国のランドスケープアーキテクチュア資格と相互承認できる制度になることを目指している。RLA は 2016 (平成 28) 年 2 月、国土交通省による「国土交通省登録資格」として登録され、RLA 資格保持者は「管理技術者」や「照査技術者」になることができる。

● RLA 資格制度がイメージする職能

- 自然環境の保全を目標に緑・水・土などの自然要素を「命ある素材」として効果的に扱うデザイン
- 快適さを指向する環境空間やレクリエーションの場のデザイン
- 生態学的原理を土地利用計画に応用し、生態系の構造と機能を活かした環境のプランニング、およびこれに続くデザイン
- 地域の歴史文化に根ざした空間デザイン
- 市民・住民参加によるコミュニティ環境のデザイン

● RLA 資格制度で定める資格の種類

- RLA (2002 (平成 14) 年度から実施)
- RLA 補 (2014 (平成 26) 年度から実施)
  RLA 補は RLA が実施する業務を補助できる知識と能力を持つ者をいい、経験の少ない若い技術者や学生を対象として認定する。RLA 補は受験資格を問わず、ランドスケープに興味を抱き、ランドスケープに関する知識習得をすれば誰でも受験することができる。
- RLA フェロー (2015 (平成 27) 年度から登録)
  ランドスケープの見識に優れ、責任ある立場で長年にわたり指導的役割を果たし、その能力と業績から、RLA を代表するにふさわしい者を認定する。

●資格の仕組み この資格制度は、資格に関するグローバルスタンダードの要件である、(1) 専門教育、(2) 実務訓練 (OJT)、(3) 資格認定試験、そして、(4) 継続教育 (CPD) の 4 段階を含むもので、認定試験の

みの資格制度ではないことが特徴であり、資格取得後も能力維持のための自己研鑽が求められる（①②）。

●RLA資格認定試験の受験資格　学歴に応じて指定された年数以上のランドスケープアーキテクチュアに関わる業務経験が必要となる（③）。（加藤）

①　RLA資格制度の概要と流れ

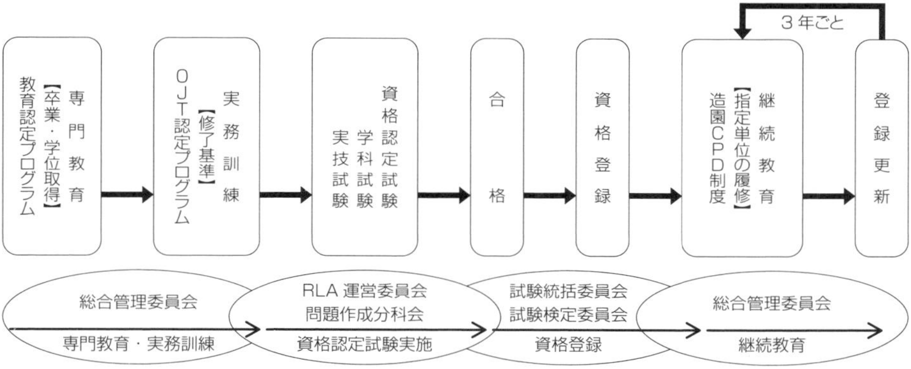

造園CPD制度
CPDとは、Continuing Professional Development（継続的専門能力開発＝継続教育）の意味で、技術者が日々行っている能力の維持・向上や知識の幅を広げる努力を支援し、その結果について第三者証明を行う制度。この制度は、（公社）日本造園学会の公益事業として、日造園関連約30団体で構成する造園CPD協議会で実施されており、造園にとどまらず、土木、建築、技術士等の建設系CPD協議会との連携も図られている。

②　試験問題の出題範囲と出題形式

●一次（択一）試験 その1（基本的事項）　80問／80分
基礎知識（専門実務）、計画原論・設計基礎
ex. 自然の体系に関する知識、歴史・文化・社会に関する知識

●一次（択一）試験 その2（設計知識）　80問／80分
実施設計　ex. 植栽・土壌に関する知識、造園工学・造園施設・材料に関する知識、造成・排水に関する知識

●二次（実技）試験 その1（計画実技）　2問／130分
土地利用ダイアグラムの作成、敷地計画図の作成

●二次（実技）試験 その2（設計実技）　3問／195分
割付・造成・排水設計図の作成、植栽設計図の作成、詳細図の作成

RLA補は上記のうち一次（択一）試験その1とその2だけで二次（実技）試験はない。

③　受験資格

学歴	ランドスケープアーキテクチュアに関する業務経験年数		
	RLA補有資格者	指定学科卒業者	指定学科以外卒業者
大学卒業者	資格登録後 2年以上	卒業後 3年以上	卒業後 5年以上
短期大学卒業者	資格登録後 3年以上	卒業後 5年以上	卒業後 7年以上
高校卒業者	資格登録後 5年以上	卒業後 7年以上	卒業後 9年以上
上記以外の者	資格登録後 7年以上		卒業後 12年以上

業務経験年数には、1年以上の主体的立場での業務経験を含むこと。

仕事と資格

造園施工管理技士と造園技能士

「造園」が付いた国家資格に造園施工管理技士と造園技能士がある。

●造園施工管理技士 建設業法に基づいて、造園工事に従事している施工管理技術者の資質の向上、適切な施工を確保するなどのため、造園工事に従事している者、しようとしている者について行われる技術検定の合格者に与えられる称号である。施工管理技術検定の種目には建設機械、土木、建築、電気工事、管工事、造園、電気通信があり、そのうちの一つである。1級と2級があり、1級の受検資格は、種目に関わる大学の指定学科を卒業している場合には、主任技術者等の指導監督的実務経験年数1年以上を含む実務経験年数3年以上などが要件となる。1級では工事の施工に当たっての工程管理、品質管理、安全管理、原価管理などの知識とその応用能力が問われる四肢択一の65問の第一次検定と、記述式による第二次検定に合格することによって、合格証明書が国土交通大臣から交付される。

造園施工管理技士は、建設業法に定められた造園工事業に関わる建設業の許可を受けるために営業所ごとに置かなければならない専任の技術者になることができる。また工事の請負施工に際して工事現場ごとに置かなければならない主任技術者となることが（1級は特定建設業の許可を受ける際の営業所の専任技術者および現場の監理技術者になることも）認められている。別の言い方をすれば、公共を中心とした造園工事業に関わる技術者として、また建設業者にとっても不可欠の資格だと言えよう。

1975（昭和50）年度から始まった造園の技術検定試験では施工管理のほか、造園史、植栽基盤、植物生態、樹木、岩石、コンクリート等の材料、植栽施工・管理、遊具・運動施設、土工、コンクリート工、舗装工、給排水・電気施設、測量、関係法規など幅広い知識が求められる。これらのうち施工管理や土木施工、法規などは、土木施工管理技術検定などと重複する内容が多いこともあって、合格者のうち造園工事業に勤務する者は全合格者の4割程度となっており、植物のことをあまり知らない土木や管工事を専業とする者も多数合格し得るということには独自性という点で問題が残されているとも言えよう。

一方、実際の業務としては、図面等の設計図書を読み取り、発注者と打合せをし、施工計画を立て、材料や労務の手配をし、職長に指示を出すとともに種々現場の確認をし、工事写真等の多数の書類を整えるといったことになり造園の造作に直接関わることは少ない。

●造園技能士 厚生労働省が職業能力開発促進法に基づいて、働く人たちの技能と地位の向上を図り、産業の発展に寄与していくために実施して

主任技術者と監理技術者

建設業者は、工事現場における技術上の管理を行うために、一定の資格を持った主任技術者を置かなければならない。特定建設業者が一定金額以上の下請契約をもって施工しようとする場合は、それに代えて1級施工管理技士で監理技術者講習を受講するなどの要件を備えた監理技術者を置くことになっている。2021（令和3）年度から試験制度が改正されて、一次検定に合格すれば各級に「技士補」の資格が付与されることになった。

いる技能検定制度による130職種（2022（令和4）年4月現在）に関する資格のうちの一つである。

試験は実技試験と学科試験に分けられ、両方の試験に合格する必要がある。実技試験は指定された区画内に竹垣製作、蹲踞敷（つくばいじき）、飛石・延段敷設（のべだんふせつ）および景石配置と植栽を行う課題（1級の場合）を実際に作成する作業試験と樹木の枝を見て樹木名を判定する要素試験に分けられ、ともに合格しなければならない。作業試験では作業態度も採点対象となり、所定の時間内に完成しなければ不合格となるなど厳しいものとなっている。学科試験は、正誤法による問題と四肢択一式問題が併せて出題される。

一般建設業と特定建設業
建設業を営むためには、国土交通大臣または都道府県知事の許可を受けなければならない。総額4,000万円以上の高額な下請契約を締結して施工しようとする者は、厳しい要件が課せられる特定建設業の、その他は一般建設業の許可を受ける。

実技と学科の両方の試験に合格すると「技能士」の称号が与えられ、1級は厚生労働大臣の、2、3級は都道府県知事名の合格証書が交付される。1級技能士は、官庁営繕工事における現場常駐制度や、建設業法における一般建設業の主任技術者として認められるほか、経営事項審査の評価対象技術者にもなる。2、3級の場合は、上級を受験する際、実務経験年数が短縮される。

技能士の仕事は、技術者の指示を受けて、直接樹木の植栽や、石の組上げ等に関わることになり、造園工事の出来映えに大きな影響を持つ。

●登録造園基幹技能者　国家資格ではないが、1998（平成10）年度から造園基幹技能者という資格が認定されている。これは、国土交通省により1995（平成7）年4月に「建設産業政策大綱」で確保・育成が提言され、1996（平成8）年7月には具体的な取組みに対する基本方針が策定された基幹技能者の評価制度によるものである。基幹技能者とは、建設工事現場での施工の実情に詳しい技能者（職長等）が、現場の実態に応じた施工方法を技術者に提案・調整し、現場の技能者に対しては適切な指揮・統率を行っていくという重要な役割を担うものとし、民間資格として始まった。2007（平成19）年頃には19業種で育成されていた。

建設業法施行規則改正により、2008（平成20）年4月以降に国土交通省に登録した講習機関である、（一社）日本造園建設業協会と（一社）日本造園組合連合会が実施する基幹技能者講習を受講すると、講習修了者となり修了証も発行される。登録造園基幹技能者になるには、受講資格として1級造園技能士または1級造園施工管理技士の資格を持ち、指導経験1年以上を含む10年以上の実務経験と、3年以上の職長経験が必要とされている。しかも5年ごとの更新が必要となっており、新技術を中心とした更新研修を受けなければ資格の維持ができないという厳しいものになっている。造園の本質とも言える技能と知識を兼ね備えた資格者が、より活用されていく情勢となることが望まれる。（福成）

仕事と資格

技術士とRCCM

●技術士とは 技術士は、科学技術系の技術者にとって最も権威ある国家資格であり、技術士法に基づく技術士第二次試験に合格し、登録した人だけに与えられる資格である。技術士は、技術士法によって次のように定義されている。「技術士とは、法定の登録を受け、技術士の名称を用いて、科学技術の高度な専門応用能力を必要とする事項について、計画・研究・設計・分析・試験・評価、またはこれらに関する指導業務を行うものをいう（技術士法第2条より抜粋）」。つまり技術士とは、さまざまな技術分野で、豊富な業務経験や業績、幅広い知識と見識、深い専門的知識などを持っていることを国から認められた技術者のことである。

技術士の資格は公共造園の計画・設計に携わる技術者にとって特に意味がある。国土交通省では、建設コンサルタントを登録する制度の中で、技術士の資格を技術管理者として認定するための資格要件としている。このことでも分かるように、公共造園の世界では技術士を技術者の能力を評価する上で重要な指標として扱っており、公共造園に携わる技術者にとって技術士の資格は必須とも言えるものとなっている。また、技術士は、一級建築士とともにAPECエンジニアとして登録の対象となっている。

APECエンジニア
APEC（アジア太平洋経済協力会議）エンジニア登録制度は、APECエンジニア相互承認プロジェクトに基づき、優秀な技術者が国境を越えて自由に活動できるようにするための制度。
APECエンジニアが登録できる技術分野は現在11分野で、「Civil」分野の資格は技術士が、「Structural」分野の資格は1級建築士と技術士が対象となる。

□11分野
「Civil」
「Structural」
「Geotechnical」
「Environmental」
「Mechanical」
「Electrical」
「Industrial」
「Mining」
「Chemical」
「Infomation Engineering」
「Bio engineering」

●造園の対象部門 技術士には21の部門があるが、そのうち造園技術者の対象となる主な部門、専門とする事項には以下のようなものがある。

建設部門	
都市および地方計画	都市構成、土地利用、都市交通施設、公園緑地、区画整理その他の都市および地方計画に関する事項
建設環境	建設事業における自然環境および生活環境の保全および創出ならびに環境影響評価に関する事項
環境部門	
自然環境保全など	生態系および風景ならびにこれらを構成する野生生物、地形、水その他の自然の保護、改善および復元ならびに自然教育および自然に親しむ利用に関する事項
総合技術管理部門	総合的な技術監理（安全、社会環境との調和、経済性、情報、人的資源等の監理）

●技術士と社会的信用 技術士法では、欠格事項が定められているため、社会的信用を失った状態では、技術士や技術士補にはなることができない。また、技術士・技術士補は、守秘義務・信用失墜行為の禁止・公益確保を図る義務や責務等が厳格に定められており、クライアント（発注者）や国民に対し、技術的良心に基づいて行動することが義務付けられている。

●技術士補 技術士補とは、「技術士となるのに必要な技能を修習するため、法定の登録を受け、技術士補の名称を用いて、技術士の業務について技術士を補助する者（技術士法第２条より抜粋）」。つまり技術士補とは、技術士を補助する技術士候補の技術者であり、技術士を目指す上での通過点とも言える。技術士補は、技術士第一次試験に合格、またはJABEEなどの認定された教育課程の修了者で登録した人に与えられる。

JABEEの認定プログラム修了者
日本技術者教育認定機構（JABEE：Japan Accreditation Board for Engineering Education／設立1999年11月19日）は、技術系学協会と密接に連携しながら技術者教育プログラムの審査・認定を行う非政府団体。

●シビルコンサルティングマネージャ（RCCM）　シビルコンサルティングマネージャ（RCCM）（Registered Civil Engineering Consulting Manager）とは、建設コンサルタント業務で必要な「管理技術者」「照査技術者」になるための（一社）建設コンサルタンツ協会が実施する民間資格であり、国土交通省もRCCMをそれらの技術者を認定するための資格要件としている。もともとは、建設コンサル業務成果の技術水準を確保していくために十分なチェックを行う管理者が技術士だけでは足りないというニーズからスタートしており、技術士以外にそういった管理を行う技術者の資格基準がなかったことや、そのような資格は公的なものが望ましいことからこの資格がつくられた。RCCMは、設計業務の特質を理解し、円滑、適正に業務を進めるために発注者（委託者）の良き技術的パートナーとして委託者の立場に立った倫理を必要とし、純粋に技術的判断に基づき業務を遂行し、委託者にとっての経済的効率性を確保することはもとより、第三者に対し公正性と公平性を有し、原則として当該事業の施行に関して利害関係のない中立・独立の立場を堅持しなければならない。したがって、RCCMには継続的に自己研鑽に励み、自らの能力を維持向上させる責務があり、2010（平成22）年度より資格更新の際にはCPD（継続教育）制度を活用して所定のCPD単位を取得することが義務付けられている。

●造園の対象部門と受験資格　造園技術者の場合、対象となる主な部門には造園部門、都市計画および地方計画部門、建設環境部門などがある。受験資格については、長い業務経験が必要となり、必要とされる経験年数は学歴別に設定されている。ちなみに大学卒だと13年以上の業務経験が必要になる。（加藤）

仕事と資格

樹木医

日本緑化センター
1973（昭和 48）年、当時の経済界、農林業・緑化関係業界などの民間と、旧農林省、建設省、通商産業省により設立された。緑化に関する専門技術者の養成・認定、調査・研究などを行っている。

●樹木医とは 「樹木医」とは（一財）日本緑化センターが行う樹木医研修受講者選抜試験に合格し、研修を受講した上で資格審査に合格し樹木医として登録されたものをいう。1991（平成 3）年、林野庁の補助により樹木医制度がスタートして以来、2021（令和 3）年 12 月現在 3,081 名が認定されている。

樹木医制度がスタートした目的は、天然記念物のような巨樹、名木を保護育成するため、その診断や樹勢回復を行うことであった。しかし樹木医が認知されてきた近年では、街路樹や公園、神社仏閣から一般家庭の身近な樹木に至るまで、その対象は大変広くなってきている。特に街路樹は戦後急速に植栽されたものが多いため、樹木の成長がその植栽された場所の環境に合わなくなってきており、保護育成の対象として増えてきている。

樹木医の仕事としては大きく「樹木診断」と「保護育成治療」の二つに分けて整理することができる。

●樹木診断 樹木の生育が衰退してきた場合、その原因は虫に食べられて傷ついたり、キノコやカビなどの病気にかかっていたり、台風や大雪で

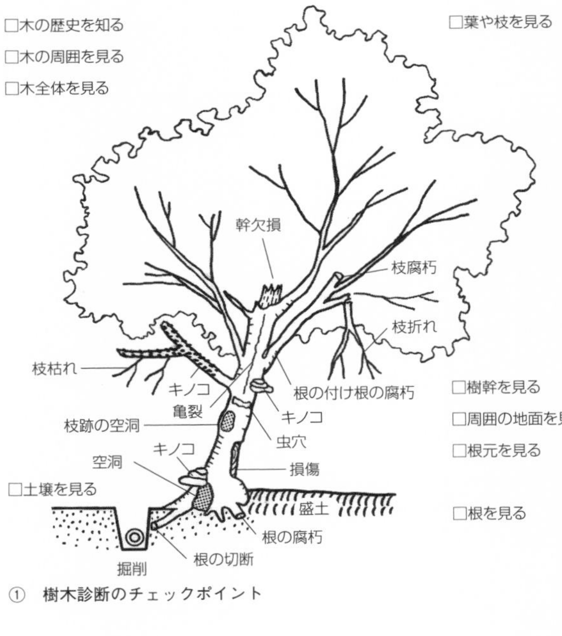

① 樹木診断のチェックポイント

傷ついたり、栄養不足になっているなど多くの原因が考えられ、また人間と違い自ら「どこがおかしい」と意思表示もしてくれないために、その診断は非常に難しい。したがって上記の各種要因を一つずつチェックしながらカルテを作成し、原因と対策についての総合的な判断を下すことになる。またカルテとして記録することは、私たち人間の場合と同様に、その後の樹勢回復治療や生育状況を見守っていくための基礎資料として大変重要な作業である（①②）。

② 街路樹の精密診断

●保護育成治療 保護育成治療は、地上部の樹体に関する事項と地下部や土壌に関する事項がある。地上部については腐朽部（腐れている部分）や枯れている部分の除去のほか、巨木の保存の場合には倒れるのを防ぐため大きな支柱の設置を行う場合もある。地下部については根の腐朽部や枯れている部分の除去に加えて、必要に応じて肥料の投入や、保水性・排水性・通気性を良くするなどの土壌改良を行う（③）。

③ 街路樹根系の治療

●樹木医として必要な知識

仕事の内容から分かるように、樹木医の仕事には非常に多くの知識を必要とするが、特に次のような事項に精通していることが必要である。植物生理（基礎的な条件）、植物・森林生態学（植物生育に関わるさまざまな要因）、昆虫・菌類（病虫害に関わる事項）、土壌学（植物の生育基盤）など。

樹木医研修受講者選抜試験の応募要件は学歴に関係なく「樹木の保護・育成に関する業務経験が７年以上の者または樹木医補の資格を有し認定後の業務経歴が１年以上の者」となっている。選抜試験に合格するとその後、Web 配信方式の講義と実習を受講し、筆記試験・面接で最終決定される。

樹木医補
樹木医制度の充実を図るため、樹木学や病虫学などの基礎的な知識・技術を所定の樹木医補資格養成機関において習得した学生を対象に、樹木医資格取得への門戸を開くために設置されている。

樹木医補資格養成機関
2022（令和 4）年現在、43 の大学（短大含む）、19 の専門学校が認定されている。詳細は日本緑化センターのウェブサイトを参照のこと。

●樹木医のこれから 樹木医制度は 2021 年で 30 周年を迎え、行政サイドだけではなく広く国民的にも認知され、数多くの診断、保護育成治療の実績が蓄積され的確な対処ができるようになってきたが、樹木にはまだまだ未知の部分も多く絶え間ない研究が必要であろう。また樹木単体ではなく樹林としての保全や人々の暮らしとの関係など、環境共生といった観点からもさまざまな啓発活動が重要な役割として期待されている。（上野）

仕事と資格

街路樹剪定士と植栽基盤診断士

●現場で生かせる資格とは 造園の現場に関わる資格は、造園施工管理技士、造園技能士が代表的なものである。造園の扱う空間や素材等が広範で多様であることはすでに述べられているとおりであるが、造園施工管理技士などは造園工事の内容がさまざまであっても工程管理、品質管理等の施工管理を行うという点については共通している。それに対して、造園工事等における作業を担う造園の職人たちは、多様な特性を持つ植物の植栽から生き物としての管理を行うかと思えば、自然石で滝を組むこともある。さらにモルタルやコンクリート、ブロック、タイル等々幅広い素材を扱っている多能工だと言える。その職能に対する呼称が造園工である。

技能検定130職種の中には、石材施工(石張り)、ブロック建築、タイル張りなど、多能工の造園に比べて特化した職種が多い。造園に関わる仕事についても、同じ意味で計画・設計に関して庭園、公園、生物環境、観光、レクリエーション、景観など専門領域がより明確になることが望ましいと考えられる。

庭師と呼ばれてきた人たちの中には、実際何でも見事にこなす優れた人が相当いたと言われている。しかしかねてから指摘していたことであるが、器用貧乏という言葉があるように、何でもできるということは便利屋的存在にもなり、かえって正当な評価がなされにくいことになる。そのため技能として取り上げるのであれば、移植技能士・竹垣技能士・滝組技能士などもっと特化させた方が力量が明確になってよいと訴えてきた。その意味でここに紹介する二つの新しい資格は、民間のものであるが特化した技能、技術を認定したもので職能が明確である。

●街路樹剪定士 全国の街路樹（高木）は、2017（平成29）年3月31日現在で670万本に上った。東京都内全体で2022（令和4）年4月1日現在では1,007,621本を数える。道路という日常的に利用される場にあって、最も身近な緑として存在する街路樹であるが、身近なゆえに管理者に寄せられる苦情も多く、担当者泣かせでもある。新芽・新緑・花・紅葉等の美しさ、緑陰・景観形成等多くの役割を担い、心の中で愛でている人たちも多いのであろうが、落ち葉・虫・日陰のほか、剪定が悪いといった苦情のほうが顕著である。日本は国土面積も平地面積も小さいため、道路幅・歩道幅にもともとゆとりのない道路が多い。そのため盆栽や庭の管理技術から引き継がれた剪定技術をもって、都市の狭い空間に高木を納めるという独自の方法を前提として植栽が進められてきたと言えよう。樹種によってそれぞれ異なる特性を考慮しながら、将来の樹形や周辺との調和を図りつつ、美しいバランスのとれた樹形に剪定していくことは、本来大変な技量が必要である。ところが街路樹が植えられている道路の管理者に造園の技術者がついていることが少ないこと、道路管理上生き物である街路樹の管理は特異なものであって煩わしいこと、公共事業として公平性・透明性などが求められる中で、優れた剪定がなされるかどうかの質的評価

全国の街路樹については、国土交通省国土技術政策総合研究所社会資本マネジメント研究センター緑化生態研究室で行われた、2017（平成29）年3月31日に道路に植栽されている樹木の調査による。都内の街路樹の本数は東京都建設局公園緑地部資料による。

2002年調査時に、街路樹として最もよく使われていた上位10種のうちイチョウ、ケヤキ、クスノキ、プラタナスは、本来の成長をしたときの樹高が30mを超えるものである。

がなされないまま競争入札で安値を入れる業者に発注となることなどから、街路樹の意義を疑うような剪定も見られるようになってきた。

これらを背景に、造園業として、また造園技術低下に対して危機感を抱いた（一社）日本造園建設業協会が 1999（平成 11）年に発足させたのが「街路樹剪定士認定制度」である。認定研修会において街路樹に関する多岐にわたる知識の修得と実習木を用いた剪定実技試験を経て、合格した者が認定される。最近では街路樹剪定の工事看板に、責任を持つ者として街路樹剪定士の肩書が見られるようになってきており、プライドを持って仕事ができる点で望ましいことだと考えられる。

●植栽基盤診断士 植栽工事を行った後で、枯損や生育不良を起こす最も重要な原因として考えられるのが、気候、植栽地の地形、土壌等に絡むものだと考えられる。雨量が多く、温暖な日本の自然立地では、本来植物は旺盛な生育を示すのが普通である。しかし緑化の対象地は往々にして岩盤の出てくる切土であったり、締め固められた盛土といった造成地など植栽に向かない条件である場合が多い。工事前の調査、設計段階で土壌調査等が行われる場合もあるが、その後に造成が行われる場合があること、まんべんなく調査ができるわけではないので、もともと一様であるとは限らない土壌の状態の相違にまで対応できないことなどから、結局、工事施工時に植栽基盤の診断を行い、適切な対応をとることが望ましい。従来、造園施工管理技士などの資格を持った主任技術者などは、植栽基盤の診断をする立場にあったわけであるが、判断にはより特化した専門的知識が必要なこと、診断の結果に重みを持たせ、適切な設計変更の実現に結び付けていく必要があったことが、資格の創設につながったと考えられる。

この資格も（一社）日本造園建設業協会の認定制度であるが、植栽基盤に関する過去の研究成果に加え、建設省土木研究所（現・国立研究開発法人土木研究所）との 4 年間にわたる共同研究など 10 年をかけて創設された。筆記試験による一次試験に合格した者がさらに技術レポート・実地・面接による二次試験に合格後、登録手続きが必要となる。2003（平成 15）年に行われた第 1 回植栽基盤診断士認定試験では、最終合格率が約 30%の合格者数 183 人となった。しかも新技術、新工法の情報を補強するために 5 年ごとの更新研修を受ける厳しい資格となっている。

●公園管理運営士 技能的資格ではないが、（一財）公園財団が 2006（平成 18）年から認定を始めた資格に公園管理運営士がある。これは 2003（平成 15）年 6 月の地方自治法改正により、「公の施設」である公園の運営も含めた管理が民間企業等の団体も議会の議決を経て指定管理者となることができるようになったことと連動している。公園に求められている多様なニーズに応えられる一定水準の知識・技術・能力を持つ人材を養成し、認定しようとするものである。（福成）

植栽工事後は施工者に、枯損した場合の植え替えを課す 1 年間の枯れ補償が付くことが一般的であるが、植栽基盤の影響は 1 年間に留まるわけではなく、将来に対する技術的使命と立場がより明確になったとも言えよう。

公園管理運営士の認定試験は、2012（平成 24）年 4 月から（一社）日本公園緑地協会が行っている。

仕事と資格

その他の資格

●その他の資格 造園の仕事に関わる資格の中から、近年特に注目されているビオトープに関する資格や、自然の中で行われるさまざまな活動を指導するための資格をいくつか紹介する。

●ビオトープ管理士 ビオトープ管理士資格制度は、ビオトープ事業に携わる技術者の育成と質の向上を図ることにより、地域の自然生態系を守ったり、取り戻したりするビオトープ事業の効果的な推進を図ることを目的として創設された資格制度である。

ビオトープ管理士は、ビオトープ事業の効果的な推進に必要な、知識、評価能力、技術についての知識を問う資格試験に合格することにより認定される。

試験は、学識経験者を中心に構成されるビオトープ管理士試験管理委員会のもと、（公財）日本生態系協会によって実施される。ビオトープ管理士には、ビオトープ計画管理士とビオトープ施工管理士の二つの種類があり、それぞれ、業務担当責任者レベルの１級と、基礎的な知識を有する技術者レベルの２級とに分かれており、１級ビオトープ管理士は「公共工事に関する調査及び設計等の品質確保に資する技術者資格」（国土交通省登録資格）に登録されている（①）。

公共工事に関する調査及び設計等の品質確保に資する技術者資格
民間団体等が運営する一定水準の技術力等を有する資格について、国や地方公共団体の業務に活用できるよう、国土交通省が「国土交通省登録資格」として登録する制度。たとえば国土交通省では、登録された資格の保有者に総合評価落札方式において加点評価するなど、登録資格の活用が進められている。

登録内容
- １級ビオトープ施工管理士（品確技資第 250 号）
  「建設環境」の「調査」業務を行う「管理技術者」
- １級ビオトープ計画管理士（品確技資第 251 号）
  「建設環境」の「調査」業務を行う「管理技術者」

① それぞれの資格

ビオトープ計画管理士
地域の自然生態系の保全・復元・創出の理念や野生生物などの調査技術をふまえた広域的な地域計画（都市計画・農村計画など）のプランナー
ビオトープ施工管理士
地域の自然生態系の保全・復元・創出の理念や、野生生物などの調査技術をふまえた設計・施工に当たる事業現場担当の技術者

●自然観察指導員 自然観察指導員とは、地域の豊かな自然を次の世代に引き継ぐために、「仲間づくり」「地域づくり」を目標にし、地域の自然保護活動を実践するボランティア活動のスタッフのことである。

自然観察指導員になるには講習会を受ける必要があり、講習会では、自然保護や自然観察の考え方の整理から始まり、自然の見方・伝え方の野外実習を行う。講習会の全日程を修了し、登録申請を行うと、自然観察指導員として登録され、登録証、腕章、ネームプレートが渡される。また、会報を通じて情報提供や全国の自然保護の状況も把握するために、指導員登録には、（公財）日本自然保護協会の会員になることが必要となる。

●森林インストラクター 森林インストラクターとは、森林を利用する

森林インストラクター資格試験
森林インストラクターの「資格試験」は「環境教育等による環境保全の取組の促進に関する法律」の第11条の規定に基づき、2005（平成17）年から「人材認定事業」として、環境大臣ならびに農林水産大臣の登録を受けて実施されている。

一般の人たちに対して、森林や林業に関する知識を教え、森林の案内や森林内での野外活動の指導を行うインストラクターのことである。森林の案内や森林の総合的な利用を推進することと、山林および林業の活性化を図ることを目的として1991（平成3）年度に発足された。この森林インストラクターの資格は、（社）全国森林レクリエーション協会が実施する森林インストラクター資格試験に合格し、登録することにより認定される。資格試験は、一次試験と二次試験からなる。一次試験では「森林」「林業」「森林内の野外活動」および「安全および教育」の４科目について記述式を主体とした筆記試験が行われ、二次試験では、一次試験の合格者を対象に実技試験と面接が行われる。実技試験は、森林インストラクターとしての模擬演技となる。

●プロジェクトワイルド・エデュケーター（一般指導者）、ファシリテーター（上級指導者）　プロジェクトワイルドは、アメリカで幼稚園から高校までの生徒を指導する教育者向けに開発された、生き物を題材とする環境教育プログラムである（②）。参加者の気付きや理解から始まり、段階的に生態系の原理や文化などの知識、管理や保全などへの人間の役割、価値観の多様性や環境問題の構造を認識した上で、野生生物と自然資源に対して責任ある行動や建設的な活動を身に付けていくことを目的としている。日本では、（一財）公園財団が日本における環境教育・学習の推進に寄与するため、全米各州の教育局および資源管理局の代表者により組織されている環境教育協議会とライセンス契約を結び、プロジェクトワイルドの普及および指導者の育成を図ってきた。

プロジェクトワイルドは国（環境省、国土交通省）から「環境教育等による環境保全の取組みの促進に関する法律」に基づく人材認定等事業（第11条第1項に規定する）として、2006（平成18）年より登録されている教育事業であり、エデュケーターになるためには「エデュケーター養成講習会」、ファシリテーターになるためには「上級指導者養成講習会」を受ける必要がある。

（加藤）

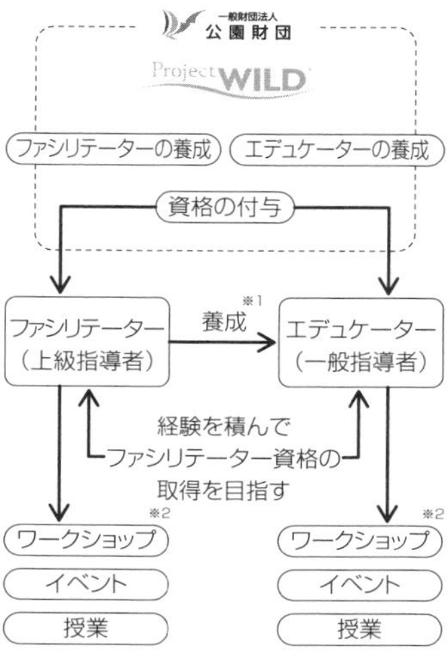

②　**環境教育プログラムの流れ**
※１：プロジェクト・ワイルドの目的や子供たちへの指導方法などを、講習会（模擬体験）を通じて学ぶ。
※２：ファシリテーターやエデュケーターは、プロジェクト・ワイルドのプログラム・アイディアを学校、職場、地域、仲間内などいかなる場所でも自由に授業、ワークショップ、イベントなどで使う。

著者イチ押し

訪ねてほしい造園空間―①〈赤坂〉

殿ヶ谷戸庭園

東京都国分寺市

園地は、武蔵野台地の国分寺崖線といわれる崖地と崖下からなり、武蔵野の地形を生かしながら台地の上の洋風と斜面から低地へかけての和風をうまく共存させている。

万福寺庭園

島根県益田市

雪舟がつくったと伝えられる庭園。壮大、豪華ではないが、芝の築山に石がバランス良く配置され、心地良い緊張感が伝わる。石たちの語る声が聞こえてきそうだ。

種差海岸

青森県八戸市種差

かつて「星は昴、海は種差」というキャッチフレーズをポスターで見た覚えがある。広い芝生と太平洋の青い海、そして白い砂浜。つまり緑、青、白で構成されるシンプルな風景がある。奇岩が続く海縁の道もいい。現在、三陸復興国立公園となっている。

琵琶湖第1疏水

滋賀県大津市浜大津～京都市蹴上

琵琶湖に集められた物資を大阪経由で全国に輸送するため、明治の初めにつくられた近代産業遺産。現在は疏水を眺めながら歩ける快適な散策コースになっている。蹴上近くの山には難所あり。猪のヌタバ（泥を浴びる場）も見られる。

著者イチ押し

訪ねてほしい造園空間─②〈池尻〉

行幸通りのイチョウ並木

東京都千代田区丸の内〜皇居外苑

1914（大正 3）年開業の東京駅とともに皇居からの馬車道として整備された。赤レンガ造の駅舎と皇居外苑に続くイチョウ並木は、かつて「一丁ロンドン」と呼ばれた丸の内一帯の風格を残している。

都道御陵線のケヤキ並木

東京都八王子市長房町

1927（昭和 2）年に皇室専用仮駅である現・東浅川駅跡から多摩御陵へ至る参道並木として整備された。ケヤキは樹高 20m を超えるまでに成長し、陵墓地内の北山杉とともに荘厳な雰囲気を醸し出している。

多摩川御岳渓谷

東京都青梅市御岳

国立公園の歩道として川沿いに遊歩道が整備されている。散策以外にも釣りやカヌー、バーベキュー、清酒工場や料亭等世代を超えて渓谷の自然が手軽に楽しめる。その中で玉堂美術館の庭園が渓谷と一体となった空間をつくっている。

紅葉谷川庭園砂防

広島県廿日市市宮島町

日本三景で世界遺産の宮島（厳島）は、神の島らしく自然と一体となった景観が島内随所に見られる。中でも 1945（昭和 20）年の台風で崩壊した「紅葉谷川」は、石組の技術を用いて景観を維持した庭園砂防が素晴らしい。

著者イチ押し

訪ねてほしい造園空間―③〈池邊〉

林試(りんし)の森公園

東京都品川区小山台

1900（明治 33）年に農商務省林野整理局が「目黒試験苗圃」として設置し、その後、林野庁の「林業試験場」となり、1989（平成元）年に都立の防災公園として開園した。日本国内のみならず海外の樹木など珍しい品種が植えられている。

水元公園

東京都葛飾区水元公園

水元公園は都内で唯一の水郷の景観を持った自然公園であり、園内には水辺に強い樹木や、水生植物を多く見ることができる。公園内にある水産試験場跡地では、葛飾区によって金魚の品種の保存・展示のための飼育が行われている。

蚕糸(さんし)の森公園

東京都杉並区和田

農林水産省の蚕糸試験場の跡地につくられた公園で、隣接した学校と一体化し、放水銃、樹木スプリンクラー、ゲートシャワーなどを備えた防災公園として整備された。旧正門や旧守衛所を公園施設として修復・保存している。

第2章
造園が扱う空間

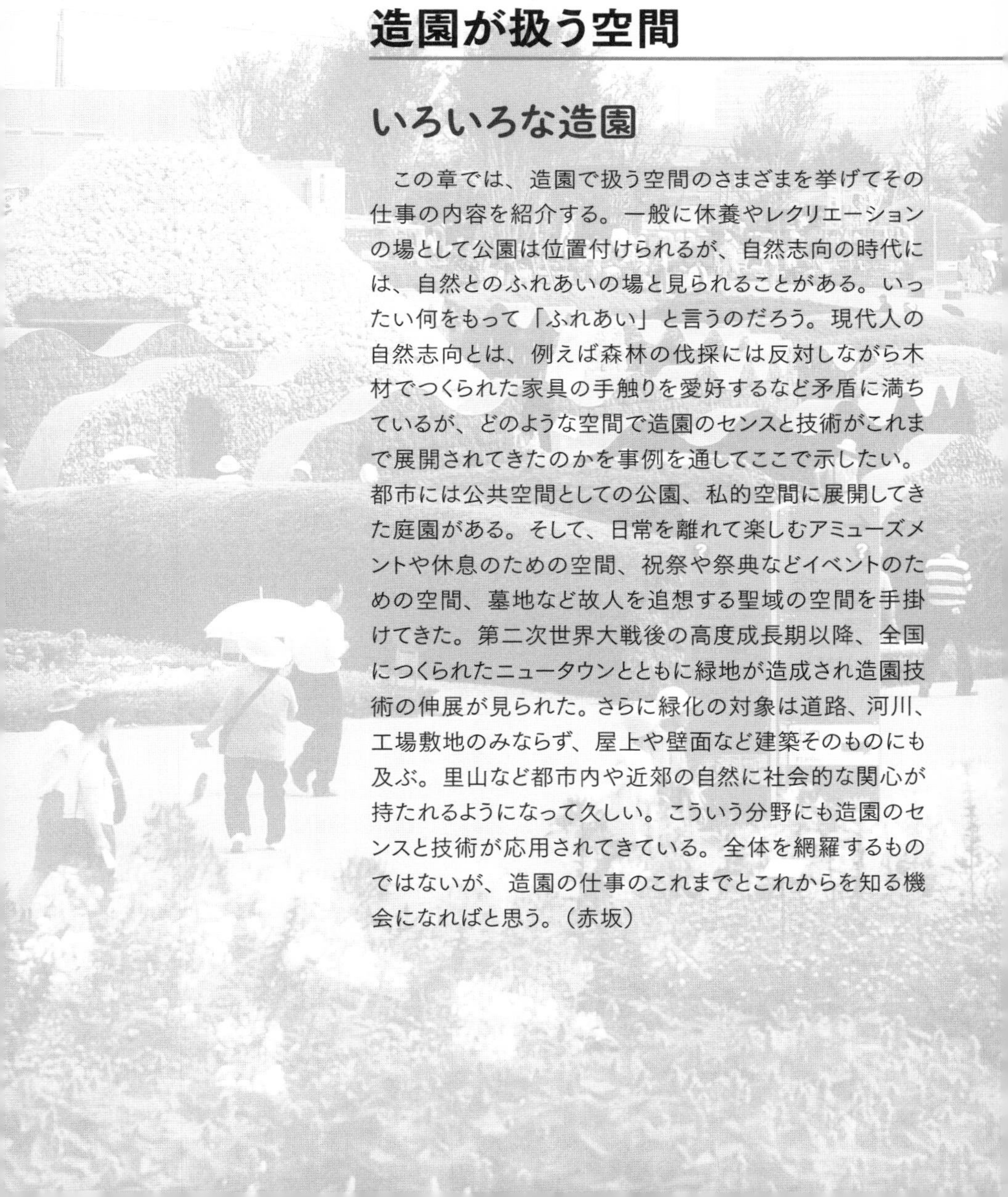

いろいろな造園

この章では、造園で扱う空間のさまざまを挙げてその仕事の内容を紹介する。一般に休養やレクリエーションの場として公園は位置付けられるが、自然志向の時代には、自然とのふれあいの場と見られることがある。いったい何をもって「ふれあい」と言うのだろう。現代人の自然志向とは、例えば森林の伐採には反対しながら木材でつくられた家具の手触りを愛好するなど矛盾に満ちているが、どのような空間で造園のセンスと技術がこれまで展開されてきたのかを事例を通してここで示したい。都市には公共空間としての公園、私的空間に展開してきた庭園がある。そして、日常を離れて楽しむアミューズメントや休息のための空間、祝祭や祭典などイベントのための空間、墓地など故人を追想する聖域の空間を手掛けてきた。第二次世界大戦後の高度成長期以降、全国につくられたニュータウンとともに緑地が造成され造園技術の伸展が見られた。さらに緑化の対象は道路、河川、工場敷地のみならず、屋上や壁面など建築そのものにも及ぶ。里山など都市内や近郊の自然に社会的な関心が持たれるようになって久しい。こういう分野にも造園のセンスと技術が応用されてきている。全体を網羅するものではないが、造園の仕事のこれまでとこれからを知る機会になればと思う。(赤坂)

自然との
ふれあい

自然とのふれあい

●都会には自然がない？ 「自然とのふれあい」という表現にははじめから肯定的なニュアンスがある。自然界には人間を病や死に至らしめる病原菌もある。ふれあいたい自然とは、少なくとも人間にとって無害であることが条件となる。「都会には自然がない」と言うけれど、大都市もじつは大自然に抱かれている。近年の大地震・津波・暴風・洪水などの自然災害は、大都市も地面という自然の上にあったことを思い知らされる出来事であった。すなわち、大都市であっても雨や風、雪、気温の変化などの自然現象にさらされている。しかし都市内には自然現象の影響を受けずに済む、つまり雨が降っても傘をささずに済む、寒い日でも暖かく、また暑い日は涼しく快適に買い物ができるなどの数々の利便性が備えられている。かつて屋外にあったものが次々と屋内に取り込まれ、近年は○○ドームという屋根の架かった野球場やサッカー場も珍しくない。こうした人間にとって限りなく快適な装置の増殖は、自然（の影響、脅威）から隔離する仕組みが巧みに発達した結果である。そこから「都会には自然がない」という先のつぶやきがまた聞こえてくる。

●泳ぐマグロとの出合い 野生生物と出合いが思わぬところで叶うことがある。東京都にある葛西臨海水族園では、海中を歩く感覚でマグロの大群を目の高さで見ることができる。ふれあうことのできない（または少ない）自然を「身近なもの」にすることを可能にする技術の高さに感心するし、見ていて大変に面白い。しかし、これを可能にしてくれるものの一つにマグロと私たちを隔てるガラスの存在がある（①）。ガラスは目の前を疾走するマグロを見せてくれる媒介物（メディア）である。このメディアは見せるための「伝達」と危険から守るための「隔絶」という機能を同時に

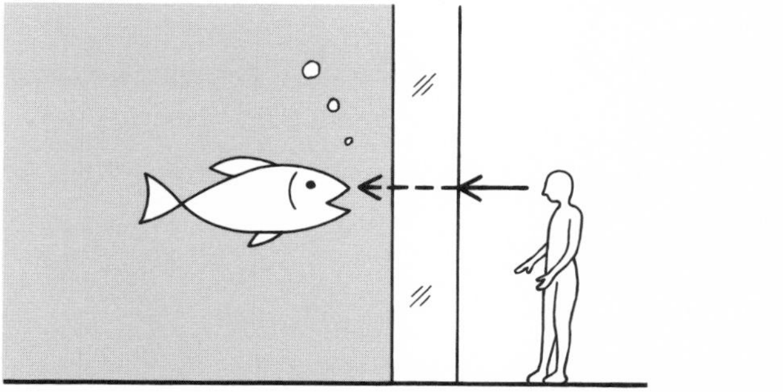

目の高さでマグロを見ることはできるが、両者は決してふれあうことができない
① マグロ―ガラス―人間のシェーマ

持つ。目の高さで泳ぐマグロを見るという、通常では不可能な位置関係で文字どおりの「身近さ」を提供することに成功しているが、ここで自然に親しむということ（楽しむこと、よく知ること）について改めて考えてみる必要がある。伝達すると同時に隔絶するメディアの発達とサービス技術の進歩は、まるでヒグマを素手でなでることも可能と思わせるほどの「関係の虚構化」を進めてしまう危険がある。本当は恐ろしい命懸けの世界に苦もなくアクセスできてしまうことが、果たして自然を理解したことになるのか。

●メディア経由の自然　マスメディアで報道される自然解説番組に親しんでいる人は、実際現地に行ってみると、映像で見たほどドラマがなく、失望することが多いかもしれない。じつは、多くの時間と人員を投入して制作されたものが、限られた時間内に放映されなければならないため、視聴者が満足するように番組は周到に構成される。構成編集された映像は、選択されたものである。つまり、ここでも伝達と同時に（選択という）隔絶が機能する。現代は、自然とのふれあいを求めるはずが、文明の発達とともに自然からむしろ遠ざかる方向へ歩み出していると言える。

●自然とのふれあい再考　こうした状況に対する造園の課題は何か。都市も自然の中にあることは先に述べた。こうした事実を感じさせてくれる仕掛けを考えることである。都市を吹き抜ける自然の風を回復させたり、公園の池に野鳥が飛来するようにしたり、これまでもささやかながら試みられてきたことであるが、都市も自然の中にあることをより強く意識させることを目標として実施されなければならない。そうすれば都市内の河川や近郊の雑木林もこれまでとはまったく違う存在となって見えるであろう。メディアを経由しない（あるいはメディアへの依存の度合いが低い）「自然とのふれあい」（②）が可能になれば、春ならば桜前線の情報より自分の目で確かめるようになる日も近い。（赤坂）

②　自然とのふれあいはバードウォッチングだけではない。捕えて食べることまで含めて考えたい。写真は浜離宮（東京都）の鴨池である。すでに猟のための機能はないが、野生の鴨をおびき寄せる引堀の入口が見える。江戸時代の大名庭園には狩猟というアクティブなことができる空間も装備されていた。

右の写真は引堀の終端にある小覗（このぞき）。ここから板木の音と餌でオトリのアヒルをおびき寄せ、これについてきた鴨をサデアミという網を用いて捕える。肉の貯蔵技術が乏しい時代においては、鴨の群れは空飛ぶ「季節の味」と見えていたはずである。

自然とのふれあい

コロナ禍で変化した緑との付き合い方

●社会危機における緑の多面的機能の発揮　パンデミックや災害、戦争など、人間社会における危機は緑の多面的機能を意識するきっかけをもたらす。そして緑に関わる制度や計画、人々の緑との付き合い方に変革が起きることがある。

例えば都市の近代化の時代に、パンデミックに対して公園緑地の整備が進められた。19世紀の欧州ではコレラやペスト、結核など、さまざまな感染症が蔓延した。要因の一つは、城壁に囲まれた人口密度の高い都市構造や未発達のインフラによる不衛生な環境である。徐々に土地と空気の衛生の重要性が認知され、上下水道が整備される一方、公園緑地も空気を浄化するものとして整備されていった。日本でも明治時代に、欧米の都市に学び、公衆衛生上重要なものとして公園（遊園）が整備された。

戦争や災害の際には、緑に食料生産や避難地、延焼防止という機能が認められた。第一次世界大戦下の欧州で、都市縁辺部に区画割りされた農園（例：①ドイツにおけるクラインガルテンや②スイスのジャルダン・ファミリオ）が広まったのも食料難が一因であり、日本でも空き地を耕す動きが第二次世界大戦の進行とともに広まった。1995（平成7）年阪神・淡路大震災の際には、公園や住宅の庭の樹木、そして街路樹が焼け止まりの役目を果たしたり、倒壊家屋を支えたりしたという記録も残っている。また、同震災のほか、2016（平成28）年熊本地震の発災直後には、緊急避難や炊き出しなどの場として公園が使われた。こうした経験は現在の緑に関する計画にも反映されている。

①　ドイツのクラインガルテン

②　スイスのジャルダン・ファミリオ

●新型コロナウイルス感染症　2019（令和元）年末に始まった新たな社会危機、COVID-19（新型コロナウイルス感染症）の蔓延（いわゆる「コロナ禍」）も多くの国において一斉に、人々の生活に大きな影響を与えた。人との接触を極力避けるため、国・都市間の移動が制限され、外出を

テレワーク
ICT（情報通信技術）等を活用し、普段仕事を行う事業所・仕事場とは違う場所で仕事をすること（国土交通省『令和2年度テレワーク人口実態調査－調査結果－』、2021より）。

コミュニティガーデン
地域の人々が野菜や花を育て、また参加者同士で交流する農園や花壇を指す。カフェや広場、小屋等の設備があることもある。

必要最低限にのみ認めるロックダウン（都市封鎖）が実施された国・地域もある。対面によるコミュニケーションを控えるため、ICTを活用したテレワークも普及した。

こうした外出や移動、コミュニケーションの制限や自粛のもと、人々は身近な緑、例えば公園や貸農園をより積極的に利用するようになった。「屋外で安全な空間」「運動で心身を元気にする空間」「子供の希少な遊び場」が求められたと言える。また、厳しい行動規制のあった国では、自宅の庭やコミュニティガーデン（③）などでの園芸活動が心身の健康維持や食料確保に役立ったという研究成果も出ている。

③　住宅地内のコミュニティガーデン

ソロキャンプ
一人でキャンプをすること。

ワーケーション
旅先でテレワークをすること。ワーク（work）とバケーション（vacation）を組み合わせた造語。

観光においても、感染防止の観点から、人との接触が少ない自然豊かな地でのソロキャンプやワーケーションといった、新たなスタイルが注目を集めた。以前から一人での余暇活動やテレワークが一般的に認められつつあった中で、パンデミックがきっかけで急速にそうしたスタイルが広まったといえる。こうして、移動や活動が制限される中でも人々は一定程度の観光を楽しみ、身体運動・ストレス解消の貴重な機会を得ることができた。

以上のように、コロナ禍では、感染防止のため行動変容が求められるというやむを得ない状況があったからこそ、多くの人が緑の魅力を認識する機会を得られることになった。

●これからの緑との付き合い方　コロナ禍は人間と緑・自然との関係性を見直す機会をもたらした。またテレワーク普及により遠隔地でも仕事がしやすくなったことから、過密な都心部から郊外部や農村部へ移住し、緑と触れ合う機会を増やした新しいライフスタイルを模索する人々も目立つようになった。こうした動きは平時には落ち着くかもしれないが、暮らし方のオプションの一つとして人々に記憶されるだろう。

これからは、コロナ禍に経験した緑との付き合い方が以前の暮らしにうまく組み合わさり、よりゆとりある社会の実現につながっていく可能性がある。緑の空間を充実させ、その空間を日頃から認識し、うまく活用できるようになっておけば、今後起きる社会危機に対しても緑を用いて柔軟に対応できる可能性が広がる。未来のレジリエントな社会づくりに向けた緑の空間・活用デザインを造園家は担っていく必要がある。（新保）

自然とのふれあい

森林公園と自然園

●森林公園　森林公園には、明確な定義や法的基準はなく、森林地につくられた公園、森林のある公園という程度の一般名称である。鹿児島の城山公園、東京の井の頭恩賜公園、大阪の箕面（みのお）公園などは森林公園と考えられる。しかし代表的な森林公園といえば明治百年記念事業として造成された、武蔵丘陵森林公園（埼玉県）が挙げられる。1974（昭和 49）年に開園した約 300ha にも及ぶ第 1 号の国営公園で、アカマツ・クヌギ・コナラを主体とした二次林の環境を維持しながら、屋外レクリエーションのための施設を散在させている。林間広場・展望広場・遊戯広場・運動広場・彫刻広場・渓流広場・わんぱく広場・ツバキ等花木園などで、テニスコートやエアートランポリンを有する。これらをつなぐようにサイクリングコースが設けられている。

自然度の高い森林公園では、遊歩道やバードウォッチング施設・キャンプ場・バンガロー・コンサートステージ・木工所・フィッシング場などを備えた各地の事例がある。石川県森林公園はキャンプ場や遊歩道、スポーツ施設などを備え、ロックコンサート開催の実績もある。もみのき森林公園（広島県）はサイクリング・アスレチック・テニス・スキー・キャンプ・バーベキューなどのほか、これまでに「きのこ狩り」の企画例もある。都市に近い甲山森林公園（兵庫県）は、四季折々の植物が楽しめて、武蔵丘陵森林公園とともに「日本の都市公園百選」に選ばれている。丸瀬布森林公園いこいの森（北海道）は、日本で唯一動態保存されている森林鉄道蒸気機関車が、園内 2㎞を走るユニークな運営を行っている。

また森林公園の名前は付いていないが、多摩動物公園（東京都）は森林地につくられた動物園であり、こどもの国（神奈川県）は自然の中で遊ぶことをテーマとした森林公園と言える。森林総合研究所多摩森林科学園（東京都）では樹木と森林生物を研究し、学び、鑑賞することもできる。ここのサクラ保存林は一般にも公開されている。

以上の事例のように森林公園は生態系としての豊かさから、さまざまなアクティビティの可能性が魅力となっている。

●自然園　自然園は、広く一般的な意味での自然や、特定の植物・昆虫などをテーマにしてつくられた公共と民間の施設である。

都心にあって、天然記念物に指定された貴重な森の例として、国立科学博物館附属自然教育園（東京都）がある。もとは 500 年ほど前の中世豪族の館から、大名屋敷、御料地の時代を経たため、人の立入りが制限され、スダジイ林等の自然地が残されてきた。園内観察や研究活動のほか、鳥類の調査を実施している。

植物をテーマに据えた民間施設の中で、景観的に優れ、またコレクションなどの学術価値の高い自然園は多い。シャクナゲの修善寺虹の郷（静岡県）やツバキの宮崎こどもの国（宮崎県）、ハナショウブの加茂荘花鳥園（静岡県）、コニファーの真鍋庭園（北海道）など、それぞれ観光施設や植物材料生産者の販促施設である。舞鶴自然文化園（京都府）は中国産ツバキと熱帯性シャクナゲのコレクションで実績があった。赤城自然園（群馬県）は、日本産および外国産を植栽したシャクナゲ園を持ち、国内では最大規模のものである。原種園はイギリス人ジェームズ・ラッセルの指導によるもので、学術的な意味で注目に値する。またカブトムシ・クワガタムシ・トンボ・チョウ・ホタルなどの屋外観察を特徴とした昆虫園の造成では国内での先駆けとなり、ビオトープの実現を果たしている（①）。昆虫をテーマとした施設に、たびら昆虫自然園（長崎県）、カブトムシ自然王国ムシムシランド（福島県）がある。（髙﨑）

熱帯性シャクナゲ
ツツジ属のビレア類。マレーシアやニューギニアなど熱帯アジアに分布し、マレーシアシャクナゲとも呼ばれる。

① 赤城自然園のシャクナゲ園（左右）と昆虫園（下）（群馬県）

自然とのふれあい

自然公園とその制度

●自然公園 自然公園とは、わが国においては都市公園のように人為的につくられた場で遊んだり、運動をしたり、花を楽しんだりするのとは異なり、自然が織りなした優れた、あるいは希少な風景を保護・保全するとともに、観賞し、その置かれている環境や到達するまでの過程を含めて楽しむとともに、自然公園における生物の多様性の確保を旨とするものである。自然公園法により、わが国の風景を代表するに足る傑出した自然の風景地に設定される国立公園、国立公園に準ずる優れた自然の風景地に設定される国定公園があり、どちらも環境大臣が指定設置する。さらに都道府県立自然公園は、地方レベルで優れた風景地に都道府県知事が指定設置する。

自然公園の要素としては、山岳・森林・河川・渓谷・滝・湖・湿原・多島海などさまざまであり、海域公園制度（2010 年の自然公園法の改正で海中公園から海域公園に改称）によって、国立公園および国定公園の海域内に、海域景観の保護と利用を目的とした海域公園地区も指定されている。

世界的に見ると、それぞれの国の自然的、社会的条件によってさまざまであり、歴史文化的地域や田園地帯を含むもの、自然保護や研究を主体としたもの、野生動物の保護を目的としたもの、野外レクリエーションを主体としたものなどがある。

●自然公園の歴史 世界最初の国立公園としては、1872 年にアメリカのイエローストーン国立公園が指定されたことが知られている。わが国の自然公園制度は、「国立公園の父」とも称される林学博士で造園学者の田村剛らの尽力により、1931（昭和 6）年に国立公園法が制定されて制度化された。1934（昭和 9）年に瀬戸内海・雲仙・霧島などが最初に指定された。その後 1957（昭和 32）年に自然公園法に改正された。現在わが国の国立公園は 34、国定公園は 58、都道府県立自然公園は 310 ヵ所が指定されている。国土面積に対する自然公園の総面積の比率は約 15%、そのうち国立公園は 5.8%、国定公園は 3.9%を占めているが、わが国の自然公園は地域制であり、その中には私有地や国有林も含まれている。そのため自然公園内の風景を維持していくために、工作物の新築・木竹の伐採・鉱物の掘採等に関してさまざまな行為の規制がなされている。

●自然公園計画 自然公園の保護と利用を適正に行うために、公園ごとに公園計画が定められており、「施設計画」と「規制計画」に大別されている。

「施設計画」には、利用施設計画として適正に公園を利用するために必

田村剛（1890-1979）

地域制と営造物制
わが国の都市公園のように公園の設定者が管理権や土地の所有権を持って指定する場合を営造物制といい、アメリカ、カナダ、ケニアの自然公園は基本的に営造物制である。それに対し、設定者が土地の管理権や所有権を持たなくても一定の範囲を指定することができる公園制度を地域制という。日本のように古くから複雑な土地利用をしてきた場合などに有効な方法である。イギリスや韓国が、わが国と同様に地域制の自然公園となっている。

要な宿舎・休憩所・ビジターセンター・スキー場などのほか、道路や歩道、ロープウェイなどが計画される。また保護施設計画として荒廃した自然環境の復元や危険防止のために砂防施設などが計画される。

「規制計画」には、保護規制計画として自然環境や利用状況を考慮して特別保護地区、第１種〜第３種特別地域、海域公園地区、普通地域の６区分が設けられており、自然景観の保護を図るために、無秩序な開発や利用の増大に対して公園内でできる行為を規制するものがある。また利用規制計画としてマイカーの規制や利用者の人数を調整することで持続的な利用を推進しようとするものがある（①)。

改正自然公園法
2003（平成15）年４月１日施行の改正自然公園法では、自然公園において生物の多様性を確保することが明確に位置付けられ、脆弱な自然の保護を図るための特別地域または特別保護地区における立入規制区域の指定ができるように、また特別地域内に立入りの人数等を調整する利用調整地区が設けられるなどの改正が行われた。

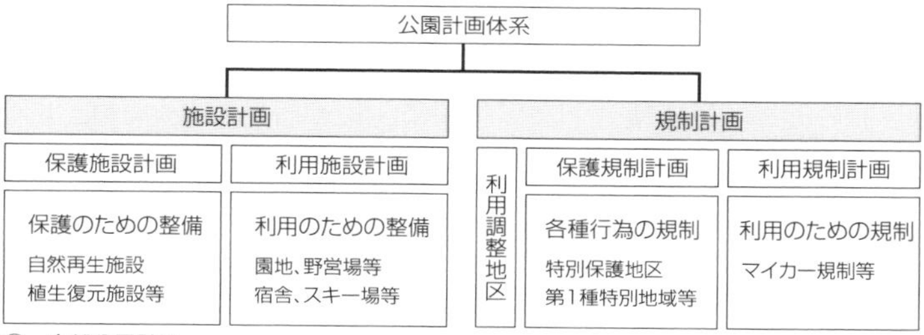

①　自然公園計画

●生態系維持回復事業　シカの食害、オニヒトデによる産後の食害、他地域からの侵入動植物による在来動植物の駆逐など、これまでの規制的手法では生態系の維持が困難な事例が多くみられる。能動的な管理のため、2009（平成21）年の自然公園法および自然環境保全法の改正により、「生態系維持回復事業」制度が創設された。

●自然公園における造園の考え方　自然公園における主役は、基本的に自然環境・自然景観である。自然環境や自然景観は、人にとって美しいところもあるが、人間にとって美しくなかったり、恐怖を感じたり、快適でないところがあっても、安全への配慮は別として基本的には容認すべきものと考えるべきであろう。すなわち人の感覚による審美性を自然に求めたり、押し付けたりしてはいけないということである。またやみくもに機能性、経済性などを求めることも慎まなければならない。地域制であるがゆえに観光産業関係者など民間の収益も考慮しなくてはならないが、人為によって改変してしまったところは、自然環境復元作業を行ったところで本来のものと同一とはならない。特に国立公園は国民のあるいは世界の宝とも言うべきものであり、われわれには子々孫々まで継承していく義務があると考えられ、その結果、民間も恩恵を受け続けることができるのであるから、ある時代の利益だけを考えて改変することは避けることを基本とすべきであろう。（福成）

自然とのふれあい

雑木林と里山

●雑木林とは　「ぞうきばやし」あるいは「ぞうきりん」と呼ぶのが一般的であるが、ヒノキやスギなどのように主要な木材にはならない価値の低い雑木からなる林として「ざつぼくりん」と呼ばれた農用林のことをいう（①）。主にコナラやクヌギ等で構成され、暖かな地方ではシイやカシなどの常緑広葉樹となる。雑木とはいえ、昭和 30 年代の燃料革命までは材は薪や炭などの燃料に、落ち葉は堆肥に、実や草・ツルは食料や生活用具の材料にと、農業や生活には欠かせない存在だった（②）。

●雑木林の成り立ち　コナラやクヌギなどの高木は、薪や炭として利用しやすい太さとなる 15 ～ 20 年程度の周期で伐採され、萌芽更新によって繰り返し利用された。また、林内に生える低木や草も定期的に刈り取り、落ち葉も毎秋に採取するため遷移が進行せず、林は中木層が欠けた疎林状になるのが特徴である。林内は明るく、ツツジ類やカタクリ（③）・スミレ類・エビネなど非常に多くの種類の植物が見られ、雑木林内の植物を食草とするギフチョウや、カブトムシなどの親しみやすい昆虫の種類も多い。

●雑木林の現状　燃料革命以前は、堆肥や燃料用として落ち葉掻きや下草刈りなどによる過度の利用（収奪）が進んだ林では地力が衰え、植物が育たず表土が流亡して関西や中国地方ではハゲ山となったところも少なくなかった。燃料革命以降は、逆に定期的に伐採されなくなったために次第に遷移が進み、その結果、明るい樹林で生育していた林床の植物が衰退し種数が減少している。このような遷移の進行に加え、市街地近郊では開発による伐採やゴミの放置などが増加し、樹林地の減少と環境の悪化が著しい。最近では環境の改善や身近な自然の再生の観点から市民による雑木林保全活動も行われるようになり、雑木林の保全だけでなく管理のために伐採した樹木で炭焼きを楽しむなど、レクリエーションの場としての活用例も増えている。

萌芽更新
樹木を伐採した後の株から出た芽を育て、再び樹木を育成すること。広葉樹は萌芽更新により新たに植栽せずに同じ株を持続的に利用することができる。

燃料革命
かつて日常的な燃料は薪や炭に頼っていたが、昭和 30 年代頃からはガスや電気が一般家庭に普及し、化石燃料によるエネルギーに替わっていった。そのため、薪炭の需要が急激に低下し、薪炭林として定期的に伐採されていた樹林は放置されていった。

①　手入れされた雑木林

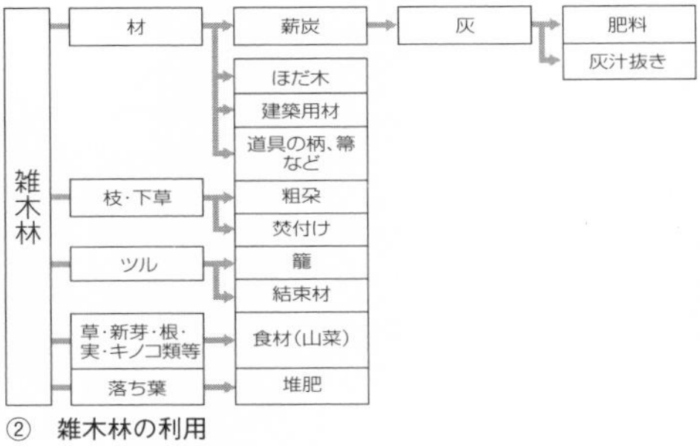

②　雑木林の利用

③　雑木林内のカタクリ

●里山とは 人里からは遠い存在の「奥山」に対し、一般に人里近くの雑木林や人工林等で構成される集落や農地回りの山林を指す。明確な定義はなく、森林生態学者の四手井綱英（しでいつなひで）による造語とされる。水田や畑等農地や集落と雑木林等が一体となった農山村一帯の地域は、里地里山（さとちさとやま）と呼ばれる。

●里地里山の暮らし 燃料革命以前、農山村では食料をはじめ燃料や用具など生活必需品の材料のほとんどを里山から得ていた。そのため、里地里山では、集落は水が得やすい場所にあり、日常の食料を得、たびたび手入れをする必要のある水田や畑は家の回りに、薪をとる雑木林はその外側にというように、日常生活との関わりの程度や必要な量に応じて土地利用されていた。丘陵地の地形や自然資源はそのような利用に最適であったため里地里山の多くは丘陵地に立地し、その豊かな自然を生かして持続的な生活が営まれていた（④⑤）。

●里地里山の現状と今後の在り方 燃料が電気やガスに替わり、生活用具も容易に購入することができるようになって、生活必需品を里山に求める必要がなくなった現在、里地里山は管理放棄や開発が進み、かつての景観が失われつつある。また、土地利用の変化と放棄による遷移の進行によって多様な生物相の維持が困難となり、絶滅危惧種の多くは里地里山の環境に依存していたものとなっている。かつての農業や生活に戻って里山を保全することはできないが、地球温暖化対策としても樹林の CO_2 吸収効果や木質バイオマス利用などが期待されており、循環型社会において里山の新たな価値は今後さらに高まると考えられる。里地里山を持続的に維持していくためには、まだまだ課題は多いが、今後は地域の実情に応じて、地域住民とともに里山の保全と活用の在り方を模索し、確立していくことが求められている。（池尻）

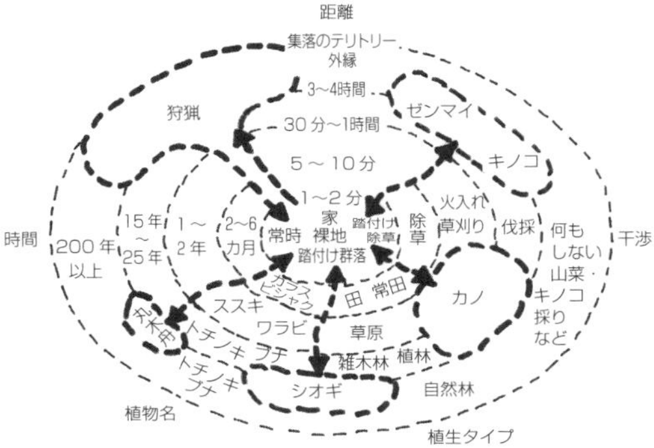

④ 里地里山の土地利用
集落を中心に同心円状に配置されている（新潟県朝日村奥三面の例）

⑤ 里地里山の景観

自然との
ふれあい

ビオトープ

生物多様性の保全
熱帯雨林など森林の破壊による種の絶滅に対する危機感から地球上の生物種を保全するための国際的な対策が求められ、1992（平成4）年リオデジャネイロで開催された地球サミットにおいて「生物多様性条約」が採択された。この条約では生物の多様性を遺伝子、種、生態系の三つのレベルで保全する必要があるとしている。わが国でも条約に基づき生物多様性基本法が2008（平成20）年に制定された。法に基づき「生物多様性国家戦略」が策定され、定期的に見直されている。

●ビオトープ Biotop とは　ギリシャ語で「生命」Bios と「場所」Topos に由来するドイツ語の合成語で、一般に「生き物の生息する空間」と訳され、生き物の種類ごとに、例えば「トンボのビオトープ」「ホタルのビオトープ」などのように使われる。生き物が生きていくためには、水、空気、土壌、光が必要であり、生き物はさらに他の生き物と関係し合い、食物連鎖によって物質が循環し、全体的に一つのまとまりを持っている。そのまとまりを生態系といい、ビオトープは河川や森林、池、水田といった生態系において多様な動植物が地理的、気候的に最も適した状態でバランス良く生育・生息している環境の最小単位をいう（①）。

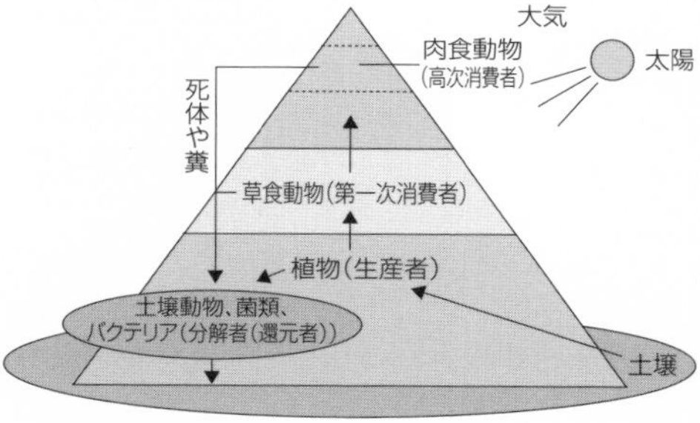

①　多様な生物相を支える食物連鎖の概念

●いろいろなビオトープ　本来、ビオトープはある生き物が生息する空間を示す用語であるが、生態系との概念の区別がつきにくいために、「ため池のビオトープ」「草地のビオトープ」などのように、ある場所の生態系を意味するように使われるようになり、このような使い方が一般化している（②）。また、学校ビオトープやビオトープガーデンというように、呼び戻したい生き物が棲める環境を人為的につくったり、手入れをしている場所を示す場合もあり、生き物が棲む緑地といった概念が定着しつつある。

②　池や沼のビオトープ
カエルやタニシ、フナなどが生息し、それを餌とするカイツブリやサギが飛来していていた池や沼は、かつてはどこにでも見られたが、今ではすっかり身近なところから姿を消してしまった。

多様なトンボ相保全とビオトープの配置
谷戸に生息する多様なトンボ相を保全するためには、谷戸単位で生息環境を保全・回復するだけでなく遺伝子が交流可能な飛翔範囲に生息環境が複数分布している必要があるとされる。

●ビオトープの造成とネットワークの形成 自然を再生するためにビオトープを造成する際は、その地域に自生している植物を用いることが原則であるが、自生種の種苗が入手困難な場合もあり、形態が類似の外来種や園芸種を植栽しているビオトープも見られる。このような造成は、遺伝子撹乱につながる可能性もあり、植栽や生き物導入の際は、来歴が明らかなものを使用するなど注意が必要である。また、都市内では緑地が小規模で孤立している場合が多いが、都市域全体で多様な生き物が生息する環境を保全しエコアップしていくためには、生き物が棲めるまとまりのある緑地を確保するとともに、生き物が緑地間を移動する経路となる河川等の緑地帯や移動の飛石となる小規模な緑地でつなぎ、緑のネットワークを形成することが重要である（③）。ネットワーク化によって、緑地間の遺伝子交流が可能となり、孤立した緑地内での病気蔓延等による絶滅を防止し、食物連鎖を支える採餌空間の拡大につながる。（池尻）

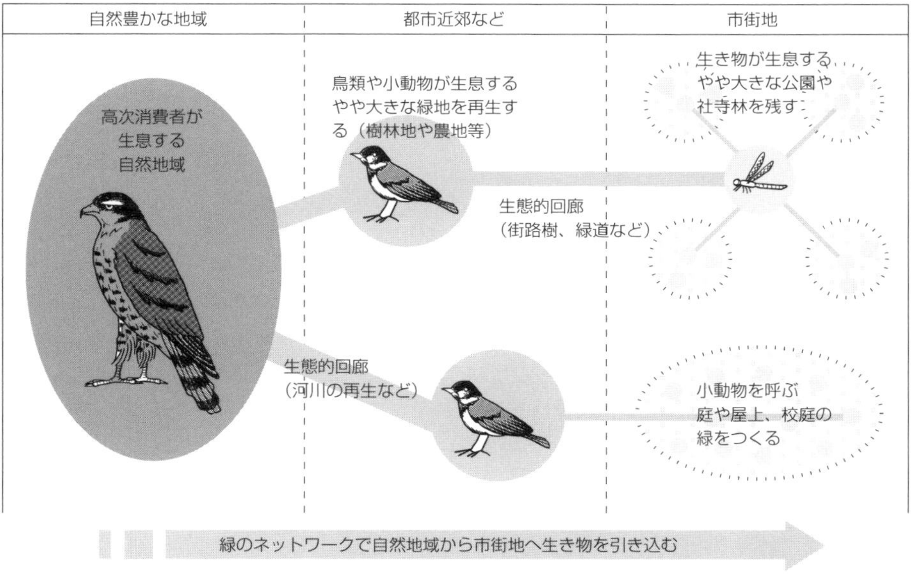

③　**都市全体をエコアップするための緑のネットワークの概念**
「高次消費者が生息可能な良質な生物空間をより広い範囲で、より円形に近い形で、塊として確保し、それらを生態的回廊で相互につなぐことが、最も効果的なビオトープの形態および配置の仕方である」とされる。

都市公園の種類と役割

●都市公園の位置付け　一般に「公園」と呼ばれているものは都市公園に代表される営造物公園と、国立公園など自然公園に代表される地域制公園とに大別される。国営公園は国が維持管理を行う都市公園として、国土交通大臣が設置するものである。都市公園とは、国営公園および地方公共団体が設置する公園と緑地である。

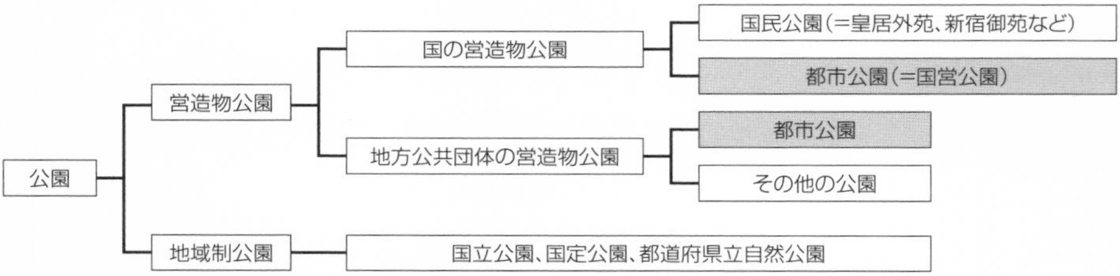

①　都市公園の位置付け

近隣公園（佐竹公園、大阪府）

地区公園（千里南公園、大阪府）

総合公園（21 世紀の森と広場、千葉県）

●都市公園の役割　国または地方公共団体が土地の権利を取得している営造物公園である都市公園は、1956（昭和 31）年の都市公園法により整備基準等が定められた。都市公園とは、都市公園法に定められた制度に基づく公園のことであり、法律用語でもある。自然公園は自然公園法に定められた制度に基づく公園のことであり、都市公園とはまったく関係ない他人同士のような関係にある。都市公園法とは、都市公園の設置と管理に関する基準などを定めて、都市公園の健全な発達を図り、公共の福祉の増進に資することを目的とする法律である。地方公共団体が都市公園を設置する場合には、その配置および規模に関する一定の技術的基準に適合するように行うものとし、都市公園に公園施設として建築物などを設ける場合には、その内容や建築面積についての基準が細かく定められている。また、公園管理者である地方公共団体はみだりに都市公園を廃止してはならないこと、都市公園台帳を作成し、保管する義務があることなどが定められており罰則規定も存在する。都市公園に関わる業務を行う場合、都市公園法に精通している必要がある。

都市公園の役割は時代により変遷するが、担当所管である国土交通省は、現在、次のように都市公園の役割を説明している。

1）良好な都市環境の提供：地球温暖化の防止、ヒートアイランド現象の緩和、生物多様性の保全による良好な都市環境の提供は国家的な政策課題であり、この課題の解決に都市公園は貢献する。

2）都市の安全性を向上させ、地震などの災害から市民を守る：震災・大火

運動公園（神戸総合運動公園）

広域公園（兵庫県立淡路島公園、兵庫県）

レクリエーション都市（熊野灘臨海公園、三重県）

国営公園（海の中道海浜公園、福岡県）

緩衝緑地（神之池緑地、茨城県）

の危険性が高い密集市街地は、東京都・大阪府などを中心に全国で約25,000ha存在する。このような地区では、震災時の避難地、避難路、延焼防止、復旧・復興の拠点となる防災公園の整備が急務となっている。

3）市民の活動の場、憩いの場の形成：緑とオープンスペースは、子供からお年寄りまでの幅広い年齢層の自然とのふれあい、レクリエーション活動、健康運動、文化活動等多様な活動の拠点となっている。また、都市公園の整備・管理や緑化活動へ、より一層市民が参加することが期待されている。

4）豊かな地域づくり、地域の活性化に不可欠な存在となる：中心市街地のにぎわいの場となる公園・広場の整備や、地域の歴史的・自然的資源を活用した観光振興の拠点の形成などの、地域間の交流・連携の拠点となる緑とオープンスペースの確保は、快適で個性豊かな地域づくりに必要不可欠である。

前述したように、以上のような都市公園の役割は、社会的状況により変化するものであり、近年では、新型コロナウイルス感染症の流行により、新たな都市公園の役割がさまざまに議論されたところである。都市公園の本質的な役割は、都市公園の中にそれが初めから設定されているのではなく、住民全体や都市公園の利用者の中に個別的に生じるものだと考えた方がよい。

●都市公園の種類　都市公園には、規模、配置、設置の目的、設置主体などに関し、種類が設定され制度化されている。児童福祉法に基づく児童遊園、市区町村の条例に基づく公園などは、都市公園ではない。

住民にとって、最も身近な日常生活空間に位置する都市公園となるのが住区基幹公園であり、これは街区公園、近隣公園、地区公園の３種類で構成される。一つの市町村に一つか二つあるような都市公園が都市基幹公園であり、これは総合公園と運動公園の２種類で構成される。一つの市町村の区域を超えて、一つの都道府県にいくつかあるような都市公園が大規模公園で、これは広域公園とレクリエーション都市の２種類で構成される。一つの都府県の区域を超えて、国が設置する最も大規模な都市公園が国営公園である。

以上は、基本的に都市公園の面積に関し「小」から「大」へ、都市公園の個数に関し「多」から「少」へ並んでおり、都市計画的で数学的な発想に基づく種別である。この枠組みとは別の都市公園の種類がある。特殊公園は、風致公園、動植物公園、歴史公園、墓園等の個別的な目的がある都市公園である。緩衝緑地は、工業地帯と住宅地などを分断して都市環境を良好にするための都市公園である。都市緑地は、都市の自然環境や景観を良好なものにするための都市公園である。緑道は緑豊かな街路状の都市公園で、災害時における避難路となり、都市生活を快適なものとする。

都市公園の種類の一覧表は、巻末の頁を参照。（竹田）

都市の公園

動物園

動物園のルーツ
紀元前10世紀、イスラエルのソロモン王がクジャクなどを飼ったのが始まりとされている。
近代動物園の誕生は1756年、オーストリア・ウィーンの宮殿内の動物園が公開されたことに始まる。
日本では1882年開園の東京上野動物園が第一号で京都市動物園、大阪天王寺動物園と続く。

●動物園のはたらきとは 動物園の役割には、動物展示による社会教育・環境学習・レクリエーション・学術研究・野生動物保護などがあるが、近年は、種の保存や環境の重要性を訴える場として、学んだり、研究したりする場としての役割が特に重要視されつつある。

動物園は都市公園の中の特殊公園に分類され、その設計には意外かもしれないが、造園家が深く関わっている。動物園を計画する場合、全体の環境や動線、動物の見せ方や、動物舎、来園者の休憩スペースなど多くの要素をデザインする必要があり、造園・建築・土木・設備・動物生態学・展示等多くの分野の技術が要求される。その中で造園家は、動物園を計画する土地をベースに置きつつ、各分野の意見を統合したり、各工種間の調整を図りながら全体のデザインをコントロールし、動物園という一つのランドスケープをつくり出す（①②）。

① サバンナの環境を再現した空間（天王寺動物園、大阪府）

② 動物の生息域に入り込むような園路

●生態的展示 動物やその生息環境についてのより深い理解と環境保護に対する重要性を訴える手法として主流になりつつあるのが「生態的展示」という手法である。これはアメリカから始まった、植栽や盛土などの造園の技術によって野生生物の生息環境（ハビタ）を動物園につくり出し、野生動物の生息する環境と動物を一体のものとして展示する手法である。この展示手法によって、来園者は動物を眺めるだけでなく、それらの景観と一体感を味わうことができるような臨場感や、動物を探す楽しみも手に入れることができる（③）。

この手法を実現するためには、対象となる動物の生息地環境の調査、認知や、動物行動学や生態学など多方面の研究者との共同作業、飼育者と設計者とのコンセプトレベルでの合意ならびに共同作業などが必要となって

③　ズーラシア（神奈川県）。生息地の環境を再現した動物展示

いく。

また、この手法は、来園者が動物本来の姿を見ることができると同時に、動物にとってもストレスが減少するなど動物福祉の面からも効果が期待されている。

●生息地の環境を実現させた動物園ズーラシア　「生命の共生・自然との調和」をテーマとするズーラシア（神奈川県）は、1999（平成11）年に開園した生息地環境を再現したタイプの動物園である。保護繁殖活動では全国初の本格的な繁殖センターを併設し、希少動物の保護に力を注いでいる。動物園の中心エリアとなる展示ゾーンはアジアの熱帯林・亜寒帯の森・オセアニアの草原・中央アジアの高地・日本の山里・アマゾンの密林の六つの生息環境別に動物の展示を行っており、それぞれのゾーンの環境は植栽、地形をベースに、動物たちを取り巻く自然や人間との関わり、民族文化などについてもさまざまな演出が行われており、楽しみながら学ぶことのできる環境学習の場として計画されている。

●展示空間の計画　景観については、観覧・動物展示・修景の三つの空間の一体情景化が図られており、植栽を基調に展示動物の生息地の情景が演出されている。また、構造物についてはできるだけ植栽、擬岩により遮蔽し、情景を損なわないように配慮されている。動物展示は原則として、モートや壁により動物を隔離する無柵放養式展示が取り入れられており、動物が暮らしている様子をその生育環境とともに、できる限り実際に近いかたちで見せるように工夫が行われている。（加藤）

モート（掘割）
水堀、空堀などの掘割。鉄柵を使うことなしに展示を可能にした手法。風景式庭園で生み出されたハハーの技法に似ている。

防災公園

防災公園の種類

(1) 広域防災拠点：大震火災等が発生した場合において、主として広域的な復旧・復興活動の拠点となる都市公園。おおむね面積 50ha 以上。

(2) 地域防災拠点：災害時に救援救護活動の前線基地、復旧のための資機材や生活物資輸送の中継基地となる都市公園。面積おおむね 10ha 以上。

(3) 広域避難地：大震火災等が発生した場合において、広域的避難の用に供する都市公園。被害の状況、防災関連施設の配置に応じて、広域防災拠点の役割を担う場合もある。面積 10ha 以上。

(4) 一次避難地：大震火災等の火災発生時において主として一次避難の用に供する都市公園。面積 2ha 以上。

(5) 避難路：広域避難地またはこれに準ずる安全な場所へ通じる避難路となる緑道。幅員 10m 以上。

(6) 緩衝緑地：石油コンビナート地帯等と背後の一般市街地を遮断する。主として災害を防止することを目標とする緩衝緑地としての都市公園。

(7) 身近な防災活動拠点：主として身近な防災活動の拠点となる都市公園。面積 500m² 以上。

●災害時には避難地に　都市の公園や緑地は、もともと防災機能を持っており、従来、災害時の避難地に指定されている。このような中で防災公園とは、特に高い防災機能を持つように計画された公園を意味する。防災公園を定義するなら、「地震に伴い発生する市街地火災などから市民の生命と財産を守り、都市の防災構造を強化するために整備される、広い範囲を対象とする防災拠点、避難地、避難路としての役割を持つ都市公園および緩衝緑地」ということになる（①）。

防災公園は、時間軸に対応して発揮すべき機能が変化する。予防段階では防災教育の場や防災訓練の場、災害発生時の直後段階では生命確保のための避難路・避難地や救援活動拠点の場、応急・復旧段階では資材置場や避難生活の場となる。

1995（平成 7）年の阪神・淡路大震災や 2004（平成 16）年の新潟県中越地震では、救援系の機能、2011（平成 23）年の東日本大震災では津波防災に関わる機能、2016（平成 28）年の熊本地震では自動車による避難機能などが防災公園に必要な機能として議論されている。

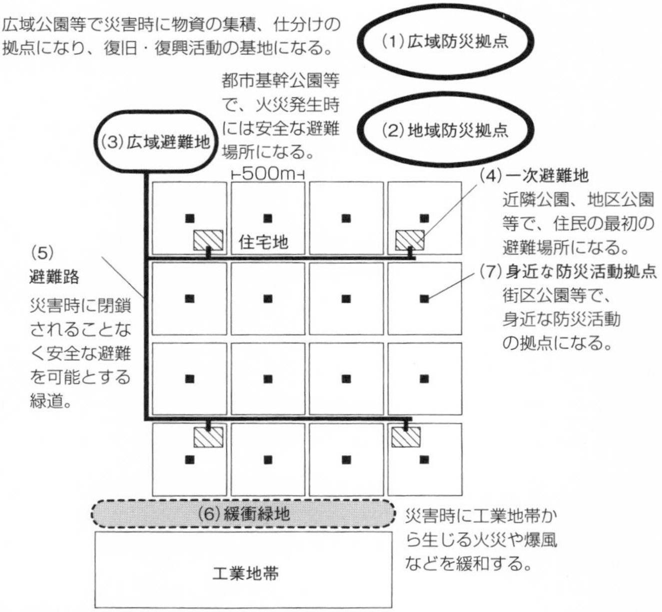

① 防災公園の種類と役割

阪神・淡路大震災と防災公園
阪神・淡路大震災では、関東大震災等の過去の大災害や東京大空襲時には見られなかった都市公園の利用、すなわち全国から大量に送られてくる支援物資の集積と仕分け、復旧・復興時における活動拠点としての利用が注目された。（続き）

●安全な都市を実現、防災公園街区整備事業　日本の大都市は、既成市街地内に木造密集市街地が多く存在し、大震火災時に延焼遮断帯や避難地、救援・復旧復興活動拠点となるオープンスペースが不足しているなど、地震災害に対して弱い構造となっている。一方、1990年代以降、工場がなくなり空き地となったり、企業が土地を整理するなどして、大都市の既成市街地内に大規模な低・未利用地が生じている。こうした状況を都市内にオープンスペースを確保する好機と捉え、市街地の防災性向上の観点から、重要な土地を緊急に確保し、防災公園の整備と市街地の整備と改善を一体的に行うことにより、災害に強い安全な都市を実現する防災公園街区整備事業が創設された。この事業は、地方公共団体からの要請を受けて、UR都市機構が必要な用地を緊急に確保するとともに、同機構の持つ都市公園整備、市街地整備等まちづくりに関するノウハウを活用し、日常は緑豊かな生活環境を提供しつつ、災害発生時にはヘリポートや公共施設等により高度な防災機能を発揮し、防災活動の拠点となる防災公園街区を整備するものである（②）。（竹田）

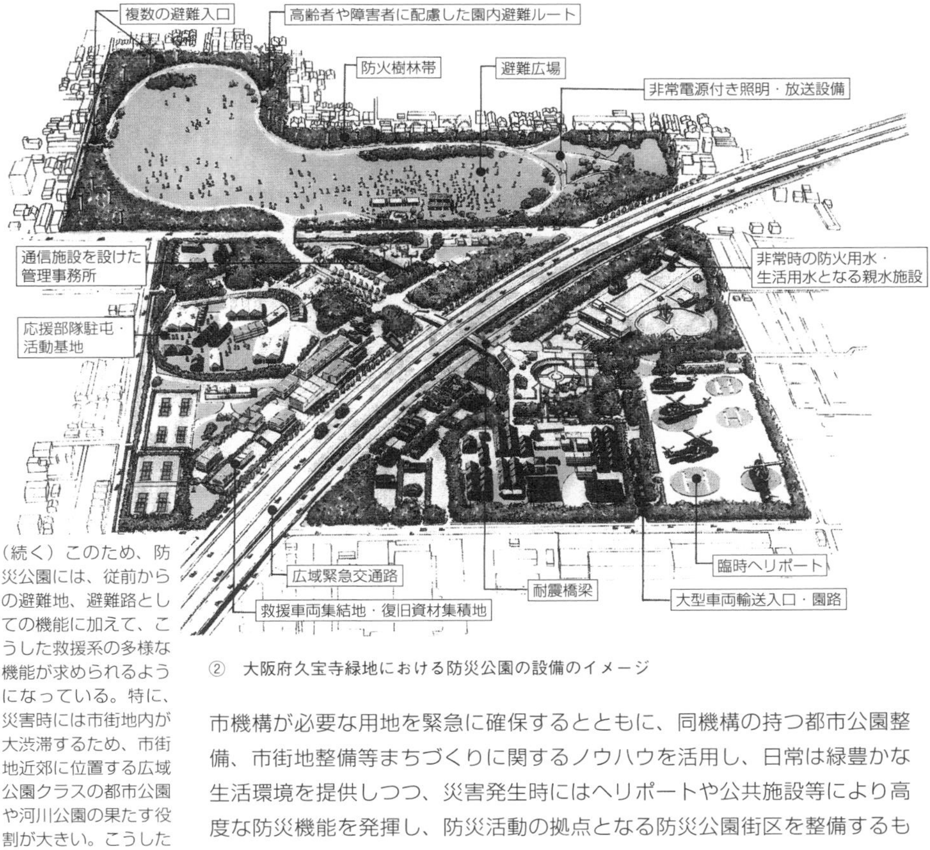

② 大阪府久宝寺緑地における防災公園の設備のイメージ

（続く）このため、防災公園には、従前からの避難地、避難路としての機能に加えて、こうした救援系の多様な機能が求められるようになっている。特に、災害時には市街地内が大渋滞するため、市街地近郊に位置する広域公園クラスの都市公園や河川公園の果たす役割が大きい。こうした公園ではボランティア等の宿泊施設など新たな機能の必要性も認識されている。

国営公園

国営みちのく杜の湖畔公園（宮城県）

●国営公園とは　国営公園は国が設置する大規模な都市公園のことで、都市公園法上、次の2種類がある。（イ）一つの都府県の区域を超えるような広域の見地から設置されるものと、（ロ）国家的な記念事業として、または日本固有の優れた文化的資産の保存および活用を図るために設置されるものである（①）。

吉野ヶ里歴史公園（佐賀県）

設置に関わる基準は次のとおりである。（1）一般の交通機関による到達距離が200㎞以内の区域を誘致区域とし、かつ、周辺の人口、交通の条件等を勘案して配置すること。（2）敷地面積は、おおむね300ha程度以上とすること。（3）位置および区域は、できるだけ良好な自然的条件を持つ土地または歴史的意義を持つ土地を含む区域について選定すること。（4）公園施設の整備に当たっては、良好な自然的条件または歴史的意義を持つ土地が有効に利用されるように配慮し、その都市公園の誘致区域内にあるほかの都市公園の公園施設の整備状況を勘案して、自然と季節を生かしたレクリエーションの需要に応ずることができるようにすること。

国営明石海峡公園（兵庫県）

なお、（1）の国営公園の配置基準は、おおむね国土交通省の地方建設局の区域に従い、8ブロックに区域分けされている。ただし、人口の集積の程度が高いブロックでは、別の基準が適用される。また、（ロ）の国家的な記念事業等に関わる国営公園は、閣議の決定の内容に沿って整備されるものであり、これまでの事例からも統一的な基準は設けられていない。

国営備北丘陵公園（広島県）

国営公園の役割は、（4）に示されるように、良好な自然環境や歴史的意義を有効に利用できるものとすること、ならびに多様なレクリエーションに対応することにある。自然公園のような地域制の公園と異なり、営造物として広域の土地を担保しつつ、公開するところに特色がある。

阪神・淡路大震災以後、大都市近郊に位置する国営公園は、災害時における避難地としてだけではなく、物資の集積や仕分け等に関わる新たな防災的な役割がクローズアップされている。また、河川公園や海浜公園は、災害時の物流に貢献できる可能性がある。

国営海の中道海浜公園（福岡県）

●整備箇所ならびに位置　現在17カ所に国営公園が開園されている（①）。一部の歴史公園や河川公園を除き、大半が有料区域や有料施設を持つ。

●管理と運営　大規模な都市公園の管理運営は、気象条件や立地条件、地域の自然・風土・歴史・文化などをふまえ、多様な専門知識と管理技術、企画運営に関わるノウハウが必要となる。現在、公開されている国営公園のうち、15カ所の管理運営に（一財）公園財団が関与している。なお、国

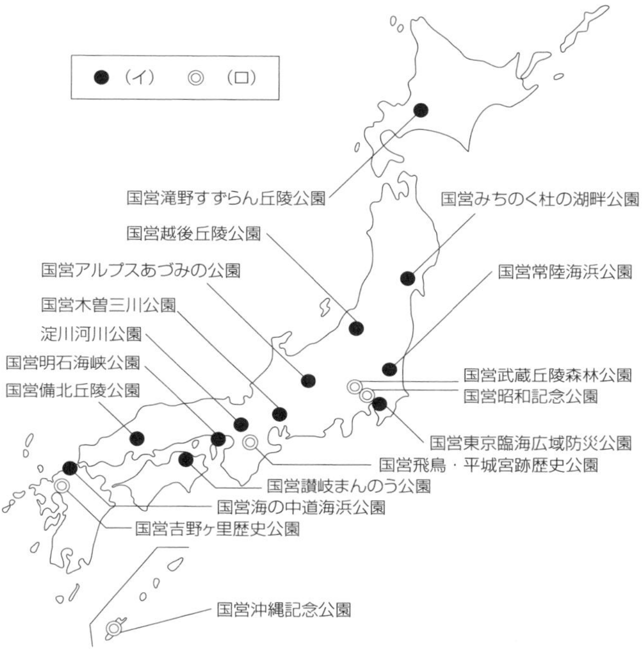

① 国営公園の整備箇所

営東京臨海広域防災公園は西武造園（株）、国営沖縄記念公園は（一財）沖縄美ら島財団が管理運営している。具体的な管理運営の業務内容は、植物、動物、建物、工作物の管理および清掃、利用案内、広報宣伝、行事（イベント企画）、入園料の徴収などである。

●国営公園の事例　国営昭和記念公園（東京都）は、都心近くに立地し、広大な芝生広場、大規模プール、サイクリング施設等のレクリエーションに対応している。国営木曽三川公園は、日本最大の都市公園であり、高さ138mのタワー等によって、雄大な河川景観を楽しめるものとなっている。国営滝野すずらん丘陵公園（北海道）は、オートキャンプ場や歩くスキー場などによって、北海道の自然を生かしたレクリエーションに対応する。国営みちのく杜の湖畔公園（宮城県）は、湖に隣接し、湖面を活用したレクリエーションに対応している。国営備北丘陵公園（広島県）は、「ふるさと」をテーマとしつつ、中国山地の暮らしや農村風景を楽しむことができる。国営海の中道海浜公園（福岡県）は、大規模プールやマリンワールド、宿泊施設を持ち、多様なレクリエーションに対応する。国営飛鳥・平城宮跡歴史公園（奈良県）は、石舞台古墳、高松塚古墳など貴重な文化財を核とし、飛鳥地方を一望できる展望台もある。（竹田）

国営東京臨海広域防災公園
東京都江東区有明にある2010（平成22）年に開園した最も新しい国営公園で、広域防災拠点になっている。首都直下地震発生後の72時間をどう生き残るかを体験学習する施設「そなエリア東京」がある。平常時には防災学習施設のある都市公園として、災害発生時には首都圏広域の現地対策本部として機能する。2010年度より市場化テストとして、西武造園（株）が運営維持管理業務を行っている。市場化テストとは、これまで「官」が独占してきた「公共サービス」について、「官」と「民」が対等な立場で競争入札に参加し、価格・質の両面で最も優れた者が、そのサービスの提供を担う仕組み。公共サービスの質の向上、公共サービスの効率化（経費・人員の節減）を目的とする。

都市の公園

体験型公園

●体験型公園　公園では、さまざまな体験を行うことができる。広い芝生で思いっきり遊んだり、気持ちの良い木陰で昼寝をしたり、子供とキャッチボールをしたり、愛犬と力一杯走ったり…。自由で平和な空間の中で人々は解放される。それが公園である。

ここで取り上げる「体験型公園」とは農作業の体験や、クラフトの体験や、アウトドアの体験などがプログラムとして用意されている公園である。これらを成立させるには、体験を行う基盤となる「空間」（ハード）と、「体験」そのもののソフトが必要になってくる。このハードとソフトがうまくかみ合ったときに、そこでの「体験」は素晴らしいものになり、公園の大小を問わず、今後もこういった取組みは増えていくであろう。

●農業体験ができる公園　都市の中でも農業の体験ができる公園がある。これらの公園は、当初からソフトプログラムとセットで考えられ運営されているものと、将来の活動を想定した上で公園の基盤整備が行われ、そこをフィールドとした自主的な活動としてのソフトプログラムができ、展開されていくものとがある。

●八王子みなみ野シティ　栃谷戸公園　この公園はUR都市機構が開発した東京都八王子市のニュータウンにつくられた公園であり、もともとその土地にあった谷戸（やと）の景観や自然を保全・復元することを目標としてつくられた公園である。公園は、ニュータウンに住む新住民のコミュニティ熟

① 農業の体験学習をする子供たち

成の度合いに応じた里山活動や農業活動（①）ができる空間として整備され、いわば「半完成の状態」の公園整備が行われた。

実際に、公園が完成して５年もしないうちにこの公園を舞台にしたさまざまな活動が育った。活動の主体は「みなみ野自然塾」というUR都市機構が環境共生の実践と新旧住民の交流と地域の生活文化継承を目指し発足させた住民たちの組織である。この活動は、開発前からこの地で農業を実践していた住民が講師役となり、新住民に農業の体験学習をしてもらうことによって成り立っている。この組織は、八王子市が導入した公園アダプトプログラム（里親制度）の適用を受け、栃谷戸公園の「里親」として公園の世話をしながら活動を行っており、公園は、本来の「完成」へと一歩一歩近付いている。

アダプトプログラム
アダプトプログラムは、ボランティア活動の新しいシステムとしてアメリカで生まれた。「アダプト」は、英語の「adopt ＝養子縁組をする」の意味で、日本では「里親制度」と訳されている。
公園のアダプトプログラムは、対象となる公園を「養子」とみなし、住民や事業者等からなる自発的なボランティアが「里親」となるシステムのことを指す。

●さまざまな体験ができる大規模公園　国営公園などの大規模公園では海や川・山などのロケーションを生かしたアウトドアスポーツ、自然観察・農業などの体験ができる公園が多く、施設も充実している。プログラムもきめ細かく組まれているものが多く、内容的にも充実している。

●国営備北丘陵公園　広島県庄原市にあるこの国営公園では「古き良き田舎」の実体験を通して地域の歴史や文化、伝統を理解してもらうことを目的とした体験プログラムが用意されている。

体験のメニューとしては、備北地方の代表的な農家を再現してつくられた建物の中での、むしろ編みなどのわら細工や手打ちそばづくり、農家の前にあるたんぼでの農作業の体験、工房・炭焼き小屋での、竹工作・木工・陶芸等の手づくり体験や炭焼き体験など、地域と密着したものである（②③）。

この公園にはこのような施設とは別に、コテージやトレーラーハウスなども用意されている質の高いオートキャンプ場も整備されており、宿泊しながらさまざまなプログラムを体験することを可能にしている。（加藤）

②　備北地方の農家を再現した建物

③　わら細工の体験

災害と公園

大規模な災害からの復興において都市の防災機能を高めるための公園整備が計画された歴史的な出来事としては、「帝都復興計画（関東大震災からの震災復興計画）」、第二次世界大戦の戦禍からの「戦災復興計画（特別都市計画法による復興事業）」の二つが挙げられる。公園制度そのものは、1873（明治 6）年の太政官布達第 16 号によってもともと「群集遊観ノ場所（多くの人が集まる場所）」となっていた「社寺境内除地或ハ公有地ノ類従前高外除地二属セル分（社寺境内地や公有地）」を「永ク万人偕楽ノ地（多くの人が楽しめる公園）」とすることが始まってはいたものの、公園の開設の直接的な目的として防災の思想が強く存在した訳ではない。1888（明治 21）年の東京市区改正設計も、大火に対する都市の不燃化は大きな課題であったものの、公園の整備の主たる目的は近代的・衛生的な都市のための施設という性格が強く、結果的に日比谷公園、坂本町公園等、限られた公園の整備にとどまった。

時代が下り 1956（昭和 31）年に都市公園法が制定されると、都市公園の定義、都市公園に設置して良い施設（公園施設）、公園の配置・規模等に係る技術的基準（一人当たり公園面積の標準、配置および規模の標準）等について規定がなされ、公園政策全体に防災の思想が内部化されたと考えることができる。

●関東大震災と帝都復興事業　1923（大正 12）年 9 月 1 日、南関東地域を中心に発生した「関東大震災」は、関東平野を超えた広い範囲に甚大な被害を及ぼしたが、とりわけ東京から横浜にかけての市街地は壊滅的な状況がもたらされた。

震災後策定された帝都復興計画は当時の経済状況の影響を受け、最終的に事業規模が大幅に縮小されたが、隅田川に架かる六つの近代的な橋梁はじめ地震や大火に強いインフラの整備が進められた。公園に関しては、2ha に満たない陸軍被服廠跡地で約 3 万 8 千人が火災旋風により犠牲になったことなどを受け、都心部の人口稠密なエリアに隅田公園、浜町公園、錦糸公園の大公園が整備され、小学校と一体を成す形の小公園 52 カ所が整備された。大規模な地震災害から得た教訓による防災に焦点を当てた公園の配置計画と言える。市街地の 9 割近くが焼失した横浜も国の帝都復興事業として、山下公園、野毛山公園、神奈川公園が、また市事業として児童遊園地、元町公園が整備された。

●戦災復興都市計画における公園　第二次世界大戦の空襲等で焦土と化した全国の都市で行われた戦災復興においては、戦災復興土地区画整理事

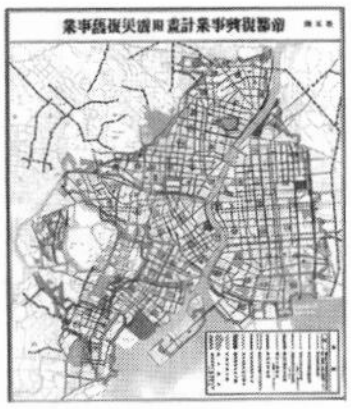

帝都復興事業計画図
復興事業新設公園として 3 大公園のほか小公園がプロットされている。

小公園の一つ、練成公園（千代田区）
旧練成中学校と一体の公園。現在、校舎はアーツ千代田 3331 のアートセンターとして活用（2023 年 3 月 31 日契約満了）。

隅田公園（墨田区）
堤の桜並木は首都高速道路の整備により往時の姿を偲ぶことはできない。

山下公園（横浜市）
瓦礫を埋め立てて整備

業によって、防災や美観の観点から広幅員の道路（並木）がつくられたが、公園緑地の計画的な配置という意味においても、戦災復興計画基本方針（閣議決定）に明確に定められており、「公園、運動場、公園道路、その他の緑地は土地利用計画に系統的に配置し、緑地の総面積は市街地面積の 10%以上（5%は大公園、5%は小公園）とし、市街地周辺の農地や山林の保全を図り、これらの緑地との連携（市街地への楔入）を図る」とされ、緑地等のあるべき面積と系統的配置の必要性が示された。こうした特別都市計画法による復興計画は 115 都市が対象となり、土地区画整理事業によって多くの公園が整備され現在に至っている。しかし一方で、多くの公園が戦禍のダメージを受け、さらに戦後においては仮設住宅用地、占領軍による公園地接収、自作農創設特別措置法による農地への転換、社寺境内地の公園解除等により多数の公園が失われている事実がある。

●都市公園法制定以降 防災思想を公園の配置・規模等に係る技術的基準等として内装した都市公園法制定以降、防災法制の充実が図られ、基本法である災害対策基本法のもとに、災害予防の性格の強い大規模地震対策特別措置法（1978（昭和 53）年）、東南海・南海地震に係る地震防災対策の推進に関する特別措置法（2002（平成 14）年）が、また、災害復旧・復興に係る激甚災害に対処するための特別の財政援助等に関する法律（1962（昭和 37）年）等が制定され、防災に係る公園の政策体系はこれらの法律等に紐づく形で構築されてきている。防災は最大の政策課題となり、第 3 次都市公園等整備 5 カ年計画（昭和 56 ～ 60 年度）から政策の序列において最も上位に位置付けられてきた。災害時等に避難地・避難路、防災拠点等となる公園を防災公園と称し、備蓄倉庫や貯水槽などの災害応急対策施設の整備、土地の取得への財政措置、対象都市の拡大、津波対策などに国の支援措置がなされてきている。

こうした支援は、激甚災害に指定された 1995（平成 7）年阪神・淡路大震災、2004（平成 16）年新潟県中越地震、2011（平成 23）年東日本大震災、2016（平成 28）年熊本地震ほか、毎年発生する豪雨・暴風雨災害等をふまえて拡充され、災害の都度、火災の延焼防止や避難行動、また災害復旧拠点等としての活用など、公園の防災機能が確認されている。

また、阪神・淡路大震災後には神戸港震災メモリアルパークや神戸震災復興記念公園が、東日本大震災後には、岩手県陸前高田市、宮城県石巻市、福島県双葉郡浪江町・双葉町において復興祈念公園が国営追悼・祈念施設とともに計画整備され、宮城県岩沼市では津波対策ともなる千年希望の丘、気仙沼市でも復興祈念公園が整備されている。（町田）

戦災復興事業による久屋大通公園（名古屋市）
幅員 100m を超える久屋大通公園は 2020（令和 2）年民間事業者による Park-PFI 事業により、北側半分の約 800m が全面リニューアルされた。

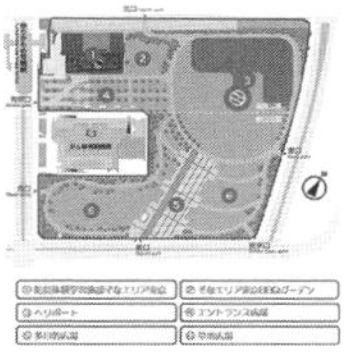

東京臨海広域防災公園（江東区）
国と東京都の合同事業で整備された首都圏の広域防災拠点公園

高田松原津波復興祈念公園国営追悼・祈念施設（陸前高田市）
道の駅「高田松原」と一体整備

民間公園管理―指定管理者制度

公の施設
地方自治法第244条には、「住民の福祉を増進する目的をもつてその利用に供するための施設」として定められており、具体的には、都道府県または市町村が管理する道路や公園、公営住宅、学校、上下水道等、いわゆる公共施設はすべて含まれる。
指定管理者制度はこの「公の施設」が対象となる。

指定管理者制度の実態
指定管理者制度が導入されている公の施設は、全国76,963施設。うち、約4割程度に民間企業等が参画。
公園が該当するレクリエーション施設、基盤施設は指定管理者制度の導入が進んでいる。

（単位：施設、％）

区別	合計
1　レクリエーション・スポーツ施設	15,215 (19.8%)
2　産業復興施設	6,514 (8.5%)
3　基盤施設	26,437 (34.4%)
4　文教施設	15,563 (20.2%)
5　社会福祉施設	13,234 (17.2%)
合計	76,963 (100.0%)

●民間事業者による公園管理のスタート　都市公園法においては公物管理法としては特異な設置管理許可制度があり、公園管理者以外の者（民間事業者も含む）が許可を得て都市公園施設を管理するという仕組みが備わっていたが、2003（平成15）年地方自治法改正による指定管理者制度の創設によって、すべての公共施設（公の施設）の管理・運営を民間事業者やNPO法人、自治会等幅広い団体に包括的に行わせることができるようになった。それまでは、地方公共団体の外郭団体（出資法人）のみが委託を受けて、管理運営業務を実施することができていたが、本制度により民間事業者等も含めて地方公共団体の代行者として公共施設の管理者となることができるようになった。

指定管理者制度はすべての「公の施設」が対象となるが、施設の特性によって制度の活用がほとんど見られない分野（例えば道路や河川など）もある。一般的な傾向としては「ハコモノ」系（図書館、公民館など）での導入が進んでいるが、都市公園も導入が比較的進んでいる分野である（①）。

①　NPOフュージョン長池が中心となって管理する長池公園（八王子市）

●指定管理者制度の特徴　地方自治法で規定されていることは、①指定手続き、管理基準および業務の範囲等を条例で定めること、②利用料金を地方公共団体の承認を得て指定管理者が決定し、収入とすることができること、③毎年度終了後、事業報告書を地方公共団体に提出すること、④議会の議決を経て指定管理者を決めること等のみであり、幅広い運用が可能な制度となっている。指定管理期間は安定的な管理運営業務とするため、一般的に5年程度とすることが多いが、近年は10年、Park-PFI制度の導入と合わせて20年とする例も出始めている。

大阪城公園はPark-PFI制度前の2015（平成27）年からの指定管理ではあるが、事業期間中の新たな設置管理許可施設の提案を織り込んだ20年間となっており、これらの収入と天守閣への入場料をもって市からの指定管理料ゼロ、逆に市への納付金（基本年2億6千万円）があるという指定管理が成立している（②）。

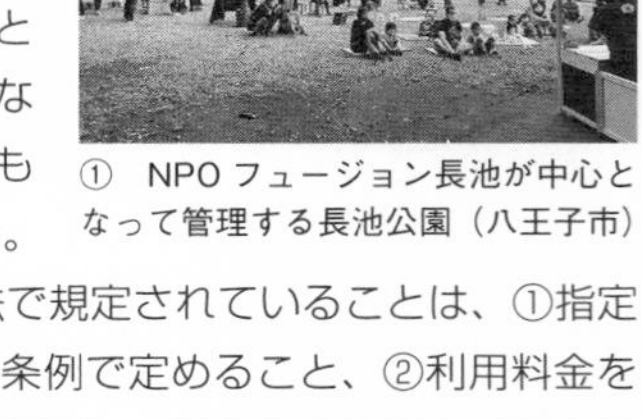
②　民間企業JVが管理する大阪城公園（大阪市）

③　全国の都市公園等のストック量

公園種別	箇所数	面積 ha
住区基幹公園	97,675	35,049
街区公園	90,031	14,475
近隣公園	5,832	10,513
地区公園	1,812	10,080
都市基幹公園	2,228	39,470
総合公園	1,389	26,401
運動公園	839	13,069
大規模公園	230	15,789
緩衝緑地等	12,388	34,472
国営公園	17	4,306
合　計	112,716	129,187
都市公園類似施設 港湾緑地・児童遊園など	44,798	24,433
総合計	157,514	153,620

全国には多くの都市公園等が存在し、とりわけ小規模な公園の数は大変多い。

④　指定管理者制度を導入している都市公園の現況（2020 年 3 月 31 日現在）

	都市公園数	開設面積 (ha)	指定管理者が行う業務範囲面積 (ha)
政令指定都市以外の地方公共団体	11,338	48,856	41,762
政令指定都市	1,598	7,548	4,509
全国計	12,936 (11.5%)	56,404	46,271 (35.8%)
全国の都市公園	112,716	129,187	

●公園における運用実態　2021（令和 3）年 3 月時点で指定管理者が管理している都市公園等の数は、全国約 1 万 3 千カ所で総数約 11 万カ所の 11%程度に過ぎないが、面積は約 4 万 6 千 ha、全体 12 万 9 千 ha の約 36%にあたる（③④）。

また、指定管理者の属性は地方公共団体の外郭団体である財団法人等が構成比で一番多いが、昨今の趨勢としては、民間企業、NPO 法人、自治会などの構成比が伸びており、公的属性を持つ主体から民間属性を持つ主体へ、という流れが見られる。

指定管理者制度を導入している約 1 万 3 千カ所の公園のうち 1,788 カ所の公園は、利用料金等が指定管理者の収入となっており、管理費へ充当される利用料収入は約 300 億円、指定管理費総額 1,620 億円の約 2 割が利用料金により賄われていることになる。また、イベント等の許可権限が指定管理者に委ねられている公園は 7,506 カ所（指定管理全体の約 6 割）で、許可権限を地方公共団体に残している方がすでに少数派である。

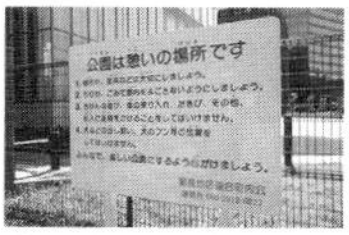

⑤　広島市「エキキタ」の自治会による指定管理の注意看板

⑥　西東京いこいの森公園（パークヨガ）

⑦　池袋 IKE・SUNPARK（イケ・サンパーク）
Park-PFI と指定管理（10 年）のパッケージ事業

●包括的な公園指定管理への動き　指定管理者制度導入の実態を概括すると、「比較的大きな公園（総合公園など）」「有料施設、運動施設等のある公園」「単体の公園」で導入が進んでいて、街区公園などの小さな公園は依然として地方公共団体の直営管理、もしくは植栽管理・清掃等の個別業務発注により管理されていることが多い。

公園の管理予算が厳しい中、もっと効率的な管理を目指すために、小さな公園もパッケージにして指定管理を民間セクターに任せていくということが、先進的な地方公共団体で始まっている。

東京都の八王子市、西東京市、港区、埼玉県本庄市、北本市などがこうした方式を導入し、民間企業の JV（共同企業体）等が公園の包括的な指定管理者となっている。広島市では、自治会連合会がエリアの街区公園等の指定管理者となっている（⑤⑥）。

このような中、東京都の東村山市は、市内の都市公園等約 160 カ所をすべて一括して、さらに Park-PFI により投資回収を行う施設整備も併せて、指定管理者を募るという手続きに入っているところである。

Park-PFI の導入と併せて 20 年間の指定管理をパッケージにして大きな事業として公募を出す例も増えてきているが、都市公園の多数を占める、街区公園などの小さな公園をどう管理していくかは、これからの公園管理の最大の課題である（⑦）。（町田）

都市の公園

民間公園整備—Park-PFI 制度

公募設置等指針
Park-PFI の公募に当たり、都市公園法第 5 条の 2 の規定に基づき、公園管理者が各種募集条件等を定めたもの。

公募設置等計画
都市公園法第 5 条の 3 の規定に基づき、Park-PFI に応募する民間事業者等が公園管理者に提出する計画。

設置管理許可期間の特例
カフェ、レストラン等の飲食施設の建設投資を 10 年で回収することが困難であるため、認定された公募設置等計画の有効期間を最長 20 年としている。

建ぺい率の特例
公募対象公園施設について、10%を参酌して条例で定める範囲を限度として建蔽率を上乗せすることができるもの。（カフェ、レストラン等の便益施設の建蔽率は通常 2%）

●Park-PFI 制度の誕生　Park-PFI 制度（公募設置管理制度）は 2017（平成 29）年都市公園法等の改正による新しい制度。収益を上げ得る公園施設（飲食や物販など）の設置を民間事業者の手により進め、公園のサービス水準を向上させ、魅力的な公園利用を推進するための仕組みである。スキームとしては、民間事業者の収益の一部を公園の環境整備や再生整備等（特定公園施設）に充てることを前提に、公園管理者（公共団体）の負担を軽減し得る収益施設（公募対象公園施設）の設置（営業）について、公共団体が公募を行い、最も優れた事業者の提案を選定する手続制度であり、収益施設の設置管理許可期間や建ぺい率などの規制緩和的な特例措置が事業者に付与され、整備に係る財源措置（国による交付金や融資）も行っている。参入する民間事業者にとってはビジネスチャンスであり、利用者にとっては、素敵な雰囲気が形成され、気持ちのよい時を過ごせるサービス向上が図られ、公共団体にとっては民間事業者負担による整備によって財政負担の軽減がなされるという構図が成立する（①）。

制度の社会背景としては、少子高齢化のもとで税収の伸びが見込み難い状況下においても、公園の柔軟な使いこなしによって、まちの魅力、価値の向上につながる空間を創出して、緑とオープンスペースの機能を最大限に発揮させようという視点がある。

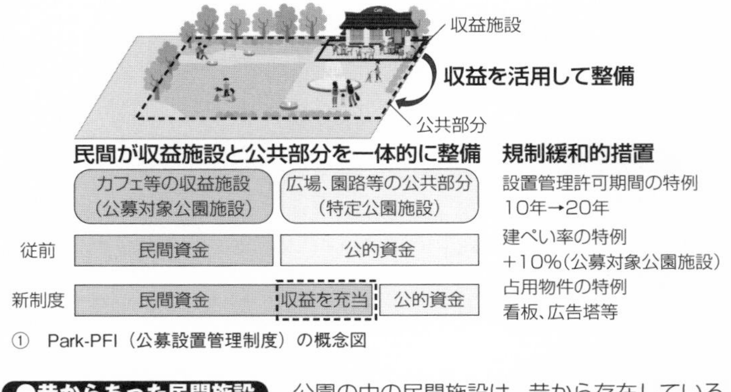

①　Park-PFI（公募設置管理制度）の概念図

●昔からあった民間施設　公園の中の民間施設は、昔から存在している。公園（制度）は 1873（明治 6）年の太政官布達第 16 号にその起源があるが、群集遊観の場所に公園を開設するという仕組みのもとで、公園の中に料亭や茶屋、旅館の営業を認め、土地を民間に貸し、賃借料を公園管理の原資に充てていた。明治 6 年開園の上野恩賜公園には 1875（明治 8）

年創業の料亭が現在も営業しており、1903（明治36）年開園の日比谷公園には公園開園と同時に西洋文化としてのレストランが設置、営業され今日に至る（②）。

こうした事情をふまえて、都市公園法（1956（昭和31）年）には当初から、公園管理者の許可で公園管理者以外の者が公園施設を設置できる設置管理許可制度が設けられ、近年においても公民連携の動きの中で、天王寺公園てんしば（大阪市）、名城公園トナリノ（名古屋市）、水上公園（福岡市）、南池袋公園（豊島区、③）などにおいて、先進的な取組みがみられる。Park-PFIも都市公園法の設置管理許可制度をベースにつくられた制度であり、民間資金等の活用による公共施設等の整備等の促進に関する法律（PFI法）との関連はない。

設置管理許可
都市公園法第5条第1項の規定により、公園管理者以外の者が都市公園に公園施設を設け、または管理することについて、公園管理者が与える許可。
2020年3月末現在、全国で7万件を超える設置管理許可施設があり、その中には580の飲食施設、132の宿泊施設、約1,300の売店等がある。

PFI事業（PFI法）
民間の資金、経営能力等を活用した効率的かつ効果的な社会資本の整備、低廉かつ良好なサービスの提供を図るもの。都市公園ではプールや水族館等大規模な施設での活用が進んでおり、約30の事例がある。

Park-PFIによる施設例
- カフェ、レストラン
- ショップ
- キャンプ、グランピング場
- BBQ施設
- ホテル
- スポーツジム
- コワーキングスペース
- こども関連施設

② 日比谷公園 松本楼

③ 南池袋公園（豊島区）

● Park-PFI運用の実際　設置管理許可制度運用による公園の経営的管理は先進的な公共団体では行われていたものの、公園への民間事業者の参入を推し進める上では、手続と規制緩和、財政措置を組み合わせたPark-PFI制度の効果は大きかった。2017（平成29）年6月に施行されて以降2022（令和4）年3月末までに全国で102カ所の公園において制度運用が進められ、すでに40公園以上で飲食や物販施設の営業が始められている。制度導入に向けて民間事業者等へのマーケットサウンディングを行うなどの準備段階にある公共団体も多数存在し、今後も積極的な制度導入が見込まれる。

どのような収益施設を導入するか、施設の規模、民間事業者に期待する環境整備や再生整備の内容など、公共団体における制度設計は比較的容易であり、数十億円を投資する大手デベロッパーが参入する例もあれば、ナショナルチェーンのカフェ、地域で活動する一般社団法人や工務店の参入など、事業の制度設計のバリエーションの幅は大変大きい。（町田）

④ 久屋大通公園（名古屋市）

⑤ 新宿中央公園シュクノバ（新宿区）

⑥ 別府公園カフェ（別府市）

都市の公園

子供の好奇心を満たす遊び場

① 公園の地形を利用した遊具（秋葉台公園、東京都）

●公園と遊び 子供の遊びと公園は切っても切れないものである。最も身近な遊び場が近所の公園だった人も多いはずだ。現在「街区公園」と呼ばれている最も身近な公園も、もともとは「児童公園」と呼ばれていたものであり、ブランコやすべり台、砂場などの「遊具」が設置されている「子供の利用を中心に考えた公園」であった（①）。

子供はさまざまな遊びの体験の中で、「成長」していく。仲間と協力することや、創造する喜び、達成する喜びなどをとおして多くの知恵を身に付けていく。公園はそういった遊びを楽しく、かつ安全にできる空間であることが求められてきた。最近では体に障がいがある子も、ない子も一緒になって遊ぶことができる「インクルーシブ公園」も増えてきている。

●子供の遊びと安全 遊びには、「危険」の問題が常につきまとう。遊びにおいて「危険」を考える場合、「ハザード」と「リスク」という二つのことばを区別して考えることが重要である。二つの言葉は同じく「危険」を意味するが、大きな違いがある。「ハザード」とは自分で危険を察知することが難しい危険を指しており、設計や運営、維持管理でできる限り排除することが必要な「危険」である。一方「リスク」とは自分でそこにある危険を察知でき、判断できる場合の危険のことを指しており、自らの技量や勇気を試すための「挑戦」と言い換えてもよいだろう。子供たちが遊びの中で安全に「挑戦」できることの重要性や価値を正しく認識することが

街区公園
1993（平成5）年の都市公園法施行令の改正によって、これまで児童公園として設置されてきたものが「主として街区内に居住する者の利用に供することを目的とする都市公園」（街区公園）と改められた。

インクルーシブ公園（遊具広場）
都立府中の森公園（東京都）の「もり公園にじいろ広場」。誰でもみんなで遊べる遊具広場として整備されており、車椅子での利用が可能な遊具などが設置されている。

羽根木プレーパーク
1979（昭和 54）年、東京都世田谷区羽根木公園の中に開設。常設プレーパークとしては日本で最初に設けられたものである。

公園と遊びを考える上での重要なテーマである。

●プレーパーク　プレーパークは「冒険遊び場」とも呼ばれ、デンマークをはじめ、ヨーロッパを中心に 1940 年代以降に広がった新しい遊び場である。この遊び場では、子供たちの好奇心や欲求を大切にし、彼らのやりたいことができる限り実現される場として計画・運営されており、「自分の責任で自由に遊ぶ」がそのモットーとなっている。

プレーパークには「禁止事項」がない。普通の公園では禁止されている木登りや焚き火をしたりすることもできる。また、廃材を使った遊具や、木の上の冒険小屋などをつくることも自由であり、そのために必要な道具も借りることができる。

プレーパークは地域の住民たちによって運営されており、子供が本気で遊ぶことができる環境をつくるためにプレーリーダーと呼ばれる専門のスタッフが常駐しており、このようなシステムがあって初めて子供たちの自由な遊びが保証されている。ここには生き生きと「挑戦」する子供たちの姿がある（②）。（加藤）

木の上の冒険小屋

さまざまな道具が借りられる。

焚き火も自由にできる。後ろのログハウスにプレーリーダーが常駐している。

②　羽根木プレーパーク（東京都）

都市の公園

植物園とフラワーパーク

世界の植物園の始まり
1545年、イタリアの植物学者ボナフェデがパドヴァ大学およびピサ医科大学の医学生のためにつくった研究用の植物園が最初とされる。続いてライデン（1587）、パリ（1591）、ベルリン（1646）にそれぞれ植物園がつくられた。

●植物園　植物園は、植物を収集・栽培し、展示する施設である。研究と知識の普及を主目的とした自治体の植物園、立地特性を生かした森林植物園や北方・熱帯などの生態系展示型植物園、薬用植物のコレクションをベースにした御薬園起源の植物園や医科大学の植物園などがある。また観光資源としての花をテーマにした施設や、ガーデニングブームのもたらした花の啓蒙・普及のための施設など、植物園も多様化している。

世界の植物園の始まりと同じく、日本の植物園の起源も薬草園に求めることができる。徳川将軍家光の南薬草園が小石川に移され、東京大学理学部付属植物園（通称・小石川植物園）となったのをはじめとして、農学系大学と薬科大学や薬学部附属の植物園は多い（①）。すなわち薬草園として出発した植物園は、植物の研究・教育のための機関として発展し、さらに貴重な生物資源収集・育成・保存の場としての役割を持っている。

多種類の植物を収集・栽培する総合植物園のほか、テーマを特化した植物園では北海道大学北方生物圏フィールド科学センターや国立科学博物館筑波実験植物園（茨城県）、同博物館附属自然教育園（東京都）、森林総合研究所多摩森林科学園（東京都）、高知県立牧野植物園、各地の熱帯および亜熱帯植物園などがある。また民間の施設でも富士竹類植物園（静岡県）などがある。

緑の相談所（都市緑化植物園）は、市街地内緑化の見本園となり、市民のための相談・指導の窓口を設けたものである。また東京都神代植物公園や広島市植物公園のように、都市公園として建設されたものもある。

景観的にも配慮された植物園は静的レクリエーションの場としても大切であり、都市内の緑環境としても重要である。動物園と比較すると、子供の利用よりも成人の利用が多いこと、季節性を有していることが特徴とし

①　小石川植物園（東京都）は江戸時代の庭園跡を含む。

②　新宿御苑（東京都）は大名庭園を起源とし、「新宿植物御苑」の時代を経て、現在は環境省で管理する「国民公園」である。

フラワーパークのテーマ植物
とちぎ花センターの熱帯植物
敷島公園バラ園のバラ
京成バラ園のバラ
谷津バラ園のバラ
神奈川県立大船フラワーセンターのシャクヤク、バラ、ボタン
箱根町立箱根湿生花園の湿生植物
越前水仙の里公園のスイセン
兵庫県立フラワーセンターのチューリップ
七尾フラワーパーク・のと蘭ノ国のラン

て挙げられる（②）。

●フラワーパーク　花を主役にした施設でフラワーパークの名前を持つものには、農林水産省系の緑化センター（フラワーセンター）のほかに、民間の観光施設がある。それぞれ特色豊かで専門度も高い収集と展示を実施している。花を効果的に見せる演出にも工夫が凝らされている。

浜松市フラワーパークは舘山寺温泉を控え、観光的に成立し得る唯一の公共施設として知られていたが、このほかにもガーデニングブームなどの結果、各地に花の施設が建設された。茨城県フラワーパークはバラ（③）、ぐんまフラワーパークはアザレアのコレクション等で実績がある。前者のバラは年に2回の開花期があるため、また後者のアザレアは温室栽培で冬期に開花するため、集客力があるテーマ植物と言える。民間施設であるあしかがフラワーパークのフジは、東洋一とのキャッチフレーズどおり圧倒的な花景観と香り空間を展開し、花期以外でも秋からのイルミネーションは高い評価を得ている。

③　茨城県フラワーパークのバラ花壇

●花の観光施設　洋ランやベゴニア、ハナショウブ、シャクナゲなど各地に花をテーマとした観光施設は多いが、屋外で育てる主役となる植物は季節が限定されるので、通年の集客は難しい課題である。その中で、ハーブは目で見て楽しく、土産物・食材・手工芸制作体験や香りの文化など物語性の豊かな植物であり、屋外・温室栽培と通年の季節への対応が可能である。また、三重県の温泉地にある「なばなの里」は複数のレストラン・温泉施設・キリスト教会・売店などの施設群と花の大庭園が融合した、新しい観光施設の在り方を示している。ここのベゴニア温室群は計算された演出により、観賞者の進行に従い圧倒的な花のシーンが展開される（④⑤）。（髙﨑）

④　ベゴニア温室

⑤　なばなの里全景（三重県）

都市の公園

環境アート

●環境とアートの出会い 環境とアートの関わりの歴史は古い。ストーンヘンジのような古代遺跡、ピラミッドや古墳などの墳墓、伝統的な庭園など人類の営みの原点に遡ることができる。ここでは、近代以降、特に戦後の環境とアートの接点を対象とする。

アメリカの抽象彫刻
（上）イサム・ノグチ
（下）ハーバート・ベイヤー

●アメリカにおけるアースワーク 芸術活動は政治と密接に関係している。ナチス政権や共産主義政権などによる迫害を逃れた芸術家の多くは、アメリカに活動の場を移す。戦後の現代芸術をリードしたのは抽象表現であったが、彫刻分野では、その物理的なスケールの拡大過程で、室内でのインスタレーションから屋外での作品制作への発展が見られた。これらはアースワークやランドアートと呼ばれるようになり、当初は砂漠のような隔絶した自然環境を舞台としてプライベートな性質を示したが、のちに公共空間に進出を開始する。ロバート・モリスは、1973（昭和48）年にミシガン州グランドラピッズの浸食された斜面に作品を制作し、公的資金によって大規模な環境的作品を実現する第一歩を印した。1979（昭和54）年にはワシントン州キング郡芸術委員会が、彫刻による土地再生プロジェクトを実施する。これは、芸術家によるゴミ処分場や採掘跡地の再生事業である。この事業は定着するが、芸術家はさらに都市公園など都市施設への関与を深めていく。これらの芸術家による作品は、ランドスケープアーキテクトにも大きな影響を与えることになる。ピーター・ウォーカーらをとおして、その作風は日本の現代造園にも及んでいる。

●アメリカのパブリックアート 公園や広場などの公共空間に導入される彫刻などの美術作品に対し、パブリックアートという用語が定着している。アメリカは日本と異なり、国家レベルでのパブリックアート導入事業を推進してきた。大きくは、公共施設庁（GSA）と全米芸術基金（NEA）の二つの所管がある。また、自治体によるいわゆる% for the Artsの条例も重要な役割を果たしている。GSAの政策名は「美術を建築に」というもので、1963（昭和38）年より実施されており、その内容は公的な建築の建設に当たって、工事費の0.5%を美術作品に充てるものである。% for the Artsの条例は、GSAの地方版に位置付けられる。このように建設費の一定範囲内で美術作品を導入する制度は1960年にフランスで始まった。NEAの政策名は「公共空間における美術作品設置計画」というもので、1966年から実施されている。自治体や非営利団体に対し、美術作品設置経費の半額に当たる補助金を支給する制度である。これらの政策により設置された作品は、その多くが巨大な抽象彫刻であった。冷戦期にあって自

% for the Arts
アメリカの自治体が制定する条例で、一定規模以上の公共事業や民間開発などにおいて、総事業費の一定の割合を美術作品の設置費として使用することを義務付ける内容となっている。

由主義陣営のプロパガンダとしての政治的な性質を持っていた。このため、ペレストロイカ以後、こうした事業に対する予算は急激に低減した。

日本の彫刻設置事業
（上）エミリオ・グレコ（宮城県）
（下）向井良吉（山口県）

●日本の彫刻設置事業 日本では、美術作品としての彫刻を公共空間に設置する彫刻設置事業が展開した。最初の計画的な事業は、1961（昭和36）年、山口県宇部市で始まった。同様の事業は1968年から神戸市（兵庫県）、1973年から長野市（長野県）、1976年から八王子市（東京都）、1977年から仙台市（宮城県）、また1970年代前半には札幌市、旭川市、帯広市などの北海道の諸都市に拡大する。1980年代以降は全国の主要都市に拡大し、バブル経済期には地方の町村にまで広がった。しかし、経済不況の中で、1990年代後半以降、急激に終焉する。これらの事業は主として自治体により推進され、都市景観の改善や文化の振興が主たる目的とされていた。人物をモチーフとする具象彫刻やアメリカとの比較において、中小規模の抽象彫刻が主として設置の対象となった。海外との比較において裸婦像が多いという特徴がある。事業の推進方式にはいくつかのタイプがあり、（1）野外彫刻展を開催して入賞作品を買い取り設置するタイプ、（2）既成作品を購入し設置するタイプ、（3）彫刻シンポジウムを開催し完成作品を設置するタイプ、（4）彫刻家に設置場所に合わせたオリジナル作品の制作を依頼するタイプなどがある。

大規模複合開発型パブリックアートの展開
名和晃平（東京ガーデンテラス紀尾井町）

●大規模複合開発型パブリックアートの展開 1990年代半ばになると、大規模な再開発や複合開発などに伴う、集中的なパブリックアートの設置事業が、開発資本によって展開されるようになる。ここで、北川フラムや南條史生などに代表されるアートディレクターが活躍するようになる。代表的なものとして、1994（平成6）年のファーレ立川と新宿アイランド、1999年の博多リバレイン、2000年のさいたま新都心、2003年の六本木ヒルズ、2007年の東京ミッドタウンとルーセントタワー（名古屋）、2014年の虎ノ門ヒルズ、2016年の東京ガーデンテラス紀尾井町などがある。

アートプロジェクトの展開
イリヤ＆エミリア・カバコフ（大地の芸術祭―越後妻有アートトリエンナーレ）

●アートプロジェクトの展開 2000年代になると、日本全国の市街地、ニュータウン、農村などさまざまな場所で、期間を限定したイベントとしてのアートプロジェクトが数多く行われ注目されるようになる。これらの中には期間中に数十万人の集客を果たし、地域活性化に貢献するものとしてとらえられるようになったものもある。主なものとして、2000（平成12）年からの大地の芸術祭―越後妻有アートトリエンナーレ（新潟県）、2001年からの横浜トリエンナーレ（神奈川県）、2010年からの瀬戸内国際芸術祭（香川県など）とあいちトリエンナーレ（愛知県）などがある。このほかにも小規模なアートプロジェクトが、数多く実施されていて、近年はこれらに対し「地域アート」という用語を用いることもある。（竹田）

庭園

名園と文化財指定

●名園とは　名園というものをつくるのには時間が必要になる。年月がたつと樹木は成長して石にはさびが付き、建物もけばけばしさが消えて周囲の景観に調和してくる。しかし、それだけでなく管理ということも重要になる。桂離宮のような名園でも、初代八条宮智忠だけでなく、八条宮智仁による改修や、明治時代以降現代までの補修・管理によって、現在の美観がつくり出されている。庭園は完成後の管理次第で、名園になるかどうかが決まると言ってもいい。

●消滅した名園　飛鳥・奈良時代の庭園は、東院庭園のように遷都によって廃絶したものが多い。京都の平安・鎌倉時代の寝殿造庭園は、たび重なる火災や戦乱で消滅してしまい、郊外別荘だった嵯峨院跡の大沢池や平等院などが残っているにすぎない（①）。室町時代の庭園も、金閣寺・銀閣寺のように寺院になったものや大仙院・龍安寺のような庭園が、檀家の援助を受け続けて残っているだけで、武家・貴族邸宅でそのまま残存しているものはない（②）。全国各地の江戸時代の武家屋敷や寺社の庭園は、明治維新後の廃藩置県や上地令によって破壊され、さらに第二次世界大戦の戦禍に遭遇して多くのものが消滅している。

①　大沢池（整備後）

②　銀閣寺境内

●文化財保護法の成立　歴代名園の多くが所有者の交代や戦火、地震・洪水などの天災によって消滅してきた。庭園というものは各時代の特色を強く持つものであり、同じものを再びつくることはできないので、保存をする必要がある。歴史的な文化財を保存するために、1919（大正８）年に「史蹟名勝天然紀念物保存法」が制定されている。ドイツでは19世紀後半の工業の急速な発展の結果、郷土の自然や歴史遺産などが破壊されだ

消滅した庭園
奈良時代—松林苑
平安時代—朱雀院、東三条殿、法住寺殿
鎌倉時代—水無瀬殿、月輪殿
室町時代—室町殿、二条殿
安土桃山時代—聚楽第
江戸時代—戸山荘、蓬莱園、東海寺

文化財保護法における文化財の分類
有形文化財（建造物・絵画・彫刻等）
無形文化財（演劇・音楽・工芸技術等）
民俗文化財（風俗慣習・民俗芸能等）

埋蔵文化財
史跡名勝天然記念物（庭園・名勝地・動植物等）

重要文化的景観（地域における人々の生活等により形成された景観地）
伝統的建造物群（宿場・城下町等）
なお、埋蔵文化財・文化財保存技術の保護も対象としている。

したことに対して、郷土保護運動が起きたが、それを見習ったものだった。さらに戦後になって、1950（昭和25）年には「文化財保護法」が制定されている。現在では各県や市町村でも文化財保護条例によって、庭園を指定するようにもなってきている。

●発掘された庭園　飛鳥京跡苑池の場合のように、文献上では知られていなかった庭園が、全国各地で発掘によっていく例も発見されている。京都の二条城内では、建物建設に伴う事前発掘調査で、平安時代の冷泉院の庭園跡を検出したが、埋め戻して保存している（③）。しかし、平城京左京三条二坊六坪庭園のように開発の事前調査で発見されたものが、文化財として指定され、復元整備されたものもある。残存する庭園でも、改修ごとに園池は次第に狭まっていく傾向があるので、発掘によって当初の状況を確認して、岩手県の毛越寺のように元の状態に復元整備する場合も多い（④）。

発掘された庭園

飛鳥京跡苑池（奈良県、1999年から発掘）
高陽院跡（京都府、1981年から発掘）
平等院庭園（京都府、1990-2002年、発掘・整備）
鳥羽離宮跡（京都府、1960年から発掘）
旧大乗院庭園（奈良県、1995年から発掘・整備）
一乗谷朝倉館跡（福井県、1967年から発掘・整備）
大内氏館跡（山口県、1978年から発掘・整備）
大友氏館跡（大分県、1998～2020年、発掘・整備）

③　発掘された冷泉院庭園

④　毛越寺庭園（整備後）

●庭園の一般公開　寺院の庭園は公開されているものが多いが、中には拝観謝絶になっている所も存在する。個人庭園ともなると管理が行き届かないことから、非公開のものも少なくない。（公財）京都古文化保存協会が京都で主催して行っているような、期間を限定しての一般公開が望ましいのだろう。（飛田）

（公財）京都古文化保存協会主催の特別公開庭園

大徳寺本坊
　　孤篷庵
　　聚光院
妙心寺東海庵
西翁院
清水寺成就院　など
ただし、毎年入替えがある。

庭園

海外の日本庭園と日本の外国庭園

●植物園の日本庭園 海外につくられた日本庭園にも歴史があり、植物園や博覧会場跡に残っている。一方の、日本につくられた外国庭園も博覧会へ出展されたものが多い。

東京農業大学国際日本庭園研究センターの調査によれば、アメリカを筆頭にして世界には日本庭園が500以上ある。キューガーデン（イギリス）、クィーンエリザベスガーデン（カナダ）、モスクワ植物園（ロシア）など各国の植物園に日本庭園がつくられている。2001（平成13）年にはウィーン（オーストリア）の日本庭園が日本人の手により復元整備され、両国の交流と日本庭園史の研究に貢献した。明治期につくられた海外の日本庭園は、仏堂に朱塗りの反り橋の架かる池庭というステレオタイプのジャパニーズガーデンであったが、近年のものは同じ池庭でも自然風の石組に草花を配したものや、白砂の敷かれた石庭など、伝統をふまえつつも現代のセンスや意匠を表現するものとなっている。

仏堂に朱塗りの反り橋
鎖国の解かれた後の1880年から1910年頃にかけての約30年間に、イギリスにおいて日本ブームがあった。日本の置物や調度、浮世絵版画が部屋を飾り、オペラ「蝶々夫人」は1904年であった。このブームの中に、日本庭園もあった。そしてプラントハンターが活躍していたこの時代のイギリス人が関心を持ったのは、枯山水や茶庭ではなく、池庭だけであった。しかもそれは正確な日本庭園ではなく、東洋風の橋のある池庭であった。（A．スコット＝ジェイムズ『庭の楽しみ - 西洋の庭園二千年』より）

●万国博の日本庭園 万国博覧会に日本庭園が出展されたのは1873（明治6）年のウィーンからであるが、イギリスにおける1910（明治43）年の日英博覧会での出展は、これを機に日本庭園ブームを起こした。庭園は日本館の環境として、建築と一体のパビリオンという形でつくられることが多い。1967（昭和42）年モントリオール（カナダ）（①）、1974（昭和49）年スポケーン（アメリカ）は中島健のつくった庭である。その他ローマ日本大使館（イタリア）など、在外公館にも日本庭園がつくられている。

●フラワーショーの日本庭園 世界的な歴史と規模を持つ英国王立園芸協会が毎年主催する「チェルシーフラワーショー」では、日本の園芸家のつくり出した品種が受賞することもあるが、2001（平成13）年には日本庭園がモデルガーデン部門のグランプリを獲得した。続く2002（平成14）年のイギリスではジャパン・イヤーが開催され、キューガーデンでの日本庭園建設や、「チェルシーフラワーショー」での日本の庭園作家の指名コンペが実施され話題となった。これらの例に限らず、フランスでの盆栽熱などヨーロッパでの日本の園芸や庭園に対する眼差しには熱

① モントリオール万博の日本庭園

いものがある。

●日本の外国庭園 海外における日本庭園と同様に、日本における外国庭園の築造にも、博覧会が寄与した。1990（平成2）年大阪の「国際花と緑の博覧会」は、多くの外国庭園を日本で目にすることのできる良い機会となった。「国際庭園」への出展は54カ国にのぼり、会場となった鶴見緑地公園に現在も残っている。2000（平成12）年の「淡路花博」（ジャパンフローラ2000）でも多くの国々から出展される「国際庭園」がつくられている。

毎年二つの県で開催される全国緑化フェアで、外国人招待作家による庭園の出展を見ることもできる。1999（平成11）年の「グリーン博みやざき '99」ではロビン・ウィリアムス設計のイングリッシュガーデンによって、日本の風土と植生（海岸のクロマツ林）をふまえた英国庭園の真髄に触れることができ、フェア開催期間後も保存されている（②）。

歴史上の庭園の設計図が実現した興味深い例が、テーマパークの長崎ハウステンボスにある。これは本国オランダにおいて18世紀に設計されたものの、具現化されなかった庭園の実現として企画された。

フランスにある印象派絵画の巨匠クロード・モネの庭は、ガーデニング愛好家にもあこがれの存在である。この庭が同庭園チーフガーデナーの監修により、高知県北川村に再現されているほか、2004（平成16）年の「浜名湖花博」でも見ることができた。神奈川県三ッ池公園内につくられたコリア庭園は、友好都市締結記念事業である。熱海梅園の中にある韓国庭園は日韓首脳会談開催を記念したものである。両庭園とも韓国の住宅様式をモデルとしている。中国庭園 燕趙園（えんちょうえん）は鳥取県と中国河北省の友好提携5周年記念庭園で、皇帝の園林をテーマにしている（③）。（髙﨑）

② グリーン博みやざき '99。英国式庭園

③ 中国庭園の燕趙園（鳥取県）

和風庭園とイングリッシュガーデン

●自然風の庭園　住宅庭園は「和風庭園」と「洋風庭園」に大別されることがある。洋風庭園の代表である「イングリッシュガーデン」では植物が主役である。風土性がテーマとなれば和風洋風という分け方ではなく、この場合には「自然風」の語が適う。

●和風庭園　枯山水平庭風(ひらにわふう)と茶庭風(ちゃにわふう)の住宅庭園は、小面積においても「和」を感じさせる優れた様式として、海外からも注視される。京都などの町家の坪庭では完成された、あるいは多様に発展し洗練された姿を見ることができ、現代においても建築意匠と違和感なく調和させることができる。

「雑木(ぞうき)の庭」は茶庭の要素である石灯籠・蹲踞・飛石などを景の主役として据え、これにコナラやアカシデ・エゴノキ・ナツツバキ・ヤマボウシなどの高木と、苔や山野草などの地被を配植して庭全体の動態をつくり出す。現代ではイングリッシュガーデンなどの影響も受けて、花の咲く植物を多く取り入れた趣の新しい庭も生まれている。「雑木の庭」と「山野草(さんやそう)の庭」は樹木に比重を置いて新芽・花・紅葉・樹形を楽しむか、草本を主役として地表面における彩りや変化を楽しむかの差である。基本構造は同じで、どちらも自然風の和風庭園と言える。小滝や流れ、池をつくれば、庭の動態はより強調される。

水中ポンプの普及で現代では住宅でも水を使った庭園が楽しめる（①）。ガーデニング教本の普及により、自分で簡単に手づくりする方法も知られ、そのための樹脂製の池や循環装置がホームセンターに並ぶようになった。社会全般の環境に対する意識の高まりの中で、ビオトープへの関心も多く、家庭用のビオトープ庭園も商品化され、屋上に設置される例もある。ビオトープを計画する場合、主役の生物を明確にすることが大切である。現代版「自然風庭園」の究極の一つの様式と言えようか。

枯山水平庭風と茶庭風の住宅庭園
禅宗寺院に生まれた枯山水は、小面積でも成立する庭園様式である。また、茶庭の部分要素である石灯籠や蹲踞、石組もそれだけで絵になることから、住宅庭園によく取り入れられる。

庭の動態
気勢。自然の持つエネルギーの動き、方向性。

①　コンクリートの躯体とポンプによる循環を備えた流れと池

●イングリッシュガーデン　イギリスの庭園は多様なスタイルを含むものである（29頁）が、日本では宿根草を取り入れた田舎屋風のコテージガーデンが「イングリッシュガーデン」のイメージリーダーとなり、ガーデニングのブームを引き起こした（②）。そして、ガーデニングは一過性のブームに終わらず、日本に定着した文化となりつつある。「イングリッシュガーデン」の多様性の中から花一杯のボーダーガーデン、コテージガーデン、

② バラクラインングリッシュガーデン

ハーブガーデン、狭い庭でも楽しめるコンテナガーデン、壁面を飾るハンギングバスケットの普及まで、次々に刊行されるガーデニング雑誌・書籍は毎年テーマを変えつつ書店の１コーナーを占めている。

キッチンガーデンは、食材植物をいかに美的にも見せるかという個性表現や料理という奥深いテーマも含めた興味範囲の広さが女性を惹き付けている。例えば野菜畑にマリーゴールドを植えて虫除けにするなど害虫防除を目的とするコンパニオンプランツの理論は興味深い。ウッドランドガーデンは日本の「雑木の庭」に対応する様式で、ツツジ、シャクナゲ類をテーマ植物とする。花の咲くツル植物による庭の立体化は、小面積という日本の庭園事情にも適っていて、ツルバラとクレマチスが人気のある植物となっている。

コンパニオンプランツ
一緒に植えることによって花の美をテーマとする組合せ理論もある。

●自然志向とアジアンテイストの庭　ガーデニングは庭の美と同時に園芸作業そのものも楽しむものである。しかし、庭じゅう花一杯にすることに疲れ、または飽き足らず、さらには思想面での反省から、より風土に適した自然の庭を志向する傾向が見られる。これは、イギリスにおける「ナチュラルガーデニング」の流行と軌を一にするもので、英国庭園を、より日本になじむ花の庭として定着させようとする意図が見られる。

ナチュラルガーデニング
ペネロピ・ホブハウスらの提唱による、無理のない、土地の気候風土に合った植栽計画の考え方。日本には1999年の園芸雑誌などに紹介されている。

③ 枕木を使った庭園は、和風でもなく洋風でもないエスニックな雰囲気を持つ。

インテリアおよびリゾートの流行や骨董ブームから、エスニックなアジアへの関心が高まり、庭園の様式にも反映されている（③）。（髙﨑）

庭園

借景とハハー

●借景 日本庭園と英国庭園の景観形成技術と、それぞれの空間原理を見てみよう。

庭園外の景を、意図的に庭園景観の中に取り込むことを借景という。『作庭記』の時代から、日本庭園の景観づくりは自然の優れた景色を再現する「名所写し」を第一の技法としてきた。自然景観の再現には同スケールでの「自然の切取り」と、スケールを操作する「縮景」、さらに石で山を表すといった「抽象化」などの手法がある。それぞれ町家の坪庭、大名の回遊式庭園（①)、寺院の枯山水庭園等に例を見ることができる。「借景」は、主に山のような景色そのものを庭の景の中に取り込むことにより、同時に庭

① 水前寺成趣園（熊本県）の縮景は富士山をはじめ、東海道の景色を表現している。

② 円通寺庭園（京都府）の借景。生垣と木立によって、比叡山の頂上から右の部分を切り取って庭に取り入れている。

のスケールを外へと拡大する技術である。この一般的に見られる手法は、生垣や築地塀によって山の下部や手前の不要な景を消し、高木植栽によって山の左右の不要な景を消し去るものである（②)。山の下部と手前の不要な景を消すことは、庭と山との間の距離をなくすことであり、この操作で山を引き付け、山に引き寄せられる。借景の対象は山以外に

③ 法然院（京都府）の園路は筋違えにより動きをつくり出している。

海の借景
天然図画亭（滋賀県）の琵琶湖

建築物の借景
依水園（奈良県）の東大寺南大門

田園風景の借景
慈光院（奈良県）の大和平野

も、海などの水面、山門や五重塔など建築物等の例がある。

日本の空間構成には完全な一直線は例外を除いてあまり用いない。顕著な例は寺社の参道であり、いくつかに折れ曲がっている。視線の先の焦点景を視線軸中心からあえてずらす。このことで次の視線軸の存在を予感させ、動きや奥行を生み出す。この「筋違え」の原理は景観に奥ゆかしさや品（ひん）を与える日本独自のものである（③）。樹木で景色の一部を隠す「見え隠れ」も景観に奥行と品を与える。

●ハハー イギリス自然風景式庭園の景色づくりの技術の一つ。舞台となった領主の館から庭園を眺望すると、その先には牧草地が広がり羊が草を食んでいる。羊が庭園の中に入って来ないのは何故だろうかと、確かめるために庭園と牧草地の境界に近付いてみる。そこには深い溝が掘られていて、これが羊の侵入障害となっていることが分かる。なるほどと感心したときの感嘆詞が「ハハー」の語源となった（④）。見えない障害で庭園と周辺景観を連続させる手法であり、自然風景式庭園発展のための一大発明であった。日本庭園が、一定の景観を垣根で断絶することで、借景という景観を園内に取り込んだのとはまったく逆の発想を見て取れる。

④ ハハーの断面図

ハハー
隠れ垣

ヴィスタ
見通し景

「ヴィスタ」の発想も日本の「筋違え」の景観構成原理とは逆で、どこまでも直線が貫かれることに意味があり、どこまでも広大な平地の続くフランスにおいての景観形成手法であろう。この幾何学式庭園の全体計画原理である「ヴィスタ」は、セルジポントワーズの開発プロジェクトに見られるように、現代においてもフランスの街づくりに生かされている。

メイズ
またはラビリンス。生垣などでつくった迷路。

トピアリ
抽象・具象に刈り込まれた植物。「緑の建築術」と言われる。

ボスケ
叢林。植林された人工の樹木群。

西洋庭園内の「メイズ」や「トピアリ」「ボスケ」といった植物による景観要素も人工の意匠と言えるし、イギリス自然風景式庭園内に見られる大小の添景物などの諸装置は、人工物によって庭園の基本的な景観構造を組み立てていく要素と解釈できる（⑤）。これらは植物と地形に富んだ日本と、そうでないヨーロッパの違いの結果とも言える。（髙﨑）

⑤ キャッスルハワード（イギリス）の添景物の配置は上空から見ればいかにも唐突である。この唐突な建造物の配置によって景観の骨格が形成されている。

庭園

露地とアウトドアリビング

露地
茶室に通じる狭い通路に設けられた庭。

亭主
茶事の主催者。招かれる人は「客」。

寄付
客の待合室、準備室

道行
空間体験の連続

迎え付け
待合で座っている客を中門から迎え入れる行為。中門をはさんで亭主と正客以下が挨拶を交わす。

合端を気にする
合端は飛石と飛石の間のアキ。これが均一になるような飛石の打ち方。

近代数寄茶
三千家に代表される侘び茶とは別の思想のもとに、喫茶、道具を楽しむ明治・大正・昭和初期の財界人を中心とした茶の実践。

●露地　露地とアウトドアリビングとしての庭園は機能の庭であり、その作庭技術は使う人の思いを実現するためのものである。

露地つくりの技術は、茶事をいかに進行させるのかという亭主の考えを反映するものである。寄付から露地門、待合と蹲踞の位置・向き・意匠など、限られた空間に、どのような道行をつくり出していくかは飛石をはじめとする歩行経路により、その設定の仕方で同じ空間が２倍にも３倍にも感じられる。折り曲げられた歩行経路を自然に感じさせるのが植栽や地形で、これらに竹垣などの工作物や、庭石、石灯籠などの添景物を組み合わせて亭主の世界をつくり出していく。

計画した歩行経路を、茶事の進行を想定して実際に歩いて、道行の変化を検証していく。待合から中門をはさんで行われる迎え付けの場面では、亭主と客の向かい合う角度が重要である。蹲踞の位置も、手水を使うときの方向や、それに続く席入りまでの飛石の経路を視野に入れて、決定していく。

飛石の打ち方は、足の運びが楽しく、自然に流れるように、実際に歩いてみて、足の落ちた位置に決定すればよい。足の運びが自然になるように、石の面の左右の大小をつなげて景を構成していく。合端だけを気にしてつくられた飛石の景はつまらなく、また歩きにくい。

蹲踞の役石配置は流派によっても異なるので、亭主の考えに従う。これも実際に手水を使ってみて、不自然にならないよう構成していく（①）。

現代では茶事だけに使用する露地は少なくなってきている。近代数寄茶のように庭園の一部を茶事にも対応できるように作ったり、または逆に茶事に使用しない景と水音発生装置としての蹲踞を作ったりすることも多くなっているが、それらの場合にも使いやすさを考えてつくれば、その景も味わいを増す。

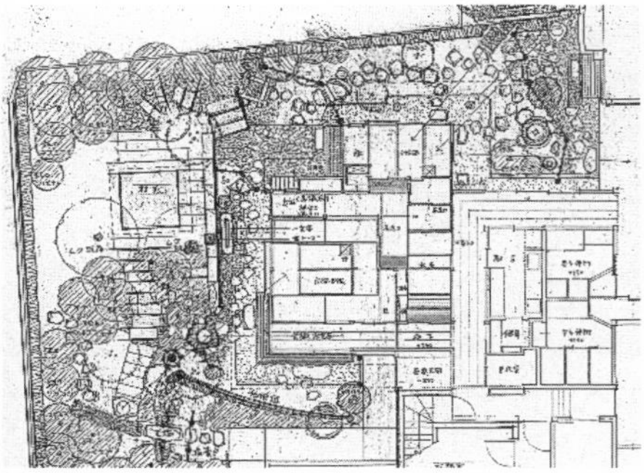

①　西蓮寺（東京都）露地平面図

●アウトドアリビング

居間の延長としての屋外空間は、生活に潤いとゆとりを与え、家族のコミュニケーションを豊かにする場である。アウトドアリビングづくりの技

アウトドアリビングのコンセプト例
「日曜日の朝、ゆっくりとコーヒーと会話を楽しむための夫婦の庭」「ナイトパーティーのできる花の庭」「ディンクスのための2つのベンチのある庭」「小さなプレイガーデン」「自然観察のできる理科の庭」「ボタニカルアートを楽しむおばあちゃんの庭」「午後の紅茶を楽しむキッチンガーデン」「夜を楽しむ蛍族の庭」「盆栽を手入れするおじいちゃんの車椅子の庭」「昼寝を楽しむハーブガーデン」等々。

ファニチュア
庭の家具という意味で、ベンチやイス、テーブルなどのことをガーデンファニチュアという。

術は、コンセプトワークから出発する。家族構成、家族の趣味、庭でいつ、誰が、何をするのか。コンテナガーデニングを楽しむ庭、バーベキューを楽しむ庭、幼い子どもの遊びの場、それらは庭での行動により決められる。そして庭の環境、諸条件。これらを明らかにすることからアウトドアリビングの在り方と可能性が決定される。また家族の３年後、5、10年後のことも視野に入れておきたい。

ベンチは第一に考えたい大切な要素である。庭で何をするかといえば、まずは座って、ゆったりとした時間を過ごすことから始まる。ホームセンターや通信販売によってもベンチやテーブルの購入が可能である。外国製品等、選択肢も多い。各家庭にふさわしいファニチュアの機能とデザインを選ぶことから屋外空間の諸要素が決まってくる。

テラスの素材やウッドデッキに使用する木材の種類で、庭の「地」が決定され、庭全体の雰囲気が決まる。デッキと同一の木材でベンチを製作するのもよく、デッキ周囲に固定すればリビングらしさも増す。バーベキュー炉はつくった当初は何回かやるけれど、その後はまったく使わないという場合も多い。バーベキュー炉を造り付ける場合は、使用時以外の在り方も考慮しておく。外国製品等にはしっかりと絵になる商品もあり、また移動式、折畳み式のキャンプ用品で済ませることが正解かもしれない。ガーデンハウスは雨の日の庭での生活時間を生み出してくれるし、庭園用具の収納にも有効である（②）。住宅を新築する場合、建築計画の際に物置は無視されがちであるが、これをしっかり計画することは、庭園の在り方を考えることでもあり、大切である。また、雨はキャンプ用品のタープ（日除けの布）等を利用することでもしのげる。タープを張るポールを上手に計画に組み込んでおけばよい。実際に庭生活を始めて、雨以上に問題となるのは蚊かもしれない。網を張ったラスハウスや、最低限でも蚊取線香の置き場所は計画しておきたい（③）。芝生は貼るのは安く簡単であるが、問題は維持管理である。庭園生活を楽しめると同時に手入れも楽しめる気持ちと時間のあることが前提となる。（髙﨑）

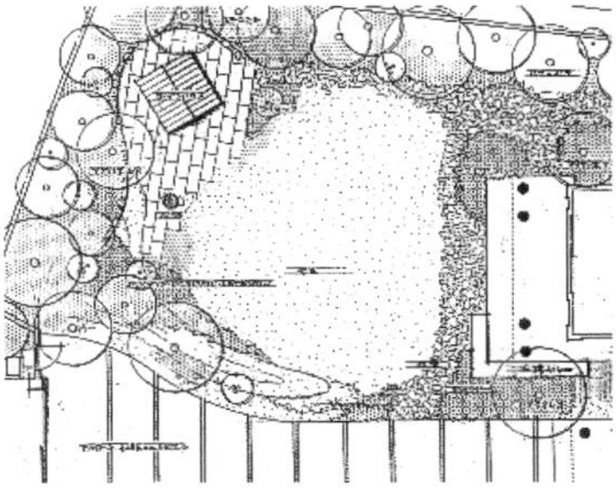
② ガーデンハウスのある庭、平面図。

③ ラスハウスは蚊をシャットアウトする。

催事と追憶

リゾートとテーマパーク

●観光地の景観づくり　花の名所、リゾート、遊園地とテーマパーク、博覧会は、それぞれに植物や庭園が重要な意味を持ち、造園の扱う空間がある。

戦後の昭和時代、宮崎県は新婚旅行のメッカと呼ばれた。なぜなら宮崎交通という私企業が、花による観光地づくりを計画的に実施したからである。空港から市内までの幹線道路沿いには、南国の気候を生かしてヤシ類の街路樹を植栽し、その足元には四季をとおして絶えない花のコンビネーションを実現させた。同社の植物に対する熱意は、観光施設「こどもの国」の中にコレクションとしても価値の高い椿園を実現させていた。

花の名所として代表的な植物は、サクラ・ウメ・ツツジ・シャクナゲ・フジ・ツバキ・ボタン・バラ・アジサイ・アヤメ・ハナショウブ・キク・チューリップ・その他の草花、ハーブ等である。規模と本数を特徴とする名所と、種類数やコレクションを特徴とする名所との二つの方針に大別できる。

花の本数と種類数
昔から桜1,000本植えれば名所になるといわれている。北海道滝川町では、珍しい花ではないがシバザクラの数ヘクタールという大面積栽培による圧倒的景観で有名になった。品種数を集める名所づくりに適するのは、ツツジ・シャクナゲ、ツバキ・サザンカ、ボタン、ハナショウブ、ウメなどである。サクラも品種を多くすれば開花期を引き延ばすことができ、誘客の長期化が図れる。

●リゾートの造園　かつてのリゾートブーム下で注目された北海道トマムとサホロの地域開発は、それぞれの開発手法においてしばしば比較される（①②)。トマムでは超高層のホテル建設をイメージシンボルとして、一方で自然林を残しつつも外来樹の積極的導入により非日常性を演出した。サホロリゾートにおいては、低層の施設計画と、在来の植生を長期計画のもとに時間をかけて改変していく方針が選択された。バブル崩壊により計画の全容は実現されず、答えは出ないこととなったが、非日常性の解釈と実現の仕方にもさまざまな方法があることが分かる。

①　トマムリゾートのコニファー植栽

②　生態学的視野に立った苗木からの植栽設計（サホロリゾート、北海道）

また、リゾートブームのもとで注目を浴びた地域開発手法に、ゴルフ場とセットになった住宅地開発があり、季美の森（千葉県）などの事例がある。

●遊園地と住宅地開発 日本での遊園地は、明治10年代後半からの記録がある。それらは近世の和風庭園に洋風要素を加味したもので、代表例が花屋敷（東京都）である。この植物・庭園型を起源として、これに遊戯機械を導入した例が豊島園（東京都）である。これらの遊園地は鉄道会社とディベロッパーの着目により、沿線と郊外の住宅地開発との相乗効果を生み出した。

●博覧会の造園 1877（明治10）年の第1回内国勧業博覧会ではアメリカ式風車が人気を集め、その後、会場には子供向け遊園地が併設されるようになり、現在の各種博覧会の原型となった。博覧会場と遊園地の併設は大正年間に顕著になり、やがて子供の遊園地の性格のほうが強くなっていく。これらの催しの中でテーマとされたものや話題となったものは実に多様で、電車・水族館・メリーゴーラウンド・展望台・不思議議館・世界一周館・鉱山館・家庭電気館・港温泉・子供の楽園・迷信打破の特別陳列など勧業・学習・娯楽と多彩に機能した。戦後の国際博では大阪「EXPO'70」の人類の進歩と調和、「'85つくば科学博」では科学がテーマに選ばれ、博覧会の「会場造園」の語も生んだ。そして「'90大阪 花と緑の博覧会」、「'04浜名湖花博」では造園そのものがテーマとなった。

●テーマパーク 遊園地が一大盛り場を形成した例に楽天地、新世界ルナパーク（いずれも大阪府）があり、前者は大火災の跡地、後者は博覧会の跡地再開発である。新世界ルナパークでは街区をパリやニューヨーク風に仕立て、異国をテーマとした開発を行っている。

昭和のバブル期にリゾート法のもとで日本各地に異国型テーマパークが多数生まれたが、発想も建設意欲も、明治・大正期の先例を超えるものではない。志摩スペイン村や長崎ハウステンボス等、世界の国々をテーマとした施設は、それぞれの国の花の景や、庭園の再現を試みた。東京ディズニーランドはアメリカにおいて蓄積されたノウハウを駆使して虚構の理想景観を実現させた。樹木の選定から景観形成、そして樹木植栽後の剪定方法などを独自の思想のもとに実施している。

●日常空間のテーマパーク化 今日、マンションの開発テーマも多様化しているが、よく目にする広告で顕著な傾向の一つが、環境や庭園に力を入れたデザインである。外国人デザイナーの起用も多く、その中でディズニーランド開発スタッフが企画したものまで生まれている。非日常性を標榜する日常空間の在り方とは、どのような意味を持つのだろうか。（髙﨑）

世界の遊園地
歴史は、17世紀欧州のプレジャーガーデンに始まる。林地、花壇、散策路、ボウリングやテニス等の遊戯施設、飲食スタンド等があった。これは王侯貴族の庭園での遊興が大衆化したもので、チボリ公園（デンマーク、1843）もこのタイプである。その後、遊戯機械の時代となり、コースターやメリーゴーラウンドを生み、アメリカで観覧車がつくられる。物語を持った非日常空間としてつくられたのが「ルナパーク」（アメリカ、1903）で、今日のテーマパークの方法論が生まれた（『日本の遊園地』橋爪紳也より）。

花屋敷（1853）
植木屋の森田六三郎が浅草につくった庭園。

豊島園（1926-2020）
普請好き、庭好きの藤田好三郎が創設した。

催事と追憶

全国都市緑化フェアと造園

●全国都市緑化フェア　全国都市緑化フェアは、国民一人一人が緑の大切さを認識するとともに、緑を守り、愉しめる知識を深め、緑がもたらす快適で豊かな暮らしがあるまちづくりを進めるための普及啓発事業として、「緑ゆたかな街づくり～窓辺に花を・くらしに緑を・街に緑を・あしたの緑をいまつくろう～」をテーマに、国土交通省の提唱により地方公共団体と（公財）都市緑化機構との主催で、昭和 58（1983）年から毎年、全国各地で開催されている花と緑の祭典である（①）。

都市緑化機構
緑をつくり、守り、育てる活動に携わる市民、事業者、公共団体等によるさまざまな取組みを支援するとともに、都市の緑に関する調査研究、情報提供、普及啓発などを通して、緑豊かなまちづくりに貢献する組織。2010（平成 22）年度まで全国都市緑化フェアを主催していた（財）都市緑化基金と（財）都市緑化技術開発機構が 2011（平成 23）年に合併し、2013（平成 25）年 4 月 1 日をもって公益財団法人に移行した。

①　全国都市緑化東京フェア（東京都）

●開催時期、会場　全国都市緑化フェアは、原則として毎年度開催し、開催時期はおおむね都市緑化月間の期間（秋季）となっている。ただし、春の都市緑化推進運動期間や地域の自然条件等を考慮し、適当と認められる時期に開催することもできる。開催期間は、1 カ月以上とされている。

●統一主題と基本方針　全国都市緑化フェアの統一主題は「全国都市緑化フェア実施要綱」で次のように定められており、各主催者は、この事項を勘案して基本方針を定める。

1　都市の緑と人間のコミュニケーションを謳いあげる。
2　子供達を中心に緑や自然に対する理解を深めるための環境教育の場とする。
3　市民の自発的な参加を促し、緑化活動の醸成、発展への原動力を与える。
4　緑豊かな街づくりのために、ひとりひとりが身近に花と緑をふやす契機をつくりだす。

5　緑の場の活用について、各種技術や材料の普及とこれらの新たな技術の開発等を促す。

関連するイベント、国際園芸博覧会
国際園芸博覧会は、国際レベルで園芸生産者の共通の利益を図るために開かれる博覧会。1948（昭和23）年、ヨーロッパの商用園芸家たちは国際園芸家協会（AIPH）を設立し、初めての国際博覧会を1960（昭和35）年オランダで開催した。以後、ヨーロッパ各地で定期的に開催されている。日本では1990（平成2）年の「花と緑の博覧会」（大阪）、2000（平成12）年「淡路花博」（兵庫県）、2004（平成16）年「浜名湖花博」（静岡県）が開催された。

●実際はどんなイベント？　会場は、主催者によってつくられるテーマ花壇や庭園などの「展示」と「参加者出展」などによって構成される。参加者出展とは、花と緑を楽しむ一般の人々から、学校、地方公共団体、花と緑に関わる企業に至るまで幅広い人々の参加によってつくられる花壇や庭園などを指し、全国都市緑化フェアの核となる修景物である。これらの「参加者出展」はコンテストが行われることが多く、参加者にとってさらなる技術の向上を目指すためのきっかけとなっている。全国都市緑化フェアではこれらの花壇や庭園などに加えて、花と緑に関わる行催事が行われ、都市緑化に関するシンポジウムなどのフォーマルなものから、花と緑の講座や、ガーデニング体験教室などの参加・体験学習型のものまでさまざまな行催事が行われ、新しい交流をつくり出している（②③）。

●会場計画　会場は、来場者が花と緑に対する関心を高めると同時に、「花や緑」に対する知識や技術を、楽しみながら学ぶことができる場として計画されている。また、参加する出展者にとっても出展するメリットが得られる会場計画となっている。会場には、多種多様な庭園や花壇、休憩施設や広場などが配置され、それらをトータルで美しいランドスケープとするための工夫がされており、それが会場の個性をつくり出している。

花と緑の博覧会

②　主催者による展示（都市緑化宮崎フェア、英国式庭園）

③　小学生、中学生による出展（都市緑化宮崎フェア）

浜名湖花博

●永続性をもたせる　全国都市緑化フェアを一過性のイベントではなく、より良い都市緑化に向けての持続的な活動にしていくためには、計画プロセス時に生み出される人的ネットワーク、ソフト資産が、開催地に残っていく仕組みづくりやキーマンになる人たちを巻き込んでおくことが重要である。また、行政は公園緑地に関する部署だけで活動するのではなく、横断的な取組み体制でその活動をバックアップすることが重要である。（加藤）

催事と追憶

斎場と墓地

●造園が取り組めるジャンル　人生最期の儀式の場である斎場と、生命を全うした人が永遠に眠る場所である墓地は、あらゆる人にとって大切な空間である。

●斎場　斎場の造園は入口周辺、建物までのアプローチ、庭園、周囲の屋外環境などが対象となる。葬祭場の建築構成は、告別・火葬・収骨を行う火葬ゾーン、火葬中の時間を過ごす待合ゾーン、通夜・告別式を行う斎場ゾーンに大別される。これらの施設を取り巻く造園空間として、庭園と外周環境の緑地がある。どちらも見送る人、見送られる人にとって、美しくやすらぎを得られる場であってほしい。キーワードとしては永遠性・結界・厳粛・静謐・荘厳・上昇感・透明感・輪廻・別れ・旅立ちなどが用いられる。従来の寺院に併設される斎場や民間の斎場もあるが、大規模な施設としては火葬場と斎場・待合施設を備えた公共の葬祭場が増えている。公共施設の場合は、仏教だけでなく、あらゆる宗教を受容する抽象性が要求される。

入口の景観、アプローチの景観、環境緑地および庭園のコンセプトは立地条件にも左右されるが、既存および周辺の自然を生かしたもの、庭園としてつくり込んだもの、抽象性を特徴とする彫刻型などがある。

火葬・待合・斎場の三棟形式をとる施設の場合、棟間に庭園が設けられる。特に待合の約１時間を過ごす間に眺めたり、散策して接する庭園または自然空間の存在意義は大きい。造園要素として、光・水・植物は重要で、通夜から告別式までの、すなわち夜景から昼景への移行の中での光の計画や、植物による四季の変化といった時間の計画が要求される。水の音も人々の気持ちを落ち着かせるのに効果的である（①②）。

①　風の丘葬祭場（大分県）

②　うしくあみ斎場「日・月の庭」（茨城県）

●墓地 火葬は、仏教の葬法として、また衛生面からも、火葬場の公営化とともに普及している。近年、散骨葬の考えも一部の人々の支持を得てきているが、墓地は亡き家族や先祖を思いやる大切な場である。植物などで構成される自然風景の中で、癒される場としての墓地は、造園の扱うべき空間の一つである。

従来の寺院墓地は、墓石の立ち並ぶ中にわずかの樹木が見られる程度の均質な殺風景な空間であり、樹木が大きくなると暗い空間となる。そんな空間に対し、西欧諸国での明るい墓地に倣ってつくられたのが1923（大正12）年に開設した東京都（市）の多磨霊園であり、公園式墓地と呼ばれるものであった。

また民間の霊園開発も盛んであり、区画面積の狭小化と、ガーデニングブームの影響のもとに草花を植え込み、彩りも豊かな「ガーデン墓地」が近年増加の傾向にある。

●合葬式墓地 寺院墓地を支えてきた家制度の変質や、用地難と建設費の高額化という社会の変化に対応して、墓地の在り方も変化している。後継者がいなくても購入できる永代供養墓は、また低額で権利を得られる合葬式墓地の形態もとる。公共・民間ともにこの動きは今後加速すると考えられ、従来の寺院墓地の制度も変革を余儀なくされるだろう。近年注目されている樹木葬や散骨の普及、コロナ禍のもとでの直葬・個葬などをふまえた、新しい墓地の在り方も議論されるべきであろう（③④）。（髙﨑）

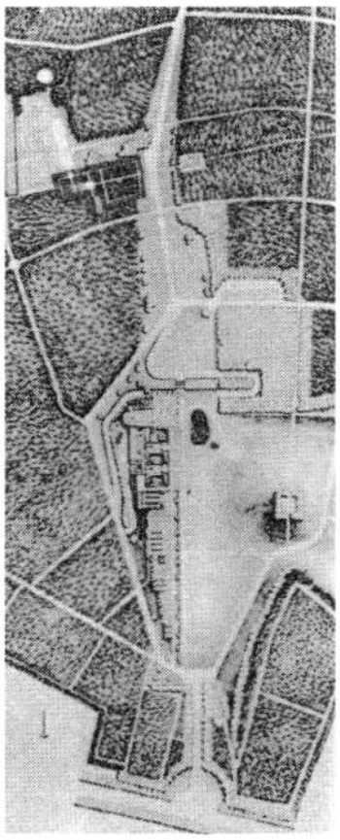

ストックホルムの森林墓地平面図
キリスト教文化では基本的に土葬であったが、イギリスを先頭に火葬運動が進み、世界に普及した。ストックホルムの森林墓地には散骨の丘がある。

③ 多磨霊園合葬式墓地（東京都）

④ ストックホルムの森林墓地。右が散骨の丘、左手に見えるのが火葬場。建築家アスプルンドによるこの「森の火葬場」は、建築界および造園界に多大な影響を与えた傑作である。

集合住宅造園

集合住宅の造園

集合住宅
日本近代の集合住宅は、同潤会アパートなどが開発された大正時代に始まるが、開発が活発化したのは日本の住宅公団の設立（1955）からである。当初は公団や公社などの公的供給主体が中心となって開発が進み、昭和40年代以降は民間の住宅供給も活発化した。

●集合住宅の造園 集合住宅にはタウンハウス・中層住宅・高層住宅・超高層住宅などさまざまなタイプがあるが、これらに共通することは、複数の人々や家族が生活する場ということである。集合住宅の造園で扱う緑を中心とした屋外空間の多くは、それらの人々の共用空間であり、集合住宅の中で営まれる多様な生活行為の受け皿として計画されている。また、その空間は社会の変化やライフスタイルの変化に対応し、時代とともに変遷してきている（①）。

中層住宅

タウンハウス

高層住宅

超高層住宅

① 集合住宅造園の屋外空間

屋外空間は、さまざまな生活行為の受け皿としての機能を満たしながら、生活をより豊かなものにするために、自然が感じられ、花や緑、生き物など、季節感が楽しめる空間であることも求められる。こういった、屋外に求められる多くの要素がばらばらにではなく、トータルなランドスケープとして計画・デザインされていることが快適で便利な空間になるために必要となる。また、生態的豊かさや、水循環などへの配慮・微気象を和らげる緑化などの環境計画的視点も強く求められており、地域の中での貴重な緑の空間として重要となっている。

●屋外空間を構成する要素と名称 （1）街区回り：敷地外周部や集合住宅のエントランスなどを指す。団地の外周景観を形成する部分であると同時に、地域にとっても重要な街並み景観形成要素である。

(2) 住棟回り：住棟エントランス・ホール・ピロティ・専用庭などを指す。エントランス回りは毎日利用される空間であり、コミュニティの空間としても重要である。ここは、建築との関係が最も密接な場所であり、建築と造園とのきめ細かい調整が必要となる。また、テラスやバルコニーからの景観要素としての緑や、生垣や樹木によるプライバシー確保などの機能も求められる。

(3) 道：歩行者路・車道・緊急車路などを指す。通行の場としてだけではなく子供の遊び場、コミュニケーションの場、憩いの場とさまざまな生活行為が展開される場としても計画される空間である。

(4) 庭・広場：共用庭・プレイロット・グランド・分区園などを指す。共用庭とは別の専用庭に対して、居住者たちが共用する屋外空間を指し、コモンスペースとも呼ばれる。この空間が個人邸の造園と集合住宅の造園との最も大きな違いで、居住者たちの日常的な屋外生活の場であったり、貴重な緑の空間などに利用される集合住宅ならではの空間である。これらは、集合住宅での屋外生活の豊かさの鍵となる空間であり、子供が安心して遊べるスペースを確保することや、安全で快適な憩いの場であることが求められる。

(5) 駐車場・駐輪場・ゴミ置き場：屋外でかなりの面積を占める。景観的にも無機的でハードなイメージになりやすいものが多く、集合住宅の屋外景観の良否を握っているといってもよい。利便性を確保しながら、景観的にも優れた屋外空間であることが求められる（②）。（加藤）

街区回り

住棟回り

庭・広場

駐車場回り

② 緑の空間をつくる屋外

集合住宅造園

ニュータウンと造園

ニュータウン
日本で大規模な住宅開発の呼称として使われている。「ニュータウン」という言葉は、本来はイギリスの「ニュータウン法」による住宅地と就業地が一体となってつくられる新都市を意味する言葉である。

●ニュータウン 日本でのニュータウン開発は、昭和 30 年代、都市部の深刻な住宅難の解消と、都市周辺部の乱開発を防止し、居住環境の良い宅地や住宅を大量に供給することを目的としてスタートしており、千里ニュータウン（大阪府）より開発の歴史が始まる。

ニュータウンづくりの最も大きな契機となったのは、1955（昭和 30）年の日本住宅公団の発足である。この公団が主体となって、多摩ニュータウン（東京都)、港北ニュータウン（神奈川県)、筑波研究学園都市（茨城県）などの大規模なニュータウンが次々と開発された。さらに、昭和 50 年代になると、ニュータウン開発も量より質が求められ、総合的な居住環境づくりの時代に変化していき、ランドスケープの技術の重要性も増していった。

ニュータウンの緑地空間は、公園・緑地・団地のオープンスペースなどの拠点的なオープンスペースと、これらをつなぐ役割を持つ歩行者専用道路・緑道・並木道などの線的な要素、緑の多い住宅地などの面的な広がりを持った地区で構成される。こういった空間を計画するためには、周辺の土地利用との関係性や、広い範囲での緑の連携などの視点を持ってランドスケープを考えることが必要となり、日本のランドスケープの技術が発展するきっかけとなった。

●多摩ニュータウンのオープンスペース計画の変遷 多摩ニュータウンは、年次を追って事業化されてきた B1 地区～ B6 地区までの六つの地区から成っている。それぞれの地区は、開発された時代背景や、屋外空間に対する要請や課題を受け、いろいろな試みがなされてきた。多摩ニュータウンのランドスケープ計画を辿ることは、日本におけるニュータウン開発でのランドスケープ計画の歴史と変遷を辿ることにほかならないのである（①)。

近隣住区論
近隣住区理論は 1920 年代に C.A. ペリー（アメリカ）によって体系化された都市計画理論である。近隣住区とは都市を構成する一つの計画単位（unit）で、1 小学校区を単位として、歩車道分離、公園緑地を確保し、商業施設を配置したものである。この近隣住区理論は、日本でも郊外住宅地の開発に次々と適用された。

(1）B1 地区：近隣住区理論に基づいて公園緑地の段階的配置がなされ、地区レベル、地域レベルでの計画意図はまだ見られなかった。

(2）B2 地区：近隣住区理論に基づいて、段階的に配置された公園緑地と各種住区施設相互を歩行者専用道路のネットワークによって組織化する手法がとられていた。

(3）B3 地区：これまでの、板状の住棟がすべて同じ向きに、同じ間隔で規則的に並んでいる画一的なニュータウンの景観から脱却し、大きく変化した地区である。地区全体の骨格の構造をつくる「基幹空間」が公園緑地系統を軸としたいろいろなオープンスペースの集約とネットワーク化によ

基幹空間
B3 地区では地区の基本的な構造の骨格となる大空間のことを「基幹空間」と称している。

B3 地区。ストリートファニチュアの一例、水飲み場。

ってつくられている。この「基幹空間」は地域レベルの視点でも考えられており、多摩川などの広域でのオープンスペースの一環としても位置付けられている。また、この地区は「エレメントデザインの充実」という、ストリートファニチュアなどの質を向上することによって街の空間を豊かにしたり、個性を持たせたりする試みも行われている。

（4）B4 地区：多摩丘陵の持つ自然環境の構造とそれを支える土地条件の保全を行った地区。具体的には、谷戸の最奥部に位置する長池周辺の都市公園として担保するとともに、水系を利用した水の流れを谷戸沿いのペデストリアンデッキ（歩行者専用道路）と一体的につくり（せせらぎ緑道）、土地の記憶を残している。

（5）B6 地区：構想段階から稲城市の街づくりの一環として地域環境の保全に貢献する計画が要請され、地域とニュータウンという異なる空間をランドスケープ計画によって結び付ける試みがなされた。地区の北側に連続する緑地の保全と、三つの住区を分ける位置に公園緑地を配置し、「緑の環」というネットワークをつくり出している。（加藤）

B1 地区。規則的に並ぶ住棟

B3 地区。「基幹空間」航空写真

B4 地区。せせらぎ緑道

B6 地区。地域環境の保全が行われている城山公園

① 多摩ニュータウン（東京都）

集合住宅造園

建替え団地と造園計画

建替え団地
現在、昭和30年代初頭に開発された団地を中心として、時代や環境の変化による居住性の低下に伴う建替え事業があちこちで進められている。今後このような建替え事業は増加することが予想される。

●建替え団地と造園計画　集合住宅を建替えるということは、今まであった建物をすべて取り壊すということである。しかし、それと同時に、それまでに築き上げてきた団地でのさまざまな生活や思い出も消えてなくなってしまってよいのだろうか。

緑を中心とした屋外空間をうまく計画することによって、それらの資産を受け継ぐことが可能になる。毎年、家族や団地の仲間とお花見をした桜並木、子供の成長と同じようにぐんぐん大木になったケヤキ、それらの樹木たちは団地生活の記憶をとどめてきた装置であると言ってもよい。また、長い歴史を経た団地の緑は、地域の中でも非常に貴重な緑になっていることも多いものだ。

団地の建替え時の造園計画では、それらの貴重な緑や住民同士の深いつながりなどの資産を最大限に生かしながら、今の時代にふさわしい、より豊かで新しい生活空間を創出していくことが重要である（①②）。

①　保存された桜並木

②　保存された大木

●緑をどう継承するか　団地内にある貴重な緑については、その評価、解析を行った上で残し方、活用方法を考える必要がある。例えば、シンボルツリーのような「点」としての価値のある木なのか、林を構成している「面」としての価値ある木なのか、並木や生垣のように「線」として価値のある木なのかというような解析や、樹木の状態などを判断した上で残し方が決められることが望ましい（③④⑤）。また、建築計画上どうしても残せない場合は、樹木の状態が良く、移植可能な樹木であれば、移植して樹木

③　点の緑

④　線の緑

⑤　面の緑

を残すことを考えるべきである。

●新しいライフスタイルへの対応　団地での生活は時代とともに変遷しており、建替えに際しては、新しいライフスタイルに対応した空間が用意されるべきだろう。その場合も、既存の樹木が最大限活用されることが重要である。また、災害に強いオープンスペース計画や、バリアフリーや防犯性への配慮が行き届いた屋内外の整備計画なども、建替えの際の重要な視点となる。

●環境に配慮した屋外空間　古い団地の場合、緑資産が豊かで、地域の中で重要なエコロジカルネットワークの核（拠点）になっていることが多く、こういった生き物環境にも配慮しながら計画が進められることが重要である。

●リサイクル　建替え時に発生する廃棄物のリサイクル材料の積極的な利用は重要である（⑥⑦）。やむなく伐採された樹木をファニチュアや遊具にするなどの有効活用方法もある。また、雨水浸透式の舗装を用い、降った雨を地面に戻す試みや、雨水をためて再利用したりするような水の循環も考えるべきである。

⑥　ほかの場所へ移植される樹木

⑦　素材感を生かし、ベンチや遊具にリサイクルされる樹木

●構造物の緑化　建替えによって団地内の緑は減ってしまうことも多い。緑を増やすには屋上緑化や壁面緑化などの特殊緑化技術を用い、建築物・土木構造物を緑化することも重要な取組みとなる。（加藤）

集合住宅造園

子供の遊び場

プレイロット
団地やマンションの砂場やブランコ、滑り台などの遊具を設けた簡単な遊び場のこと。

●集合住宅の遊び場 集合住宅の屋外空間には、プレイロットなどの子供が安全に遊ぶための空間が設けられており、子供たちや母親たちの最も身近なコミュニケーションの場として機能している。ここでは、主に子供の遊び場について見ていく。

居住者に対して駐車場の整備率が低かった時代の団地では、子供の遊び場もゆとりをもって計画されていた。しかしながら最近では駐車場の整備率が上がっていくとともに屋外空間に余裕がなくなってきており、子供が思いっきり遊べる大きな広場なども設けにくくなってきている。また、広場やプレイロットの設置場所も、本来は望ましい場所ではないところへ追いやられることも少なくない。

① 広場の中に設けられたプレイロット

こういった状況の中で、集合住宅の安全で快適な遊び場は、居住者の構成、周辺状況など集合住宅それぞれの特性に応じて必要な遊びの空間が検討され、適切な場所に配置されていることが重要である。また、敷地内の通路空間もかつての路地のように「子供たちの遊び空間」の一つであると言える（①②）。

② 住棟南面に設けられたプレイロット

子供が自分に合ったものを選べるように3種類の座面があるブランコ。身体を支える力が弱い子供でも背もたれ付きの座面に座ることで揺れを楽しむことができる。
出典：（公財）東京都公園協会

●遊び場と対象となる子供 子供の遊びといっても、対象となる子供によって求められる空間、遊具などが大きく変わる。そのため、遊びの空間は対象となる子供の層を明らかにして計画されていることが望ましい。それに加えて、障がいがある子も、ない子も一緒になって遊ぶことができる「インクルーシブ遊具」等の設置も検討すべきである。

小学生の中・高学年やさらに上の層は、子供たちの行動範囲との関係で、街区公園や近隣公園など集合住宅の外にある遊び場との連携や機能分担が重要になる。その上で集合住宅内に遊び場を設置するかどうか、また、整備する空間、遊具の種類を検討する必要がある。

●プレイロットに求められる環境　プレイロットは、子供たちのみならず母親たちの重要な社交空間になっている。そのためには、ただ単に遊具が設置されているのではなく、夏場や冬場の快適性、周辺との関係を含めた安全性、日常的に利用しやすい適切な位置なども十分検討されていることが求められる。

特に遊び場を設ける場合、考えなければいけないことは、夏場での快適な遊び環境づくりである。日陰のない空間で長時間子供を遊ばせることは、熱中症など子供の身体にとって危険な状況を招きかねないし、母親も長時間、日陰のない屋外で子供と付き合うことによって肉体的にも精神的にも消耗する。こういった状況を改善する最も効果的な方策は、樹木による木陰を遊具や、休憩スペース部分につくるように計画することである。1本の大木が夏には涼しく、冬は暖かい遊びの環境として理想的な空間を生み出してくれる（③④）。

③　木陰のある快適な遊び場

④　木陰のない遊び場

●設置計画と安全性　集合住宅内にプレイロットを設置する場合は、安全性・快適性・利便性の確保に加え、防犯の視点での検討が今後重要になってくるだろう。実際、住宅の陰になる妻側や北側などの居住者の目が注がれにくい「死角になる場所」にあるプレイロットは、子供たちが犯罪の危険に遭遇することが多いことが報告されている。集合住宅の中で子供たちを犯罪から守るのに最も効果があるのは、プレイロットが常に人の目に触れる場に設置されていることであり、住民の目、良好なコミュニティは犯罪を防ぐ大きな力となる。（加藤）

道路植栽の種類

●道路植栽の種類 道路にはさまざまな種類があるので、道路植栽の種類もまた多様である。

（1）自動車専用道路や幹線道路の道路植栽

ドライバーの視線を誘導するための列植。道路から生じる排気ガスや騒音などが外部へ波及することを緩和する植樹帯。道路の人工的な雰囲気を和らげる修景植栽などもある。

（2）市街地の一般道路の道路植栽

良好な市街地の景観形成に貢献し、歩行者に緑陰を提供し、ヒートアイランド現象などの緩和に貢献し、都市の個性を演出する街路樹。道路へ歩行者が入らないようにする列植などもある。

（3）歩行者系道路の道路植栽

歩行者専用道路や緑道、ショッピングモール、歩車共存道路、サイクリングロードなどにおいて、快適で魅力的な歩行空間を演出するさまざまな植栽がある。

●道路植栽にはどんな機能があるか 道路植栽の機能は、極めて多様なものではあるが、次のように整理するのが一般的である。

（1）景観向上機能：道路に植栽された植物が、景観形成上、効果的な成果を引き出す機能である。

・装飾機能：植物のビジュアリティを活用し、景観を装飾的に演出できる。

・遮蔽機能：景観的に好ましくないものを、植物を活用して見えにくくすることができる。

・景観統合機能：街路樹に代表される機能で、雑然とした景観を樹木等によって整理することができる。

・景観調和機能：人工物である道路と周囲の自然風景のつなぎ役として植物を活用する。

（2）生活環境保全機能：道路から生じる生活環境への好ましくない影響を植物が緩和する機能である。

・交通騒音低減機能：植物には騒音を低減する機能がある。

・大気浄化機能：植物には大気中の二酸化炭素や二酸化窒素、粉塵などを吸収、定着する機能がある。

（3）緑陰形成機能：微気象緩和機能として捉えてもよい。樹木が日陰をつくり、歩行者への直射日光を緩和するほか、路面の温度上昇を抑える機能がある。また、植物の蒸散作用によって周囲の気温を下げる機能がある。さらに、風を和らげるほか、冬季の夜間には、放射冷却現象による気温の

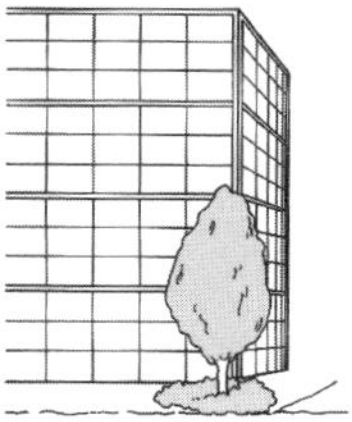

装飾機能

景観調和機能

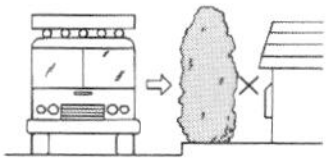

遮蔽機能

① 道路植栽の機能

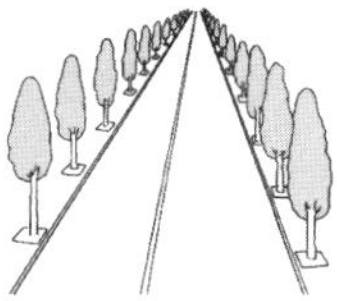

景観統合機能

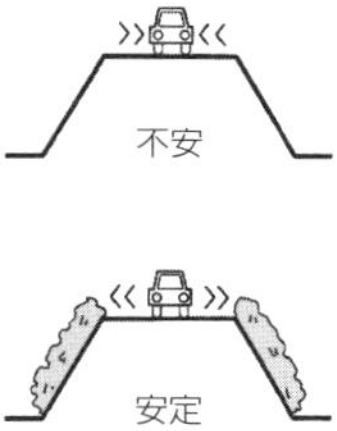

視線誘導機能

視線誘導機能

低下や、降霜を防ぐ機能もある。

(4) 交通安全機能：植物が道路で発揮する交通安全に貢献する機能である。

・遮光機能：対向車のライトを、中央分離帯などの道路植栽により遮る。道路周辺の民家や家畜へのライトの影響を緩和する場合もある。

・視線誘導機能：道路の線形が複雑な場合、降雪時などに道路の線形に沿って規則的に植栽された樹木が道路の方向を示す機能。また、盛土構造の道路では転落への心理的な恐怖が伴うことがあるが、左右の植栽が壁になることで、これを緩和することもできる。

・交通分離機能：植樹帯などが、歩行者と車道、あるいは車道同士を分離して、立ち入ることを防止する機能。

・指標機能：ランドマーク機能として捉えてもよい。独立木などが道路利用者に場所を認知させる機能。

・衝撃緩和機能：樹木などが、車の道路外への逸脱を防止するとともに、衝突の衝撃を緩和する機能。

(5) 自然環境保全機能：道路建設に伴う地形改変や排気ガスなどによる沿道の自然環境への好ましくない影響を、道路に植栽された植物が緩和する機能。また、道路の法面などにおいて、土壌侵食を防止し植生の回復を図る機能もある。

(6) 防災機能：道路に植栽された植物の防風効果で風の勢いを弱めることによって、飛砂防止や吹雪防止などの機能のほか、火災延焼防止機能がある。(竹田)

道路緑化

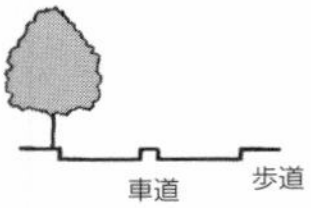

歩車道境界

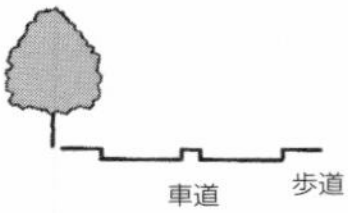

歩（車）道外側

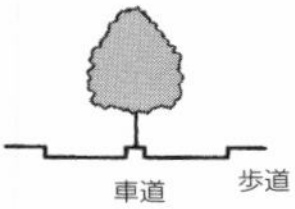

分離帯

一層（高木のみ）

二層（高木＋低木）

三層
（高木＋中木＋低木）

●道路の緑化部位　一般的な道路をモデルにした場合、その緑化スペースには、次の３種類がある。

（1）歩車道境界（片側／両側）：歩道と車道の境界部の歩道側を緑化スペースとする。片側のみの場合と両側に行う場合がある。植樹桝を設ける必要があるが、これには高木を１本植えるための単独桝と、複数の高木や中低木を連続して植える連続桝がある。多数の樹木や草本類などを植える植樹帯とする場合もある。

（2）歩（車）道外側（片側／両側）：歩道の外側を緑化スペースとする。歩道がない道路では車道外側となる。片側のみの場合と両側に行う場合がある。上記と同様、単独桝や連続桝を設けることもあるが、植樹帯とすることが多い。法面や環境施設帯となる場合もある。

（3）分離帯：車道内部の分離帯を緑化スペースとする。連続桝か植樹帯を設ける。環境施設帯とする場合もある。

　実際には、上記３種類の緑化部位を組み合わせる場合も多い。歩車道境界（両側）＋歩道外側（両側）＋分離帯として、緑量感豊かな道路緑化を行う事例もある。

　このほかに、交通島や交差点角地が緑化スペースとなることがある。

●配植の構造　道路緑化の配植の基本構造には、次の４種類がある。

（1）一層：高木・中木・低木のいずれか一つを植栽する。

（2）二層：高木・中木・低木のうち２種類を組み合わせて植栽する。

（3）三層：高木・中木・低木の３種類を組み合わせて植栽する。

（4）植樹帯：高木・中木・低木を複合的に組み合わせて植栽する。

●緑化部位ならびに配植構造の選択の考え方　緑化部位ならびに配植構造を選択する場合、次の要因について検討すべきである。

（1）道路の性質：自動車専用道路、幹線道路、バイパス、街路といった道路の基本的な性質。

（2）道路周辺の土地利用状況：商業・業務地域、工業地域、住宅地域、田園地域、ロードサイドショップ立地地域といった道路周辺の土地利用状況。

（3）道路構造：平面・高架・切土・盛土といった道路の基本形態ならびに道路幅員、歩道の有無等。

（4）道路隣接部の構造：建築限界線の位置、ロードサイドショップ等の出入口の状況等。

　なお、検討の視点は、景観・環境保全・防災の各観点を重視する。

●その他の緑化スペース 交通島と交差点角地について。

(1) 交通島：目立ちやすくさまざまな方向から見られる緑化スペースである。ランドマークやアイストップとなる植栽デザインに配慮する。

(2) 交差点角地：交差点角地は、歩行者が信号待ちで滞留する空間である。緑陰を確保するなど歩行者の視点からの検討を重視する。

●法面の緑化 自然環境が豊かな地域における道路法面（切土や盛土の傾斜面）の緑化は特に重要であり、次の点に配慮する。

(1) 表土の復元など法面の自然回復に努める。

(2) 安易な外来種の使用を避けるなど、沿道の植生との調和を図る。近年、道路法面への植栽が遺伝子撹乱の観点から問題視されることがある。

(3) 沿道の植生との視覚的、生態的な連続性を重視する。具体的には法肩部のラウンディング部分へのマント植栽などを行う（①）。

(4) 既存樹木を積極的に残し利用する。

都市部における道路法面の緑化では、低木類の植栽が景観的な視点から有効になる場合がある。特に歩道が設けられている場合は、花の咲く低木類がよい。法面の勾配が急峻な場合、緑化用擁壁ブロックの利用やツル植物による擁壁の緑化が有効である。法面が大きい場合、法尻のみの植栽も効果的である。

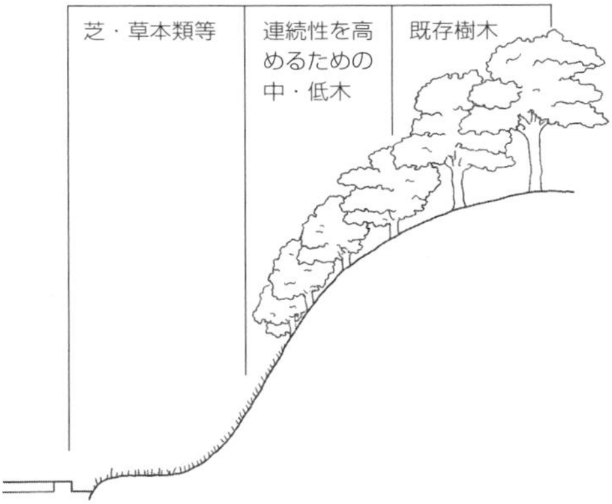

① 法肩部のマント植栽

●環境施設帯の緑化 環境施設帯は、道路から生じる騒音・粉塵・排気ガス・振動などの環境負荷を緩和し、道路に隣接する地域の環境保全を図ることを目的とする。道路内の歩道の環境保全を図る場合もある。したがって、環境施設帯の植栽は、通年をとおして緑量が必要であり、常緑高木を主体とすることが望ましい。また、高木だけでなく中低木も用いて密植する必要がある。植栽スペースへの盛土も効果的である。景観的観点からは、車道本線部や遮音壁などの構造物を視覚的に遮蔽する機能がある。別の場所から道路を見た場合や歩道利用者の視点から見た場合のこともふまえ、必要に応じて植栽デザインに配慮することも大切である。（竹田）

緑被率に貢献する街路樹
1961（昭和 36）年に植栽されたケヤキ。国道 20 号線（東京都）。

分離帯への高木植栽
分離帯は建築限界の影響を受けにくく、高木植栽が効果的。国道 15 号線（神奈川県）。

住宅地の幹線道路
生長した街路樹により、地域のシンボルになっている（神奈川県）。

ニュータウンの広幅員道路
広幅員の道路では、道路植栽は多様な演出が可能になる（千葉県）。

高速道路とエコロード

●エコロード エコロードとは、生き物や自然環境を大切にした道づくりのことを指した言葉であり、和製英語である。道路の建設は生態系に対して直接的、あるいは間接的にさまざまな影響を与える。例えば、道路建設による土地の改変で、動植物の生育・生息空間がなくなったり、道路周辺の環境が変化することによって植物が枯れたり、消失したりするなどの影響が出る。動物の場合は、餌場や繁殖地への移動ルートが道路によって分断されることなどがあり、このことが原因となって発生する野生動物のロード・キルは年間２万件以上になるといわれている。このような道路建設による生態系に与えるダメージを少しでも緩和し、生き物との共存を目指そうとしている道路づくりがエコロードである。エコロードの整備に際しては、自然環境の現状を正しく捉えた上で、生態系への配慮、自然環境の向上、長期的なものの考え方、地域とのパートナーシップといった視点を持って計画・維持管理していくことが重要である。

ロード・キル
動物が餌場や繁殖地へ移動する際、道路を横断することによって起こる事故死のこと。

エコロードのタイプには次のようなものがある。

●保護・保全型エコロード 道路を建設する際に、周辺の動植物や生態系に対する影響をできる限り少なくするタイプ。保護、保全すべき対象となる生き物や生態系のある箇所を、路線を迂回させたり（回避）、トンネル、橋梁構造を採用することによって避けたりし、影響の回避や、最小限化を図る（低減）。それらによる十分な対応ができない場合に代償を検討する（①）。

●創出型エコロード 道路の法面や環境施設帯、サービス施設等の道路用地を活用して、動植物の生息環境を新たにつくっていくタイプ。地域の自然環境の向上や、生き物とのふれあい空間づくりを目的とする。

実際のエコロードはこれら二つのタイプを計画地の状況に応じて複合的に組み合わせながら展開していくことが多いが、その場合には、いまある生態系に対する影響をできる限り少なくする保護・保全型の考え方を優先することが重要である。（加藤）

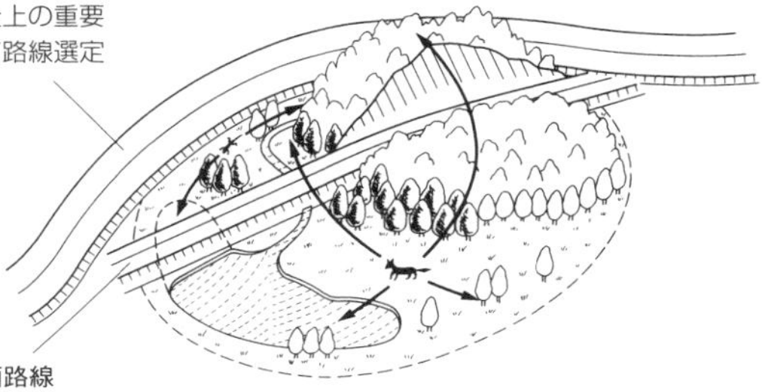
回避した路線
自然環境の保全上の重要な部分を避けて路線選定を行う。
当初の計画路線

回避

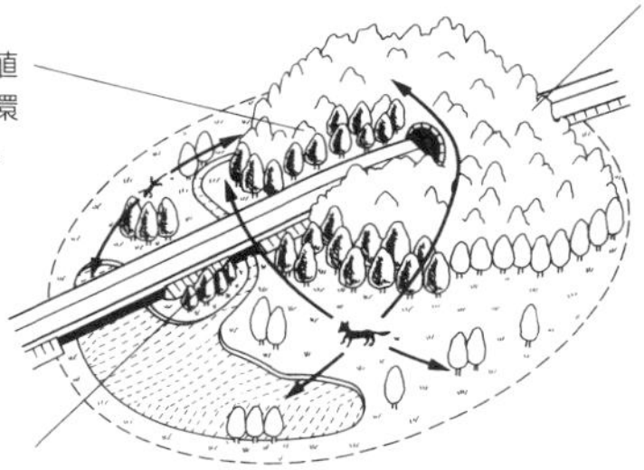
法面の樹林化
法面に表土の復元や植栽を行うことで自然環境を修復・再生する。
構造物による改変面積や規模の最小化
生物の生育・生息空間や移動経路にトンネルや橋梁構造を採用し、影響を低減する。
動物の移動経路の確保
動物の移動経路が多い尾根や谷（沢）に横断構造物を設置し、分断による影響を最小限に抑える。

低減

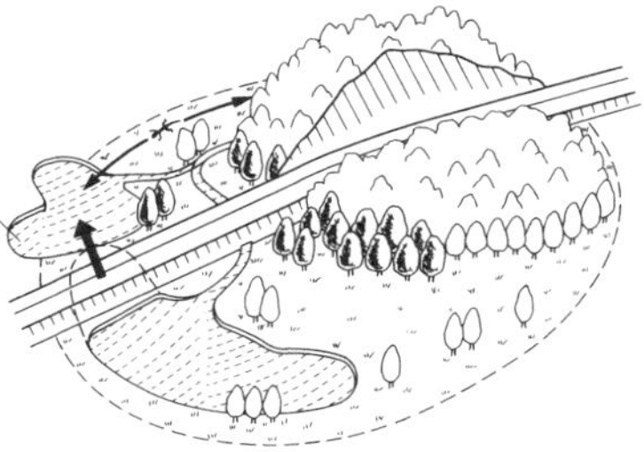
代替産卵池の整備
繁殖場所が限られるカエル類やサンショウウオ類などの産卵池が消失する場合には、代替池を設ける。

代償

① 生態系を保全するエコロード

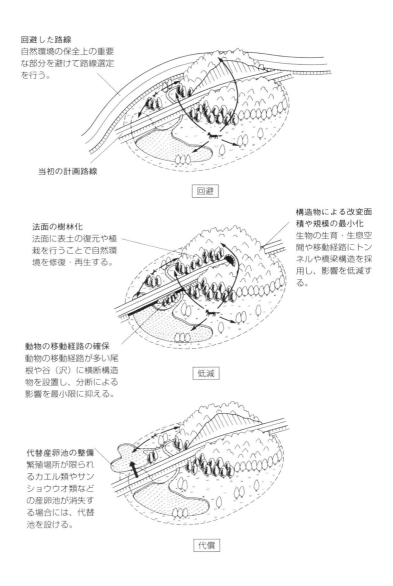

道の造園

街道並木と街路樹

●並木と街路樹　日本では、一般に並木と街路樹が混同されることが多いが、欧米では通常、市街地の並木すなわち街路樹と、地方へ向かう街道の並木が区別されている。

並木や街路樹に関する万葉集の和歌
「たちばなの蔭ふむ路の八衢に物をぞおもふ妹にあはずして」（三方沙弥：万葉集巻二）「ひむがしの市のうえ木のこたるまであはずて久しみうべ恋ひにけり」（門部王：万葉集巻三）「春の日に張れる柳を取り持ちて見ればみやこの大路おもほゆ」
（大伴家持：万葉集巻一九）

●街道並木と街路樹の歴史　諸説があるが、世界で最も古い街道並木は、約 3,000 年前にヒマラヤ山麓につくられたグランド・トランクであろうといわれている。インドのカルカッタからアフガニスタンの国境にかけての街道であり、一部は舗石を敷き詰め、中央と左右の 3 列の並木が存在したという。中国では約 2,500 年前の周の時代にすでに壮大な街道並木や街路樹がつくられていた。

日本の街道並木、街路樹の起源も古く、『日本書紀』によると 6 世紀後半、難波の街道にクワが植えられたとある。8 世紀前半には、平城京にタチバナとヤナギが植えられている。759 年には、中国の制度を模倣し、太政官符で街路樹を植栽することが決められた。これが、行政的な制度による日本最初の街路樹になる。8 世紀末には平安京にヤナギとエンジュが植えられ、果樹の街道並木が植えられた。鎌倉時代にはサクラ・ウメ・スギ・ヤナギ等が用いられた。江戸時代になると各地にマツ・スギ・ケヤキ等が植えられ、一部は今日に継承される。

1867（慶応 3）年には、近代的な最初の街路樹として横浜の馬車通りにヤナギとマツが植えられた。東京の銀座通りにヤナギが植えられたのは 1884（明治 17）年である。1920（大正 9）年には、道路法が制定され、並木や街路樹が道路付属物として位置付けられる。1922（大正 11）年には、「道路維持修繕令」によって、並木や街路樹の保護・手入れがなされ、補植および伐採の禁止が決められた。関東大震災や第二次世界大戦によって、街路樹は大きな被害を被るが、戦災復興の中で整備された大通りには必ず街路樹が植えられた。1973（昭和 48）年には、第七次道路整備五箇年計画の主要課題として道路緑化が取り上げられる。こうして並木や街路樹は都市緑化の枠組みに取り込まれていく。

●権力の象徴から緑化の対象へ　前近代社会において、街道は国家の統治に不可欠なだけでなく統治者の権威や権力のシンボルであった。それゆえ、ほかの生活道と区別するために街道並木が植えられた。また、宮殿や競技場へのヴィスタを強調し、統治者の権威や権力の大きさを示すために街路樹が必要となった。これらの樹木は、果実を実らせ、旅人の食糧となったり、日射を遮ることを目的とした緑陰を形成して人々に休息の場を提供した。雪国では、道幅を示す働きもした。中国のように並木や街路樹に林業生産や、戦争など有事の際の木材資源としての役割を与えた国もあった。近代社会に入っても、全体主義的な政権下において、街道並木や街路樹は国家の威信を示す役割を果たしていた。

こうして現代社会において、街道並木や街路樹は、過去の歴史から離れ、都市緑化の枠組みに取り込まれるようになる。都市景観の修景、環境保全、防災などに関わるさまざまな機能が認識されるようになったのである。しかし本質的には、街道並木や街路樹はその基底に政治的な社会性を持つものであることを忘れてはならない。

●代表的な並木道

①

①表参道のケヤキ（東京都）

明治神宮の表参道に植えられたケヤキ並木は、現在では、最先端の情報発信とファッションの街として知られる神宮前のシンボルとして親しまれている。冬にはイルミネーションが取り付けられ、賑わいを増す。ケヤキ並木がなければ、神宮前は若者が集まる街にはならなかったのではなかろうか。初代のケヤキは、明治神宮ができた翌年 1921（大正 10）年に植えられた。しかし、太平洋戦争末期の 1945（昭和 20）年にアメリカ軍による空襲でその大半が焼失し、ほとんどのケヤキが戦後に植え替えられた。

②

②外苑のイチョウ（東京都）

絵画館をアイストップ（視野の一部に人の注意を向ける操作）とする外苑のイチョウ並木は、整った樹形で知られている。すべての樹木が、1 本の樹木の種子から同時に育てられたものである。1908（明治 41）年に新宿御苑で銀杏の採取が行われ、1926（大正 15）年に現地に植えられた。長い時間をかけて整った美しい並木をつくったのである。

③

③国道 1 号線のクロマツ（神奈川県）

江戸幕府は東海道の整備を行い、これに合わせてクロマツを植えた。葛飾北斎の浮世絵にも描かれたその面影は、現在では道路の拡幅や路線変更などに伴いほとんど見られなくなったが、神奈川県大磯町の一角には若干の名残が見られる。東海道の名にふさわしい風景となっている。

④

④城崎のシダレヤナギ（兵庫県）

歴史ある温泉街として知られる城崎の中心市街地には、川に沿ってシダレヤナギが植えられている。温泉街の風情を演出するためになくてはならない存在だ。川とシダレヤナギの組合せは、しっとりと落ち着いた和風の都市景観を形成してくれる。

⑤

⑤国道 438 号線のワシントンヤシ（徳島県）

徳島駅前から眉山までの 620m、幅員 50m の道路にワシントンヤシが植えられている。南国情緒豊かな風情を醸し出し、樹高 16m に育ったワシントンヤシは、徳島のシンボルになった。電線類の地中化も行われている。1952（昭和 27）年の国体に合わせて植栽された。（竹田）

道の造園

人のための道

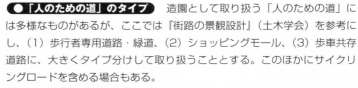

●「人のための道」のタイプ 造園として取り扱う「人のための道」には多様なものがあるが、ここでは『街路の景観設計』（土木学会）を参考にし、（1）歩行者専用道路・緑道、（2）ショッピングモール、（3）歩車共存道路に、大きくタイプ分けして取り扱うこととする。このほかにサイクリングロードを含める場合もある。

歩行者専用道路
神戸市西神ニュータウン。ニュータウンでは歩行者用の道路が計画的に整備される。

●歩行者専用道路・緑道 車道から独立した線的な歩行者空間には、歩行者専用道路と緑道がある。歩行者専用道路は道路法により規定されており、その構造は道路構造令に従わなければならない。一方、緑道は都市公園・緑地の一種として都市公園法の適用を受ける。いずれも車道から空間を分離することにより、歩行の安全性と快適性を確保し、災害時における安全な避難路となる。また、レクリエーション需要にも対応する。

歩行者専用道路・緑道における平常時のアクティビティは、通勤・通学・買物といった目的を持つ移動から、散策やジョギングのような歩行自体あるいは健康づくりやスポーツを目的とするものまで多様である。

事業手法としては、ニュータウンのような新規の総合的な開発時や再開発事業時に計画的に実施される場合と、歩行者専用道路・緑道を独立して整備する場合の二通りがある。前者の整備事業に伴う場合は、歩行者空間の体系的な整備の一環に組み込まれることになり、都市公園や緑地あるいは商業地域や鉄道駅、学校やその他の教育施設などとの連繋が図られる。ニュータウンでは「グリーン・マトリックス・システム」として高度な計画が立案されることもある。

一方、後者の歩行者専用道路・緑道を独立して整備する場合は、河川堤防や中小河川・用水路沿道の利用、河川の暗渠化、廃止された鉄道の軌道の利用などが行われることが多い。また、「緑の基本計画」のような総合的な公園・緑地整備計画に基づき、用地を取得して歩行者専用道路・緑道が既成市街地の中に整備されることもある。

ショッピングモール
岡山市奉還町商店街。エンクローズドモールだが、外光を取り入れ高木が植栽されている。

●ショッピングモール ショッピングモールとは、快適で魅力ある歩行者空間を備えた商店街道路のことである。基本的には、歩行者専用の商店街となる。日本最初のショッピングモールは、1972（昭和 47）年旭川市の買物公園通りである。このほかに初期のものとして、1978（昭和 53）年横浜市のイセザキモール、1979（昭和 54）年仙台市の一番町買物公園などがある。こうしたショッピングモールの原型は、1930 年代のドイツ・エッセン市、1958（昭和 33）年のオランダ・ロッテルダム市、1959（昭和 34）年のアメリカ・カラマズー市などに見ることができる。

歩車共存道路
三田市ウッディタウン。さまざまな構造的な工夫が見られる。

歩車共存道路の設計要素
ハンプ：車の走行速度を適度に抑制する目的で車道に設けた路面の膨らみのこと。「単路部ハンプ」と「交差点ハンプ」がある。さらに、前者には「入口ハンプ」と「中間部ハンプ」がある。中間部ハンプの間隔は 50m 程度がよいとされている。

狭窄：車道を狭く絞り込むことで、運転者に視覚的な圧迫感を与えて車の走行速度を低減する方法。狭窄に植栽を利用することも可能。「入口狭窄」と「中間部狭窄」がある。

クルドサック：通り抜けのできない住宅地のループ道路。居住区域内でコモンと呼ばれる。駐車場、子供の遊び場、移動マーケットのための広場など多様な利用がされる。

シケイン：車道を緩やかに蛇行させたりクランク状に屈曲させたりして車のスピードを抑制する方法。ドイツのガイドラインでは、クランク状シケインの横方向のずれ幅を車道幅員分までとることを推奨している。ボラード（車止め）の利用も効果的である。交差点部にも応用可能。

モールとは英語で、「木陰の多い散歩道」を意味する。モータリゼーションの進展に伴い、商業地域における生活・商業環境の悪化が見られ、これに対する対策として考案されたのが、ショッピングモールである。

商店街道路の歩行者空間化に関しては、道路法に基づく歩行者専用道路と、道路交通法による時間規制の歩行者道路の二つの方式がある。また、多くの人が集まる場所であり、消防法の適用を受ける。

ショッピングモールには、いくつかの形態がある。

（1）オープンモール：道路上にアーケードのような覆いがないタイプ。この場合、植栽が可能であり、日光と植栽を活かしたさまざまな空間演出が可能となる。

（2）セミクローズドモール：道路上に沿道の建物からせり出したアーケードが設けられたタイプ。この場合も植栽は可能であるが、アーケードの構造との整合性を図る必要がある。

（3）エンクローズドモール：道路全体を覆うようにアーケードが設けられたタイプ。ヨーロッパでは、ガレリア、パサージュと呼ばれる。日本ではショッピングモールの概念が導入される以前から各地の商店街に見られる形態である。内部空間としての演出が行われることになる。

以上のショッピングモールでは、ストリートファニチュアの果たす役割が大きい。魅力ある高水準のデザイン的な配慮が必要となる。また、野外彫刻などアート作品による演出が図られることも多い。

●歩車共存道路　歩車共存道路とは、主に既成市街地における地区道路や住居系地域の道路などにおいて計画的に整備されるもので、歩行者と車の交通空間の共同利用領域を意味する。機能的には、車を完全に排除する歩行者専用道路・緑道と、車道と歩道の分離を図る通常の街路の中間に相当する。

オランダ・デルフト市で 1970 年代に導入されたボンエルフとは、人と車の共存のために、人間が対応できる速度である時速 15km 以上に、車がスピードを出せない構造の道路を意味する。通行部分の蛇行やハンプといった車道部分に設けられる盛り上げられた舗装部分で構成される。この考え方が日本に紹介され、1980（昭和 55）年日本最初のボンエルフが大阪市阿倍野区長池町で導入された。

これをふまえて、1981（昭和 56）年には、建設省道路局の補助事業「特定交通安全施設等整備事業（コミュニティ道路事業）」が開始される。さらに、民間のデベロッパーや（旧）日本住宅公団などにより、住宅地にさまざまな形態の歩車共存道路が整備されるようになる。近年では、再開発事業の中で、既存の街路のコミュニティ道路化が図られる事例が増加している。（竹田）

河川の造園

河川の自然再生と多自然型工法

●川を見る 川は、流れる水と一体となった土地や自然を含むものとして捉えられる（①）。この水の流れと一体となった川の自然環境は、上流・中流・下流と大きく相観が異なる。さらに、上下流の縦断方向、水中から陸上へ至る横断方向にさまざまな生物が分布し、川の流れの作用を通じてそれらは相互に関連し、大きな生態系を形成していることに大きな特徴がある（②）。

① 河川敷の自然

一方、川のほとりでは古くから水田が営まれ、さらに、大規模な農業水利の確保や水害の防御など、川への高度な働きかけによって徐々に農地を拡大してきた。また、ダムや堰の整備による工業用水・都市用水の取り水、水運のための航路整備、洪水を防ぐための堤防等の治水施設整備によって、川の下流部には大規模な都市の発達が可能となった。

今日私たちが見る河川は、こうした長い間の川への働きかけが集積した結果でもある。この意味では、川の一筋の流れは地域の歴史的資産として見ることができる。造園の目から見た新しい河川環境を創出するためには、この豊かな自然と歴史性を再評価することが重要になる。

●川の流れと自然 川の流れ方を大きく区分すると、山地を浸食して流れる「山地河川（渓流）」、山地から平野に出て扇形に流路を変動し土砂を堆積させながら流れる「扇状地河川」、扇状地河川の下流で蛇行しながら自然堤防を形成し流れる「移化帯河川」、さらに海の影響を受けながら河口域を形成する「三角州河川」に区分される。この区分によって、川の自然環境はさまざまに変化する。

一方、各区間の川の流れは一様ではなく、微地形や河床の砂礫の分布

川の上流と下流
かつて、下町では隅田川を大川と呼んでいたように、もともと川は流れている地域ごとに呼び名や管理が異なっていた。しかし、水資源の管理や洪水対策あるいは魚類などの生態管理を効率的に行うためには、水源から海に至るまでの川の流れを一体的に捉えることが重要となる。現在では、川の流れを上流から下流まで水系を一貫した名で呼び、管理していることが特徴となっている。

移化帯河川
自然堤防帯河川とも呼ばれる扇状地と三角州の間を流れる河川のこと。蛇行しながら流れる川に沿って洪水で運ばれてきた砂礫を堤防のように帯状に堆積することが特徴。自然の堤防によって洪水の流れは塞がれ、大きく蛇行を繰り返しながら流れる。川の流れが変わった跡は窪地となり、自然堤防に沿った湿地を形成する。

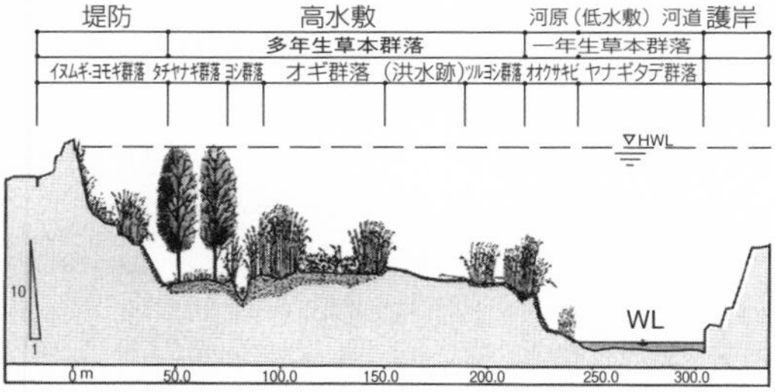

② 中流部、植物群落の横断分布図

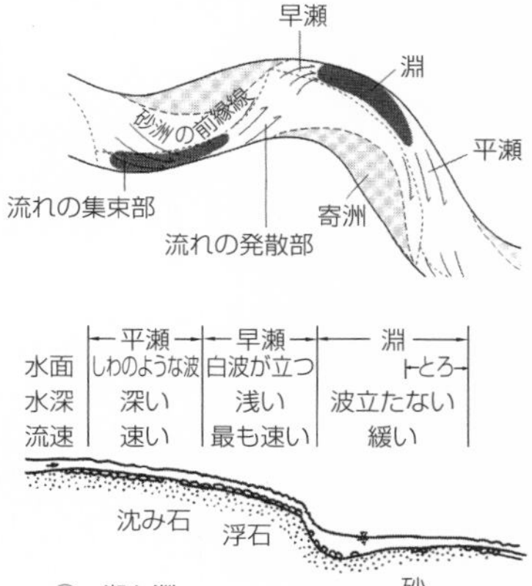

③ 瀬と淵

などによって蛇行し、瀬（せ）（平瀬・早瀬）と淵（ふち）を交互に形成する（③）。この瀬と淵は洪水などの影響により常に変動しており、川の自然の豊かさと再生がもたらされている。堤防や護岸などによって川の流れは人為的に固定されていても、この川の自然環境の特徴は変わらない。また、逆にこの現象を再生することが自然豊かな川づくりの条件となる。

●川の伝統的な工法　人々は、川に対する治水・利水上の目的、その時代の技術と投資できる労力の度合に応じ、地域の自然条件や川の流れ方の特徴を生かしたさまざまな工夫を凝らしてきた。

例えば、江戸時代初期には大・中河川中流部を中心として、川の蛇行を生かしながら、部分的に霞堤（かすみてい）と呼ばれる堤防で洪水をゆっくりと耕地や遊水地に氾濫させせる方法や、水の流れる方向を制御する水制などにより耕地の拡大が図られた（④⑤）。これらの工夫は、徐々に体系化され「関東流（伊奈流）」と呼ばれる技法を生み出した。さらに、より高度に沿岸の土地を活用するために、連続した堤防や川の流れを直線化する「紀州流（関西流）」などの技法が発達する。この時代の河川改修の多くは、川の近傍で入手できる玉石、タケ・ヤナギ・スギ丸太などの材料を巧みに組み合わせて用いていた。近年では、このような川の自然の流れを生かした工夫と自然素材を用いた伝統的工法が、川の改修と自然との共生の仕掛けとして見直されつつある。

水制
堤防、護岸と一体になって川の流れをコントロールするための構造物。河岸に沿って平衡あるいは川に突き出す形で設けられる。川に突き出す石組（棒出し）、竹籠の中に石を入れた蛇籠、丸太を三角錐のように組み、蛇籠で押えた牛枠などさまざまな伝統的工法が編み出された。

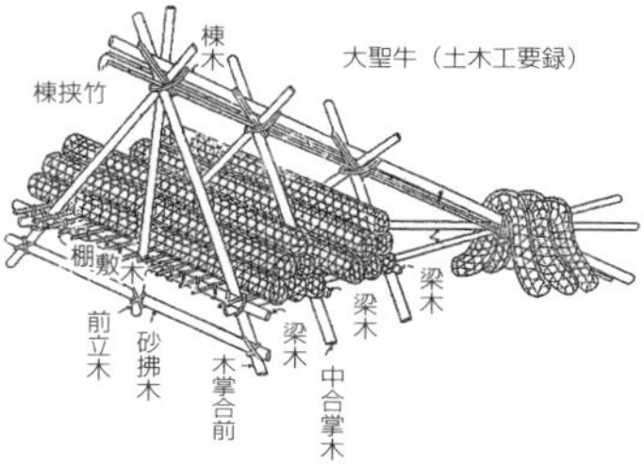

④　水の流れを制御する伝統的な工法

●川の多自然型工法　現代都市では、川の氾濫による水害は甚大である。一方、高度に人工化されたことから、川の自然性はますます高く評価される。この治水の安全性を確保しながら自然環境を再生するという一見矛盾した課題を解決するために伝統的工法を再評価し、現代の河川に応用した多自然型工法の導入が試みられている（⑥⑦）。現段階では、水際の護岸に自然石を用い、さらに堤防の下端を覆土して植生の復元を図るなど、現在の堤防構造を生かして自然の再生を図る工夫が多く試みられている。また、河川の空間自体を広げ、瀬と淵を明確に形成しながら流れる自然豊かな河川へと改修する方向も見られる。（辻野）

⑤　ケレップ水制とワンド

⑥　多自然型護岸の事例

⑦　和泉川（神奈川県）

都市の水辺の復権

●都市の水辺の復権　都市の河川は、急速に進んだ市街化に対応するため、コンクリートの護岸による河道改修や下水道の立ち遅れによる水質汚濁などにより、その本来の自然の輝きを失ってきた。都市の成熟とともに、下水道の整備による清流の復活や多自然型護岸の導入などにより、豊かな自然環境を取り戻す多くの試みがなされてきた。このような試みとともに河川の魅力は復活し、多くの人々が親水活動に関心を寄せることにより、さらに都市の水辺の復権はさらに進むといった状況が見られる。

●親水公園　東京都江戸川区では 1973（昭和 48）年に、かつては農業用水路であり、市街化に伴いドブ川と化していた古川の下に下水道を整備し、その上部に旧江戸川から導水することにより、流れのある公園を整備した。この流れに子供が飛び込むのを見て水質浄化にも取り組み、全国に先駆け「親水公園」を誕生させた（①）。その後、区内全域の用水路網を見直し、区全体に親水公園、親水水路を整備した。この整備は、「親水」という概念を初めて提示した先駆的な試みとして高く評価され、全国的な影響を与えた。こうした試みを背景として近年では、都市の中にひっそりと流れていた用水路等が地域の重要な歴史・文化的な資産として再評価され、保全再生が試みられている。

●河川敷公園　河川空間は、洪水を防御するための堤防、洪水の流れる容量を確保するための高水敷（こうすいじき）、平常時に水が流れる低水路と護岸に区分される（②）。高水敷は、平常時には洪水時の水の流れを阻害しない範囲で利用が可能となる。このため、広大な空間を利用して、都市の中で不足しが

①　親水公園（古川親水公園、東京都）

②　多摩川水系大丸用水親水公園（東京都稲城市）

③　荒川汽水域で低水護岸を引堤し、水辺に水位の異なる三つのワンドを整備。（北区・子どもの水辺、東京都）

④　北区・子どもの水辺の大池（常時湛水深 75cm）

ちな運動場や芝生広場などのスポーツ・レクリエーション空間確保を目的とした公園・緑地の整備が行われてきた。近年では、低水路の護岸整備と合わせて高水敷の自然を保全したり、ワンドを造成することにより多様な生物の生息域を再生する試みがなされている（③〜⑤）。

●河川環境管理計画　河川法では従来、河川管理の目的を治水・利水の二つとしてきたが、河川環境に関する人々の関心の高まりを背景として1997（平成９）年に、治水・利水に環境を加え“河川環境の整備と保全”を促すための改正がなされた。また、併せて新たに地域の意見を反映した河川整備計画制度が導入された。この整備計画の中で地域の意見を反映した河川空間の利用と保全の方針を示す河川環境管理計画および環境に配慮した護岸整備・散策路・河川浄化施設などの環境に関する施策が体系化されることとなった。

●都市河川の修景　河川を都市の中の水と緑のオープンスペースとして位置付け、清流や緑など自然の回復や水辺レクリエーションの活性化が図られている。また、河川空間のみならず河川と隣接する市街地や公園をスーパー堤防として一体的に整備することにより、豊かな親水空間をつくり出す試みも見られる。さらに、河川の下流部で船の航行が可能な区間については、災害時の物資や人の輸送路の確保に合わせ、日常的な遊覧船やカヌーなどの水上利用に対応した船着場などの整備も進められている（⑥）。

●河川まるごと博物館（リバーミュージアム）構想　持続可能な都市発展のためには、自然の水循環や川を巡る歴史文化を生かした人と川・水との付き合い方を再構築することが不可欠となりつつある。

　このような状況の中で、川の流れを中心としたエコミュージアム運動として、川の自然と流域の歴史文化を再評価し、地域の学習活動や活性化を図る“河川まるごと博物館”構想が多摩川、筑後川などで取り組まれている（⑦）。（辻野）

治水と利水
かつて、川から田へ水を引いたり舟運が盛んだった時代には、平常時に使う水の確保を基本に洪水に対する対策が立てられ、両者は「治水」として一体的に捉えられていた。その後、ダム・水道などの利水技術の発達と体系化や、都市の発達などにより中・下流での洪水対策が優先的な課題とされ、利水と治水を分離した対策が立てられてきた。近年では、都市の中の身近な自然として見直され、環境を重視した川への対策が併せて進められている。

スーパー堤防と修景
都市を流れる河川の堤防が洪水により決壊した場合、莫大な被害が発生することが予測される。このため、東京や大阪などを流れる大河川については、堤防に沿ったまちづくりなどに合わせ、市街地側の低い地盤を堤防の高さまで嵩上げすることにより、幅の広い頑丈な高規格堤防（スーパー堤防）づくりが進められている。堤防の裏側をまちづくりに合わせて盛土することにより、かつての市街地側から見えていた高い堤防はなくなり、堤防の高さに沿ったサクラ並木や、川への眺望を生かした住宅を整備するなど、親水性の豊かなまちづくりを目的としている。

⑤　河川敷のワンド（多摩川、東京都）

⑥　新河岸川の環境整備（小豆沢河岸公園、東京都）

⑦　リバーミュージアム活動

工場の造園

産業用地の造園計画

工場立地法の造園関係の基準
緑地とは、樹木や芝などで覆われた土地を意味し、環境施設とは、緑地、噴水、池、屋外運動場、広場、屋内運動施設、教養文化施設、雨水浸透施設、太陽光発電施設などを意味する。
緑地を含む環境施設の面積割合は、25%以上が標準であるが、自治体が10～35%の範囲で独自に設定できる。25%のうち20%以上は緑地でなければならないが、これも自治体が5～30%の範囲で独自設定ができる。
壁面緑化は、水平方向の距離×1mで緑地面積とする。
重複緑地とは、緑化駐車場（緑地と駐車場の重複）、緑地の上をパイプライン等が通っている土地（緑地と生産施設の重複）、芝生地の上に太陽光発電施設を設置した土地（緑地と太陽光発電施設の重複）、事務所棟や工場棟が屋上緑化されている場合などをいう。重複緑地の計算方法は、経済産業省が発行している「工場立地法FAQ集」に掲載されている。

工場緑地の事例（大阪府）

●工場緑化の歴史　明治初期の殖産興業時代に、工場緑化の端緒を見ることができる。

大阪造幣局の「通り抜け」で有名なサクラ並木は、1871（明治4）年、造幣局の設置と同時に、構内修景のために植栽された。この時代の工場緑化は工場敷地の修景を目的とするものであった。

大正時代に入ると、工場従業員の衛生問題が社会的な関心事となり、労働環境改善の観点から、工場緑化が行われるようになる。この流れは、昭和時代には健民運動と結び付く。

高度経済成長期には、販売戦略上、企業イメージが大切になる。こうした観点から、見せるための美しい工場の整備が行われるようになり、工場緑化が推進される。

この背景には、アメリカのインダストリアルパークが紹介され、影響を受けたことがある。特に東海道新幹線沿線に多くの事例が見られる。1960年代後半から公害が社会問題となる中で、市原、四日市、姫路等に大規模な緩衝緑地が造成され、ここで工場緑化に都市環境の保全機能が認識される。自治体と工場の間で、公害防止協定とともに工場緑化協定の締結が進められ、工場緑化は一般化する。1973（昭和48）年には、工場立地法が制定され、一定規模以上の工場に緑化が義務付けられる（①）。この法律の目的は、工場立地が環境の保全を図りつつ適正に行われるようにして、国民経済の健全な発展と国民の福祉の向上に寄与することにある。

高度経済成長の終焉とともに、重化学工業の比重は小さくなり、工場の地方移転や複合機能化が進む。労働時間の短縮など労働環境を取り巻く社会環境も変化する。一部の工場では、単なる緑化だけではなく、工場敷地や福利厚生施設の地域開放、企業博物館、見学コースの設定などを行うようになる。工場のテーマパーク化を図り、積極的に集客を図る企業も登場する。

●工場立地法　産業用地の造園計画に関する業務においては、工場立地法を理解することが大切である。高度経済成長を背景に進んだ国内の工業化と、工業開発に起因して深刻化した公害問題や地域の環境悪化への対策として、「工場立地の調査等に関する法律」を改正する形で工場立地法が制定された。同法は、製造業等の企業の社会的責務として、企業が工場の緑化等を行い、積極的に地域の環境づくりに貢献することを求めたものであり、工場立地の段階から周辺の生活環境と調和を図ることを義務付けている。これまでに何度か法改正が行われ、その中で工場立地法の地方への権限移譲が進められた。2012（平成24）年に、工場立地法に基づく届出・勧告・命令等の権限が市に移管され、さらに、2017（平成29）年には町村にも権限が移管されたことにより、工場立地法の執行権限は市町村へ完全移管されている。

工場立地法の骨格は、「特定工場」（敷地面積が9,000m² 以上、または建築物の建築面積の合計が3,000m² 以上の中・大規模工場）を新設・増設する場合、生産施設に面積制限を課し、一定規模の緑地、環境施設の確保を義務付けるものである。具体的には工場敷地面積に対する生産施設の面積率、緑地の面積率、環境施設の面積率の基準を定めている。「特定工場」には、工場立地法制定以前から存在した既存工場が含まれており、既存工場の中には、工場立地法の基準を満たしていないものが少なくない。このような工場が、老朽化するなどして建て替えを行おうとすると、工場立地法の生産施設や緑地面積などの基準が障害になることがある。そのためのさまざまな緩和措置が、設けられている。

近年の経済のグローバル化の中で、企業は工場の立地について日本国内に限定して検討する必要性が低減しており、工場立地に関し、規制が少ない国が対象地として選択されやすい。また、高度経済成長期と異なり、産業構造が変化し、環境負荷の少ない業種が増加したほか、高度経済成長期にはなかった、地球環境という視点があるだけでなく、多様な環境技術が発達してきた。そのため、工場が周辺環境にもたらす環境負荷は、高度経済成長期と比較して著しく低減している。このような社会的環境の変化の中で、工場立地法の工場に対する規制内容は一貫して緩和の方向に進んでいると理解してよい。（竹田）

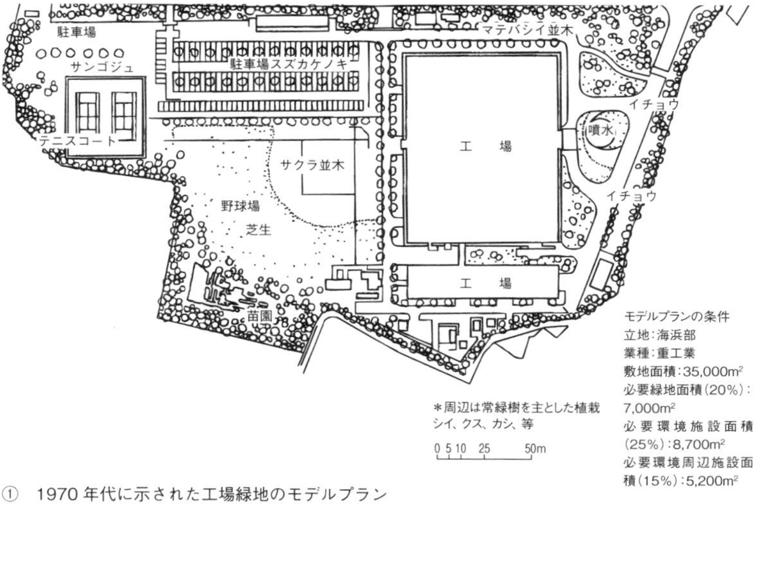

① 1970年代に示された工場緑地のモデルプラン

ニューファクトリー（工場緑化）

●さまざまな工場緑化　工場緑化と聞いてどんな景色を思い浮かべるだろうか。トラックが爆走する幹線国道脇の厚く重たい緩衝緑地？　それとも新幹線の車窓に流れる美しい芝生の広がる工場だろうか。ここでは、ニューファクトリーと呼ばれる工場環境像をいくつか取り上げてみる。

ニューファクトリー
通商産業省（現・経済産業省）が、製造業をめぐる社会情勢の変化に対応し、1990年代初めに提唱した工場像。

●ニューファクトリーの屋外空間　ニューファクトリーとは、地域環境に調和し、地域の住民からも親しまれ、工場で働く人々が誇りを持って快適に働けるように整備された地域と共生する工場のことである。

工場の外部空間は働く人々のレクリエーション・リラクゼーション空間として非常に重要であると同時に、工場と地域との接点空間でもある。つまり、地域と工場、企業との関係を築く上で非常に重要な空間となる。また、環境に対する取組みなど、企業戦略を具現化する空間としても重要度を増している。

●地域に彩りを与える空間づくり　工場の外周が閉鎖的になっていることは地域の人たちに威圧感や不信感を与えることもある。こういった地域と工場との接点になる空間を開放的にデザインすることによって（①）、地域の人々とのコミュニケーションを深めたり、企業イメージを高めたりす

①　地域に彩りを与える空間

る効果が期待できる（②③）。新幹線の沿線に並ぶ工場などは明るく美しい工場と屋外空間を見せることによって企業イメージを高めている好例であろう。

大きな敷地を持つ工場は地域の景観への影響も大きい。工場外周の造園計画を行う際には、地域固有の景観に対しても十分配慮し、地域景観の保全、再生にも配慮する必要がある。

●地域に開かれた空間　開放的なデザインのみならず、実際に地域に開放する屋外空間を持つ工場もある。工場の屋外空間を地域の公園として活用してもらったり、地域の人たちとの交流を目的としたイベントを行ったり、地域住民の運動会に工場敷地内のグラウンドを提供している企業などもある。これからの工場の屋外空間は、景観的にも人的交流の面でも開放されていることがますます望まれていくであろう。

●生き物の空間　工場の屋外空間において自然環境の保全への取組みが盛んになってきている。工場内の自然河川や樹林を保全し、野鳥の森などの環境教育の場として活用する試みや、工場内にビオトープをつくって、絶滅が危惧されている生物の育成を進める活動などにも取り組んでいる企業も増えている（④⑤）。

こういった空間は工場内だけではなく、地域全体のエコアップにもつながる可能性を持っており、地域全体の自然環境の保全と再生に寄与することが期待される。（加藤）

②　地域に開放された屋外空間

③　地域の人たちも利用できるパークゴルフ場

④　工場内につくられたビオトープ―1

⑤　工場内につくられたビオトープ―2

建築緑化

建築緑化の効果

① 都市の中の貴重な緑（なんばパークス、大阪府）

●建築の緑化 都市において緑の空間の減少は、環境へのさまざまな異変を引き起こしている。局所的に気温が高くなる「ヒートアイランド」と呼ばれる現象もその一つであり、都市環境や居住環境を悪化させているとともに、局地的な豪雨などの都市型災害を招く原因にもなっている。また、都市の中で生き物が生息できる空間が減少し、身近な自然とふれあう機会が少なくなっていることや、都市景観が無機的なうるおいの感じられないものになってきていることなども緑の空間の減少が招いた結果である。

都市の中に緑を確保していくことは、このような課題の解決に向けて非常に重要であるが、公園などの通常の緑化空間の早急な拡大は、用地確保の問題などであまり望めないのが現実である。そのため、従来は緑化が困難であった建物の屋上や壁面などの空間を緑化していくことによって都市の緑を増やしていくことが期待されており、さまざまな取組みや技術の開発が行われている（①②③）。（加藤）

ヒートアイランド
都市の中心部が、郊外部と比較して高温になる現象。都市の中に島状に現れることから熱の島（ヒートアイランド）と呼ばれている。日本でも東京だけでなく地方都市でも見られるようになってきている。

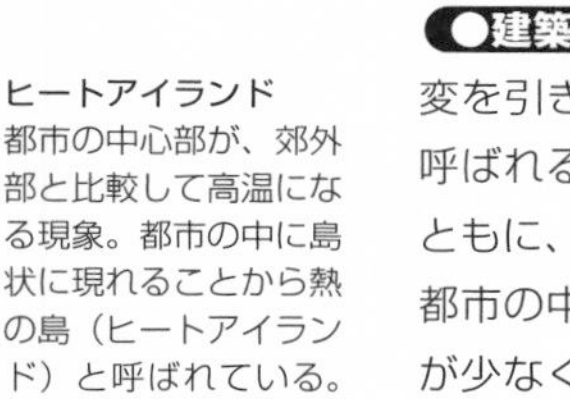

屋上緑化

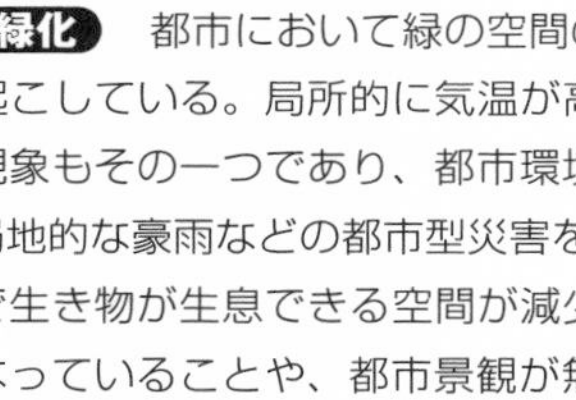

壁面緑化

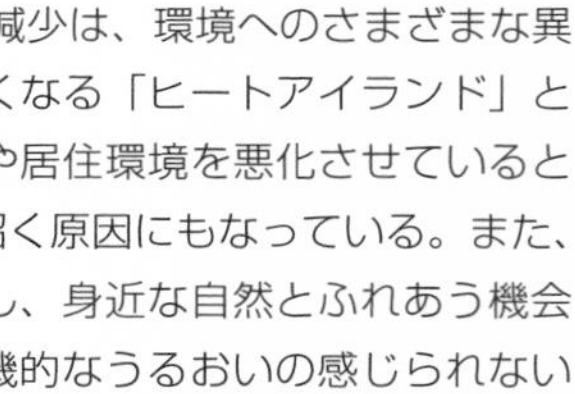

屋内緑化

② さまざまな建築緑化

② 建築緑化によって「緑の山」のようになっている（アクロス福岡）

A 身近な環境の改善効果

①物理的環境改善効果	・空気の浄化効果 ・微気象の緩和効果 ・騒音の低減効果
②生理・心理効果	・豊かさ、安らぎ感の向上 ・園芸療法 ・身近な情操 ・環境教育の場の創出
③防火・防熱効果	・火災延焼防止 ・火災からの建築物保護 ・避難路の確保

直接的な効果 ◀ ▶

B 経済的な効果

①建築物の保護効果	・酸性雨や紫外線等による防水層、壁面等の劣化防止 ・構造物に対する温度変化の影響軽減
②省エネルギー効果	・夏季の温度上昇の軽減、冬季の保温
③宣伝・集客効果	

▼

社会的な効果

C 都市の環境改善効果

①低負荷型の都市づくりに貢献する効果
・都市気象の改善効果（ヒートアイランド現象の軽減、過剰乾燥の防止）
・省資源効果（省エネルギーを通じて、省資源社会の創出）
②循環型の都市づくりに貢献する効果
・都市大気の浄化効果
・雨水流出の緩和効果
③共生型の都市づくりに貢献する効果
・都市の自然性を高める効果（都市のエコアップ）
・都市景観の形成効果（装飾、修景）
・都市のアメニティの向上（うるおい、安らぎ感の向上）
・空間創出効果（新たな利用空間の創出効果）

③ 緑化の効果

建築緑化

屋上緑化

① 薄層緑化（シュトゥットガルト、ドイツ）

② 庭園タイプ（東急プラザ表参道原宿、東京都）

●屋上緑化 ヒートアイランドなどの都市環境の悪化を解決する一つの手段として、屋上緑化に期待が寄せられている。屋上緑化と一言で言ってもいろいろなタイプがあるが、大きく分けると次の二つのタイプに分けられる。一つはセダム類などによる薄層緑化資材での屋上緑化で（①）、屋上や屋根に緑のカバーをつくることを目的としたタイプである。もう一つは芝生や草花・低木・中木・高木などの緑を用いデザインした屋上庭園をつくるタイプである（②）。

●屋上庭園の緑化手法 屋上を緑化するにはさまざまな課題がある。建築に与える荷重、防水など建築の構造に関わる問題や、植栽基盤、灌水（かんすい）（水やり）、風への対策、維持管理など、植物の生育に関わる問題である。

植物が健全に生育するために、最低でも必要になる土の厚さがある。灌水の状況にもよるが、灌水をしないことを前提にすると芝生やグランドカバーなどで 30cm 以上、ツツジのような低木類で 45cm 以上、中木類で 60cm 以上、高木で 90cm 以上が目安となる（③）。また、屋上用の人工軽量土壌が多く開発されており、土に比べて軽量で、水持ちがよく、かつ水はけがよくなるように設計されている。

屋上の場合、日照や風の関係で植物や土壌が乾燥しやすい環境であるため、灌水装置が必要になることが多い。また、水が溜まることが根腐れにつながるので排水層もきちんとつくる必要があり、屋上緑化の場合はこういった水環境を整えることが重要である。

屋上の緑化は防水層も重要である。緑化によって熱的環境や紫外線から防水層を保護し、その寿命を延ばすが、防水層の改修は逆に難しくなる。また、植物の根は非常に強く、防水層を突き破ってしまうこともある。したがって、屋上の緑化を行う際は、計画当初より最適な防水方法を選択することが重要である。

屋上の場合、周囲に障害物が少ないので、風が強いことや、土が薄いところへ植栽されていることなどで植栽初期に樹木が風で倒れる危険性が高い。特に１本ずつ独立して植えてあるものはその危険性が高く、防風植栽帯などの防風対策をとることが望ましい。また、支柱を強固にするなどの対策も必要である。

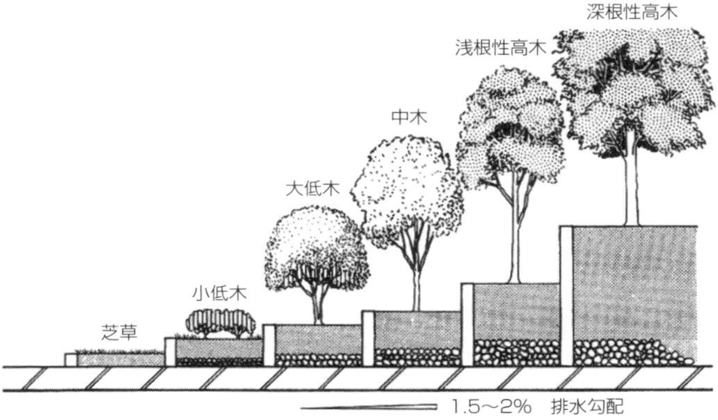

盛土の厚さ	〜15cm	30cm	45cm	60cm	90cm	150cm 〜
排水層の厚さ	—	10cm	15cm	20cm	30cm	30cm 〜

芝　　草	A	C	C	C	C	C
小　低　木	—	A	C	C	C	C
大低木·中木	—	A	B	C	C	C
浅根性高木	—	—	A	B	C	C
深根性高木	—	—	—	A	B	C

—：植栽することが困難、生育不可能
A：灌水によって水分を補えば生育可能
B：若木の段階から植栽しておけば生育可能
C：通常の維持管理だけで十分生育可能

③　植物の大きさによる必要土量

●屋上緑化の推進　屋上緑化・壁面緑化の推進のため、多くの地方自治体で、条例や助成制度が設けられている。東京都では「東京における自然の保護と回復に関する条例」により、敷地面積 1,000m^2 以上の民間施設または 250m^2 以上の公共施設の新築や増改築の際に、「緑化計画書」の届出が義務付けられており、この条例において、一定比率以上の地上緑化、接道部（敷地のうち道路に接する部分）の緑化とともに、建築物上の緑化（屋上、壁面）を求められている。

設計者・施工者に一定比率以上の屋上緑化を義務として課す一方で、無利子融資や補助金などの助成制度をつくって緑化を促す施策も、都道府県や政令指定都市、特別区などの地方自治体で実施されている。（加藤）

壁面緑化

●壁面緑化の効果 屋上緑化とともに過密な都市内での新しい緑化スペースとして注目されているのが壁面緑化である。屋上緑化と同じく都市の環境を向上させる効果が期待できる。2005（平成17）年に開催された愛・地球博でも、世界最大規模の壁面緑化（バイオラング）の展示が行われ、その効果が実証された。

壁面緑化には、省資源効果、壁面の保護効果、壁面修景効果、壁面の反射防止効果などがある。

省資源効果とは、壁面緑化によって壁面の表面温度が下がることより、夏の室温上昇を抑えたり、冬は緑があることによって断熱性が得られたりする効果である。また、壁面を緑で覆うことで、直射日光を遮断したり、表面温度の差が少なくなったりする効果が得られ、壁面のひび割れ等を防ぐことができ、壁面の保護につながる。

一方、壁面緑化は都市の景観に与える効果も大きい。無機的で圧迫感のある壁面を緑にすることによって柔らかな景観に変えることができる。特に緑の少ない都市の中心部では効果的である。また、晴天時のコンクリート壁面からのまぶしく不快な反射を壁面を緑化することによって防止する効果もある。この効果は、自動車の走行安全性の面からも重要である。

壁面の緑化は、甲子園球場のツタのように古くから行われており、現在もさまざまなタイプの壁面緑化技術がある。今後、都市環境の改善に向けての意識の高まりとともに、さらに多くのタイプの壁面緑化技術が開発されていくと思われる。

●壁面緑化のタイプ 壁面緑化のタイプには、壁面登はん型緑化・巻付き登はん型緑化・下垂型緑化・植栽基盤設置型緑化・（緑化）パネル設置タイプ・壁面基盤タイプ（緑化コンクリート）などがある（①）。

●壁面緑化に対する諸制度 屋上緑化と同じく、壁面緑化に対してもさまざまな自治体が助成等の制度を持っている。

東京都北区では、「みどりの基金」の積立て利子により、1m^2以上のベランダ緑化事業、フェンスなどを設置した壁面緑化事業を対象とした助成を行っており、緑化フェンスなどの立面積を緑化面積として認定し、助成している。

仙台市では、壁面緑化の場合、ツル性植物により建築物等の壁面に沿って植栽延長3m以上の緑化をする場合が対象となる助成を行っており、肥料やツル性植物等の植栽にかかった経費の2分の1に相当する金額（上限あり）を助成している。また、ワイヤメッシュなどの壁面緑化補助資材を設置して壁面緑化をする場合には、補助資材に対する助成も行っている。

（加藤）

壁面登はん型緑化

下垂型緑化

植栽基盤設置型緑化

（緑化）パネル設置タイプ

タイプ	解説
壁面登はん型緑化	吸盤や付着根によって登はんするツル性の植物を用いた壁面緑化。植物によって付着力に差があるので留意する必要がある。 【ヘデラ類、イタビカズラ類、ノウゼンカズラ類、ナツヅタなど】
巻付き登はん型緑化	壁面にワイヤメッシュなどの補助資材を設置し、ツル性の植物を用い緑化するもの。建築物の意匠、構造と関係するので、構造物の計画の際に緑化することを前提に計画することが望ましい。 【フジ、ブドウ、クレマチス類、ツルバラなど】
下垂型緑化	屋上やベランダに植栽基盤を設け、ツル性の植物などを下垂させるタイプ。必要となる土の厚みや、灌水、排水などは屋上緑化に準ずる。 【ヘデラ類、ビンカ・マジョールなど】
植栽基盤設置型緑化	壁面に、緑化パネルなどの植栽基盤を取り付けるタイプと、壁面自体が基盤となるタイプがある。このタイプは、現時点で開発途上の技術とはいえ、今後、多くの新技術の開発が期待される。 【メキシコマンネングサなど】
（緑化）パネル設置タイプ	パネル状の植栽基盤を壁面に設置するタイプ。培土、植物材料ともに、垂直に設置しても崩れたり、抜けたりしないものであることが要求される。また垂直であるため、水分が均一に保持されることも条件となり、通常では灌水設備が必要となる。
壁面基盤タイプ （緑化コンクリート）	コンクリート上に直接植栽が可能な特殊コンクリートを使用するタイプ。植物の根が入り込むことができる空隙を持つコンクリートに、保水材や肥料を充填し、上に薄く土を固着させた新材料。

① 壁面緑化のタイプ

著者イチ押し

訪ねてほしい造園空間—④〈上野〉

野焼きによって維持される阿蘇の草原

熊本県阿蘇市ほか

造園設計によってつくられた空間ではないが、「野焼き」という草原維持手法によって約一千年の昔から人為的に維持されてきた空間である。自然地形の起伏に加えて牛の放牧、採草、クヌギの植林など、人為的に維持管理されてきた空間として素晴らしい造園空間であると言える。

熊本城

熊本県熊本市

熊本城は加藤清正により築城され細川家により維持管理されてきた名城であるが、2016（平成 28）年熊本地震により大きな被害を受けた。2052 年度復旧完了を目標に現在も復旧工事中である。立体的な仮設の見学通路が公開されており復旧工事の過程を見学することができる。素晴らしい城郭構成とともに、ランドスケープデザインを学ぶ者にとって大いに参考となるだろう。

東京港野鳥公園

東京都大田区東海

東京湾の埋立地で本来市場用地であった場所に鳥が集まり出したことから整備された。見た目には東京近郊の自然風景であるが、100％人工的につくられた風景である。完成以来十数年経過した。野鳥公園の先がけと言えよう。

あるかぽ～と下関

山口県下関市唐戸

関門海峡に面した下関側のウォーターフロント。景観的に緑の量は少ないが、水辺の遊歩道や防波堤、ライトアップされた灯台など、構造物中心で構成された造園空間である。外来者だけでなく市民にとっても身近で、親しまれた空間となっている。

著者イチ押し

訪ねてほしい造園空間—⑤〈加藤〉

多摩ニュータウン　B3、B4、B6地区

東京都多摩市ほか

多摩ニュータウンはニュータウン開発のシンボルのような存在だが、造園空間についても見るべきものが多い。特にＢ３地区の近隣公園を中心とした基幹空間は、それまで「地」であったオープンスペースを「図」にし、空間構造を視覚化するという画期的な造園空間である。

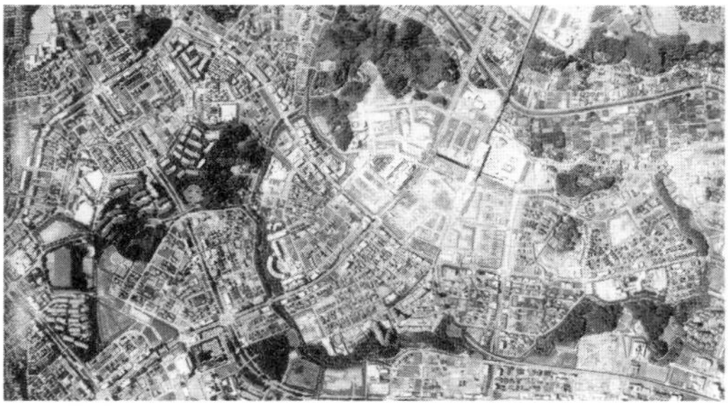

港北ニュータウン

神奈川県横浜市港北区

区画整理事業での代表的なニュータウン開発。公園、緑道を核としながら、集合住宅、学校、誘致施設からなるスーパーブロックによるさまざまな緑（保存緑地）を連担させていき構造化するという「グリーンマトリクス」という手法で造園空間がつくられている。特に水系を中心としたせせらぎまわりの造園空間は、プランナーやデザイナーをうならせるほど見事である。

著者イチ押し 訪ねてほしい造園空間―⑥〈木下〉

健康の森公園

山形県山形市青柳

川岸が公園なのに水面に近づくことさえできない都市公園が多い中、この都市公園は緩やかな芝生の斜面を川面まで降りていくことができ、向こう岸に渡ることもできる。両岸が一つの公園で、公園の中に川が流れている。親水性はもちろんだが、公園の一部が高水敷を兼ね、氾濫原としても機能する都市公園である。

葛西臨海公園と葛西海浜公園

東京都江戸川区臨海町

京葉線・首都高速湾岸線という交通の大動脈ならびに後背の市街地を高潮や暴風から守ると同時に、都内では貴重な砂浜・干潟などの親水空間、生物生息地を創出した、グリーンインフラと呼ぶにふさわしい公園。都市公園である葛西臨海公園では強固な護岸と水族園等の整備、海上公園（東京都海上公園条例）である葛西海浜公園には干潟や砂浜が再生されるなど、それぞれの制度の持ち味を生かした整備が行われている。

野山北・六道山公園

東京都武蔵村山市・瑞穂町

里山をまるごと取り込んだ大規模な都市公園。古くからの山道や生活道路がそのまま園路として使われているほか、かつての谷津田や溜池、この地の特徴であるみかん畑や茶畑、神社（奥の院）と参道、古い時代の墓地なども残され大切に管理されている。中小河川の水源地帯にあたるこの公園で農的な土地利用を維持することは、人々のさまざまなレクリエーションに資するだけでなく、下流域の洪水リスクの低減にも貢献すると考えられる。

著者イチ押し

訪ねてほしい造園空間—⑦〈新保〉

たもんじ交流農園

東京都墨田区墨田

木造密集市街地にある、多聞寺所有の駐車場跡地（約200坪）を寺島・玉ノ井まちづくり協議会が無償借用し、手作りした農園。寺島なすなどの栽培区画のほか、ウッドデッキや芝生広場、パーゴラなどがある多彩なコミュニティスペースになっている。

パークレット

ドイツ・ベルリン市ほか

車道の一部に椅子やプランターなどが設置された人が憩える仮設施設。2005年のサンフランシスコが発祥で、車から人に空間を取り戻し、居心地の良い公共空間が生み出されている。日本では神戸市の三宮中央通りに最初の事例がある。ウォーカブルな都市の要素として活用が期待される。

としまみどりの防災公園

東京都豊島区東池袋

2020年、造幣局跡地に開設。災害時の拠点の役目を持つほか、平常時は芝生やカフェ、コミュニティガーデンやファーマーズマーケットで生活の潤いをもたらし、コミュニティをはぐくむ多機能な公園である。日頃から人が集うことは、非常時の拠点を知ってもらうために重要であろう。

テンペルホーファー・フェルト

ドイツ・ベルリン市

1920年代初頭に建設され軍需産業などに使われたテンペルホーフ空港が2008年に閉鎖され、開発計画もあったが、市民の反対により、2010年に公園として市民に公開された。386haのオープンスペースでは、滑走路を自転車やスケートボードで疾走したり、芝生でピクニックをしたりなどができる。

著者イチ押し

訪ねてほしい造園空間―⑧〈菅〉

立野（たての）公園

東京都練馬区立野町

近隣公園での参加型公園づくり先行例の一つ（1996（平成 8）年開園）。武蔵野のイメージ、旧野球場の記憶など市民の強い意向に対して、海を模した大広場に外周園路を設けて諸機能を点在させるデザインで応えた。冒険遊び場づくりも始まっている。

夢の舞う岡

神奈川県横浜市戸塚区舞岡町

市民が発意するまちづくりプランを行政が支援する「ヨコハマ市民まち普請事業」第 1 号。構想から計画づくり、設計、工事、運営に至るまで、主体的な地元住民とコンサルタントや行政との連携により実現した「まちの要の環境づくり」である。

渋谷はるのおがわプレーパーク

東京都渋谷区代々木

土や木や水や火といった自然の素材を使って遊び、五感（六感？）で感じ、自分のやりたいことをやれる場所づくり。公園課が市民団体「渋谷区の冒険遊び場を考える会」に委託して運営している。2 名のプレーリーダーが常駐している。

元町公園

東京都文京区本郷

関東大震災復興事業として、東京市（当時）が小学校と併設した 52 カ所の小公園の一つ。本郷台地から神田川へ向かう崖線地形にカスケードや小テラス、パーゴラなどを巧みに取り込み、大正・昭和初期モダニズムの造形美にあふれている。1930（昭和 5）年開設。

第3章
造園の仕事の手順

仕事の流れ

すべてのものづくりと同じように造園の仕事にも流れがあり、その流れを理解しておくことは造園を理解する上で重要なことである。造園は生き物そのものを空間構成素材として用いることが他のものづくりとの一番の違いであり、特色である。したがってそのデザインは土地の環境に大きく左右されることになり、造園の仕事は、常に計画する土地の幅広い視点での調査・解析から始まらなければいけない。「調査・解析」の次の段階は「計画」で、調査・解析をふまえた上で計画地にどのようなものをつくるかを決めていく作業になる。このコンセプトづくりが造園空間の基本的なあり方を決める重要なポイントとなるといってもよい。「計画」の次の段階は「設計」であるが、設計は計画を具体化し、施工へとつなげていく作業であり、デザインの良否を決める重要な段階である。さらに次の段階は設計を受けての「施工」であるが、造園では工業製品と違い、施工段階もデザイン作業そのものと言ってよい。最後は「管理・運営」であるが、建築などと違って造園の場合は竣工時が完成ではない。植物が成長し、変化するからであり、造園空間が存続する限り終わりはない。また、近年は公共造園の管理・運営に企業や市民が参画するスタイルが増えているのが特徴となっている。この章では、このような造園の仕事の流れの中で重要なテーマを取り上げ、解説していくこととする。（加藤）

調査と解析

動植物の調査

●自然環境把握のために必要な調査 公園の計画・設計、緑地の保全計画や植栽デザインなどのランドスケープデザインでは、どのような場所や広さであっても、まずその計画地や周辺の自然環境の状況について把握し、その場所が置かれている状況や配慮すべき条件を整理しておく必要がある。そのために、自然環境を形づくる気候・気象、地形・地質・土壌、水系・水文環境とともに、植物と動物の調査を実施する（①）。中でも植物や動物の調査は、分布や生育生息環境の現状把握に必要なだけでなく、自然的な地域では、特に保全すべき動植物や保全活用を図るべき区域の設定を検討する上で重要な情報をもたらすため、不可欠な調査となる。生物多様性保全が叫ばれる中、単に自然環境の現状を把握するにとどまらず、地域の自然環境が成立する背景となっている歴史文化との関連や、身近な自然としての親しみやすさについても把握することが重要である。

●現状把握のための方法と特徴 動物および植物調査には、文献等既存の資料による方法と現地を踏査する方法がある。踏査は計画地の情報を確実に得ることができる反面、調査の時期や方法によっては現地の情報をくまなく把握することが難しいというデメリットがある。そのような場合、既存の調査結果や現地に詳しい人へのヒアリングによって、調査できなかった時期の情報を補完することができる。現地踏査による調査方法も各種あり、各々特質が異なるため、現地の状況や計画・設計の熟度をふまえ、調査の目的に応じて適切な方法を選択することが必要である。近年、GIS も普及しており、解析評価を効率よく行うために既存の GIS データベースや踏査における GPS の活用も有効と言える。

●調査を計画する際の留意点 動植物の調査を計画する際は、調査の目的を明確にしておくこと、目的に応じて的確な調査方法を選ぶこと、さらに計画の熟度に応じた対象範囲を設定すること（公園の場合、基本計画レベルまでは周辺地域を含めた概略の調査を実施し対象地の位置付けを明確にすることが重要）、的確な調査時期・頻度で調査を実施することが重要である。植物や動物は、季節によって確認が困難な種類も多く、季節ごとに年間を通じて実施することが望ましい。また、動物調査は、調査した日の確認地点が結果となるため、そのような結果であることを十分に理解して活用することが必要である。

自然環境基礎調査
環境省では、1974（昭和 49）年度から現存植生、巨樹巨木林、干潟・藻場等自然環境に関する調査を定期的に実施し、結果は GIS データベースとして公表している。調査精度は 5 万分の 1 が標準となっているため、広域的な自然環境の把握に活用できる。

レッドデータブック
絶滅が危惧される植物および動物について種別に危惧される水準が示されている。環境省が発表しているものに加え、都道府県において独自に作成しているところもある。

GIS
Geographic Information System の略で、「地理情報システム」と訳す。地図上にさまざまな情報を重ねて表示したり分析するシステム。

GPS
Global Positioning System の略で、「全地球測位システム」と訳す。人工衛星を利用して自分が地球上のどこにいるのか正確に割り出すシステム。

① 主な動植物調査の種類と特徴

	調査の目的	調査の方法	結果の整理方法	特徴
植物調査	植生状況の把握	植生調査（空中写真の判読による方法や植物社会学的手法による方法などがある）	相観植生図（コナラ林、ススキ草地など主な構成種で表示） 現存植生図（群落区分ごとに表示）	・対象地を覆う植生を区分ごとに面的に把握することができる。 ・特に現存植生図は地形や水分条件等基盤条件についての情報も把握することができる。環境管理の基礎情報として不可欠。
	植物相の把握 （主として高等植物）	フロラ調査（現地踏査により確認された種すべてを記録）	フロラ・リスト（植物確認種リスト）	・対象地内に生育する植物の種類が把握可能 ・活用可能な草花や排除すべき外来種、保全すべき貴重種等の生育の有無を把握するために必要。
	保護・保全すべき貴重な植物種の分布状況把握	貴重種等の分布と生育環境の調査（レッドデータブック記載種や天然記念物指定種等が対象）	貴重種等確認地点位置図 種別生育環境特性表	・保護または保全すべき種の生育地点とその環境が把握でき、保全措置を講じる場合の基礎資料となる。 ・盗掘の心配から公表しない場合が多い。
動物調査	動物相の把握、生息動物の分布状況把握（主として哺乳類、鳥類、両生・爬虫類、昆虫類、魚類）	動物種および生息地の確認調査（踏査ルートから確認できた種を記録。食痕、糞等の確認地点含む。トラップ等を用いて捕獲し種数および個体数を記録する場合もある）	種類別動物種確認リスト、動物確認地点位置図	・対象地内に生息あるいは確認された動物の種類が把握できる。 ・貴重種等の生息の有無を把握するために必要。貴重種保護のため、公表されない場合が多い。 ・調査範囲内の確認地点（鳥類の場合は飛翔ルートも含む）の点的な情報のため全域の面的な情報になりにくい。

●その他目的に応じた調査 計画や設計で行う植物調査としては、保全すべき植物や活用可能な資源の抽出、維持管理方法を検討するために、樹林の生育状況、管理状況や生育基盤の特性を把握するための調査、巨樹や景観木といった特徴的な植物種や個体の分布状況、各樹木の位置を確認し形状寸法や樹勢などを把握する毎木調査などを行う。

また、最近では対象地の生物多様性の保全や観察・学習の場として適切に維持管理していくため、外来種等の生息・生育状況、樹林の過密度や植物の過繁茂の状況等を把握することも重要な調査になっている。（池尻）

調査と解析

景観の調査

景域
ドイツ語のLandschaftの訳で「人間の生活・生産活動が行われている動的な地域」（井手久登、武内和彦『自然立地的土地利用計画』）。Landschaftを景観や風景と訳す辞書もあるが、Landschaftには目で見た視覚的な状況以外に、その土地の生態的な状況や人々の生活との関わりとの状況などの情報が含まれている。

●景観の現状把握に必要な調査　景観調査は、公園やランドスケープの計画・設計において特に重要な調査項目の一つである。景観には、見える・見えない、あるいはどこから見る、何が見えるといった視点場（してんば）と対象物との関係からなる視覚的な側面や、対象物などが目立つ・目立たない、あるいは圧迫感や季節感等の心理的な側面、歴史性、地形や植生、土地利用等が形づくる空間構成的な側面があり、計画・設計の際に、計画地の内部のみならず周辺を含めた広い範囲で現状を把握する。景観調査では、主観的になりがちな景観の現状把握について、計画地の景観的な特性と位置付けを対象物の形状等を把握してできるだけ客観的に明確にしておく必要がある一方、計画・設計する立場から周辺と調和した空間づくりや施設の設計をする上で生かしたい眺望や資源、それらから得られるイメージといった点などを把握することも必要である。また、景観の背景にある歴史や生活の営みなどの文化的な把握も重要である。なお、景観の状況は季節や時間、あるいは人の存在によって大きく異なるため、実施時間や場所等に留意する必要がある。

景観調査は以下のような内容・方法で実施される（①）。

①　景観の現状把握のための調査

調査項目	調査内容・方法	結果の示し方
眺望	現地調査や既存資料を用いて展望台などの見晴らしの良い地点や遠景にランドマークとなる山などを望む地点等を抽出し、そこから望まれる対象物、眺望地点から見える範囲、風景の構成や阻害要因を把握する。また、眺望地点の状況や眺望地点までのアクセスなども把握しておくとよい。 道路上や鉄道等移動手段からは、車窓からの眺望の変化など（シークエンス景観）を把握する。	眺望地点・眺望対象分布図 眺望地点からの眺望状況（景観写真等）
視認性（見られやすさ）	計画地等がその周辺からどの程度見られやすいかを客観的に示すため、周辺の主要な視点場を抽出・設定し、地形モデル等を用いて、その視点場から対象地が見えるか見えないかを判断して、見える視点場の数によって見られやすさを示す。	視認性解析図（②）
景観資源	現地調査や既存資料を用いてランドマークとなる山や工作物、渦潮等の自然現象やサクラ並木、巨木等の自然資源のほか、地域の歴史・文化を象徴する寺院等の資産や行事（行事が行われる場所）、歴史的町並みや七夕が実施される商店街等を抽出して位置やその特徴を示す。眺望地点も景観資源として抽出する。 地域の景観資源は、観光資源や文化財指定地等を参考にするほか、古文書や古い絵画・学校の校歌等の活用や古老へのヒアリング等によって抽出することができる。	景観資源分布図
景観区分（景域区分）	広域を対象とする場合や大規模な計画地等の場合には、地形、植生、土地利用等によって特徴付けられるまとまりのある景観を呈する空間の領域（景域）を区分し、各々の特質を把握する。 例えば、丘陵地の場合には主要な稜線で区分される集水域が区分の単位となる。さらに広域的な観点からは、丘陵地景観域、田園景観域等の区分となる。 また、市街地の場合には領域の区分のみではなく、空間を区切っている場所（エッジ）や、ランドマークの分布、人のたまる場所（ノード）など空間内の特徴を示す場合もある。	景観（景域）区分図 景観特性図

●景観の変化予測　計画・設計した対象物が、どのように見えるのか、周辺の景観にどのような影響を与えるのかを把握するために、現況写真や数値地形モデルに計画を描き入れた景観モンタージュや模型の作成による景観シミュレーション、それらを使った意識調査等を実施して景観の変化とその影響を把握する（②③）。景観シミュレーションは、複数の計画案で作成し、それらを意識調査によって比較検討して最終的な計画案を選定する目的でも使用される。

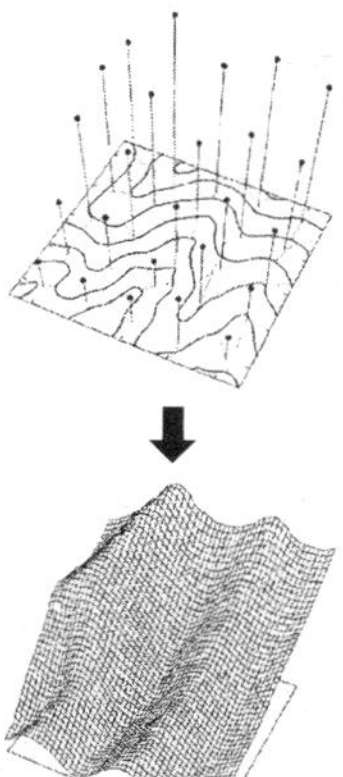

数値地形モデル
地形を地形図の等高線から三次元座標でデジタル表現したもので、等間隔の格子点ごとに標高値を与えて描く。

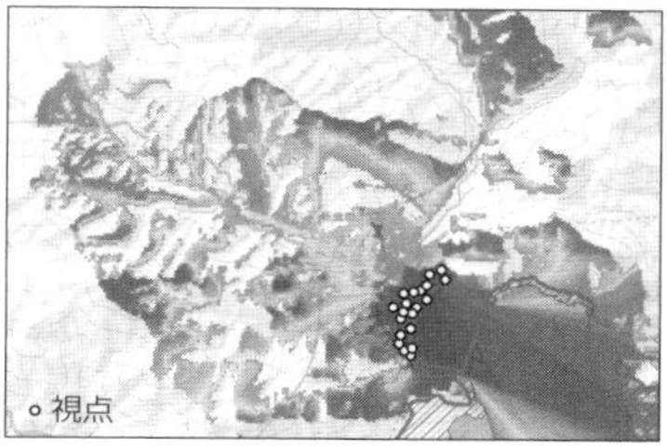

② **数値地形モデルを使った視認性解析図例（可視頻度図）**
数値地形モデルを利用し、設定した視点から可視できる範囲を解析（可視領域図）した上で、複数視点分の可視領域図を重ね合わせて、ある地点の可視頻度図を作成し、景観的に重要な場所を把握する（色が濃いほど可視視点数が多いことを示す）。また、地形改変後の数値地形モデルによる解析図と比較することで、景観の変化が予測できる。

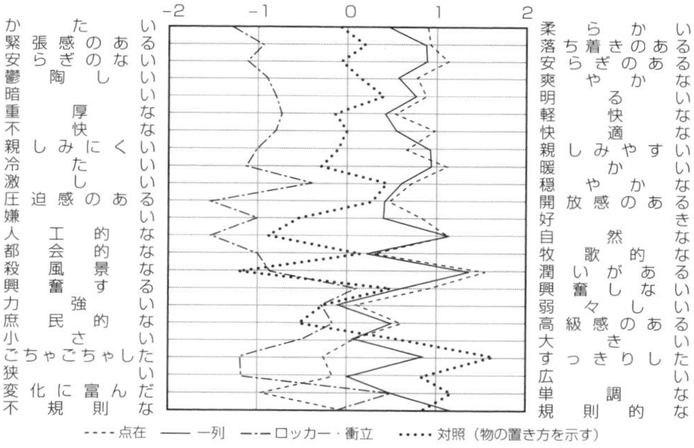

③ **意識調査方法の一つ、SD 法による心理実験のための評価項目例**
SD 法とは心理実験の方法の一つで、実験の対象となる景観を被験者に見せ、対象ごとに形容詞対応の評価尺度（5 段階または 7 段階）で回答してもらい対象に対する意識を把握する。

●景観調査結果を生かすために　景観は、対象物までの距離によっておおまかに遠景・中景・近景の 3 段階で成り立っているが、計画・設計の場合には、近景のデザインのみが検討されがちである。しかしながら、景観は間近の近景の背後には中景があり、さらに後ろには遠景が広がり連続している。また、景観の印象には個人差があり、地域独自の文化に育まれてきた歴史を有していることが多い。このような景観の成り立っている地形や文化などの背景までも理解し、広い視野から結果を判読して生かしていく必要がある。（池尻）

緑被地・緑地の調査

緑被地の分類例

大項目		小項目
樹林地		・針葉樹林 ・広葉樹林 ・混交林
農耕地		・田 ・作物の植えられている畑 ・作物の植えられていない畑
草　地		・ゴルフ場以外の草地 ・ゴルフ場
非緑被	裸　地	・グランド ・造成裸地
非緑被	市街地	・ビルなどが密集した市街地 ・中低層住宅地 ・農村集落
非緑被	水　域	・湖沼 ・河川 ・海水

緑化率

開発における緑化の義務付けや、公共施設、工場等の緑化目標を示す場合に緑化率が用いられる（緑地率とする場合もある）。緑化率は一般に敷地面積に対する緑化面積や敷地外周延長に対する緑化延長として示され、緑化地として認められる緑化の内容や算出方法が法令等で詳細に規定されている場合が多い。

●緑被地とは　一般に植物で覆われた範囲をいい、水面や裸地（らち）（学校のグランドなど、緑が覆われていなくても舗装されていない土地）が含まれる場合もある。緑被地の面積は、樹林・樹木や竹林に真上から光を当てたときの投影面積で、農地や草地、水面等はその土地の面積で表される。ある地域における緑被地の割合は緑被率で示し、主として都市部において緑の量やその増減を示す指標として用いられる。緑被率を算出する方法は調査精度によって異なるが、都市レベルや地域レベルでは縮尺3,000分の1～10,000分の1程度の空中写真（カラー写真または赤外線写真）を用いて緑被の種類別に判読し、緑被分布図を作成して面積を測定する。広域の緑被率を算出する場合には、衛星画像を用いて解析し、緑被率を求める場合もある。緑被分布図の作成は、写真の購入や判読等に時間と費用がかかるが、貴重な基礎資料となるため現存植生図とともにぜひ一定の方法で経年的に調査・作成したい資料である。

●緑地とは　一般には都市公園や緑化された施設、社寺林、樹林地・草地、農地等の緑豊かな土地や河川・池沼等を示す。法令をもとに土地を所有する施設緑地と、所有しない地域制緑地に大きく区分する分類がよく用いられる（①）。ある地域における緑地の割合は緑地率で示し、緑被率と同様の指標として用いられることが多い。緑地率は、緑地として定義した土地について既存の土地利用現況図や現存植生図などを用いて算出することが多く、GISデータを活用すれば図化および算出が容易である。

①　緑の基本計画における緑地の分類例

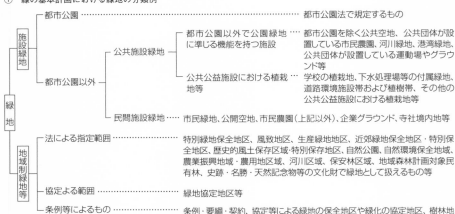

- 緑地
  - 施設緑地
    - 都市公園 …… 都市公園法で規定するもの
    - 都市公園以外
      - 公共施設緑地
        - 都市公園以外で公園緑地に準じる機能を持つ施設 …… 都市公園を除く公共空地、公共団体が設置している市民農園、河川緑地、港湾緑地、公共団体が設置している運動場やグラウンド等
        - 公共公益施設における植栽地等 …… 学校の植栽地、下水処理場等の付属緑地、道路環境施設帯および植樹帯、その他の公共公益施設における植栽地等
      - 民間施設緑地 …… 市民緑地、公開空地、市民農園（上記以外）、企業グラウンド、寺社境内地等
  - 地域制緑地等
    - 法による指定範囲 …… 特別緑地保全地区、風致地区、生産緑地地区、近郊緑地保全地区・特別保全地区、歴史的風土保存区域・特別保存地区、自然公園、自然環境保全地域、農業振興地域・農用地区域、河川区域、保安林区域、地域森林計画対象民有林、史跡・名勝・天然記念物等の文化財で緑地として扱えるもの等
    - 協定よる範囲 …… 緑地協定地区等
    - 条例等によるもの …… 条例・要綱・契約、協定等による緑地の保全地区や緑化の協定地区、樹林地の保存契約、協定による工場植栽地等

●緑被分布図と緑地分布図を利用した解析　緑被分布図に、法令で指定される①に示す分類に基づいて緑地分布図を重ねると、ある都市や地域で現存する緑被が将来どのように変化するかについておよそ予測することができる（②）。現在、緑被地が多く分布する地域であっても、法令による緑地の指定範囲が少なく担保力が弱い場合には、将来的に開発される可能性が高い。両分布図をGISで作成すれば、このような重ね合せによる解析が容易であり、地区別に将来残存する緑被率を予測することもできる。

●計画指標としての緑地率　緑被率や土地利用を元にした緑地率は、ある都市や地域の緑の現状、推移を把握する場合には有効であるが、ほかの都市と比較する場合は、凡例や算出方法が異なることが多く、注意が必要である。また、市町村全域を対象とした緑の基本計画などにおいて将来目標値を示す場合、定期的に緑の量的な把握・評価を行うことを考慮した指標を選ぶことが必要となる。（池尻）

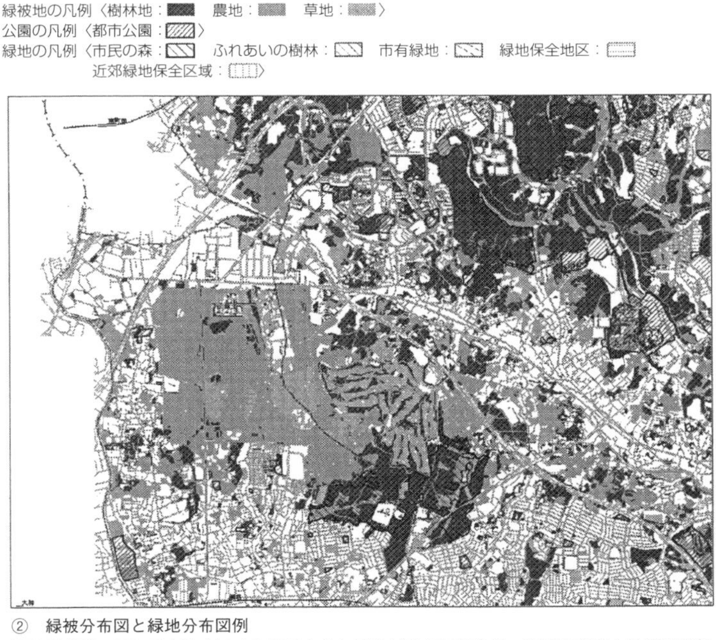

②　緑被分布図と緑地分布図例
緑被地が残っていても法令により指定された緑地が少ない場合は、開発などの土地利用の転換によって消滅する可能性があることが分かる。

調査と解析

利用に関する調査

都市公園利用実態調査
国土交通省では、都市公園の利用実態や利用者の都市公園に対する多様なニーズを把握し、今後の都市公園の整備・維持管理等の在り方を検討するための基礎資料とすることを目的として、定期的に利用者数調査および利用者を対象としたアンケート調査を実施している。

●調査の目的と内容　公園等造園空間は、人との関わりで成り立っている。そのため、計画設計時には整備する公園や施設等をどのような人にどのように利用してもらうか、利用者数や利用の状況を予測し、目標利用者数や、動線、導入する機能、施設の規模等を検討する。そのために、周辺の状況とともに利用者となる人たちの意向なども併せて把握する。すでに供用されている公園等では、誰がどのように利用しているか、利用の実態を把握するため、利用者数や利用の状況をはじめ、利用者の満足度や要望等利用の実態を調査する。利用実態調査結果は分析することで、適切に管理運営されているかをチェックして利用サービスの改善につなげる重要な基礎データとなる。

●利用実態把握のための調査　利用実態調査は、大きく利用者数等の「量」を把握するための調査、利用経路や利用施設等の「行動」を把握するための調査、利用者満足度や利用者の意向等の「意識」を把握するための調査の３つに区分することができる（①)。「量」の調査としては、利用者数のカウント調査が代表的で、「行動」の調査としては、利用者の利用経路や滞在時間等のアンケート調査により把握するほか、行動を追跡できるデジタル機器を用いる方法がある。利用者の「意識」の調査としては、利用者を対象とした聞き取りやアンケート調査、あるいはグループでのワークショップ等の方法で把握する（②③)。

●利用実態調査の留意事項　利用実態調査は、定期的に実施することで経年的な変化を把握することができるため、定量的・定期的・継続的に実施することが重要となる。

利用実態調査を実施する際は、目的や公園等の特性に応じて、調査対象、調査項目、調査時期、調査方法を設定する。ユニバーサルデザインの観点から調査する場合は、一般の利用者とは別に調査対象を設定し、どのようなサービスや配慮が必要か、利用の満足度やニーズ等を把握することも必要となる。「行動」や「意識」を把握するためには、アンケート調査や聞き取りにより実施する（④)。アンケート調査では、利用者の年齢や居住地等の属性による利用傾向、休日や平日、季節による違いなど、利用特性を十分に反映した結果が得られるように、調査対象や調査項目、調査時期を設定する。また、定量的な分析が可能となるように十分なサンプル数を設定し、属性によって偏りがないように回答を収集する。利用者のニーズを深く把握したい場合や調査を通じてコミュニティの形成につなげるねらいがある場合には、ワークショップ形式の方が把握しやすいという利点がある。（池尻）

① 利用実態把握のための調査内容・調査方法例

調査項目区分	調査内容例	調査方法例
量の把握	・利用者数（全体、施設別等） ・滞留者数（全体、地点別、メッシュ単位別等）	カウンター装置や調査員による現地でのカウント調査 ビッグデータを利用した調査（②）
行動の把握	・利用経路 ・滞在時間 ・交通手段	アンケート調査 ビーコンを利用した調査（③）
意識の把握	・施設認知度、好きな場所等 ・快適性等評価 ・利用満足度 ・意見・意向	アンケート調査（④） 聞き取り ワークショップ

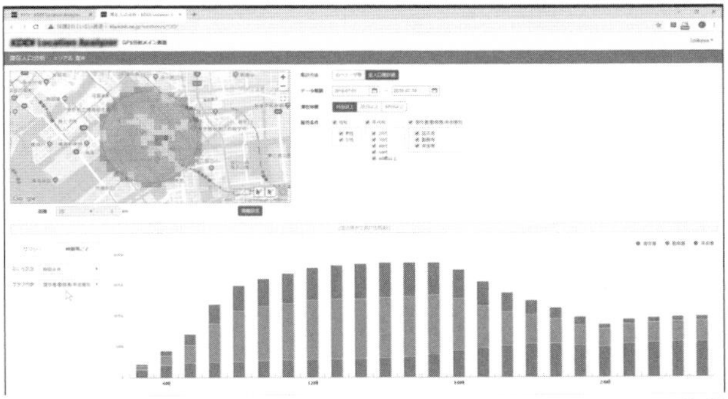

② 携帯電話の位置情報を利用した調査・分析例（KDDI Location Analyzer にて作成）
携帯電話をほぼ一人一台所持していることに着目し、位置情報から得られるビッグデータを利用して調査範囲内の滞留人口分布や交通量、施設利用者の年齢別、居住地別等を分析して結果を表示できる。年間を通じて 24 時間把握可能なだけでなく、とらえることが難しかった人の動きも面的に把握することができる。

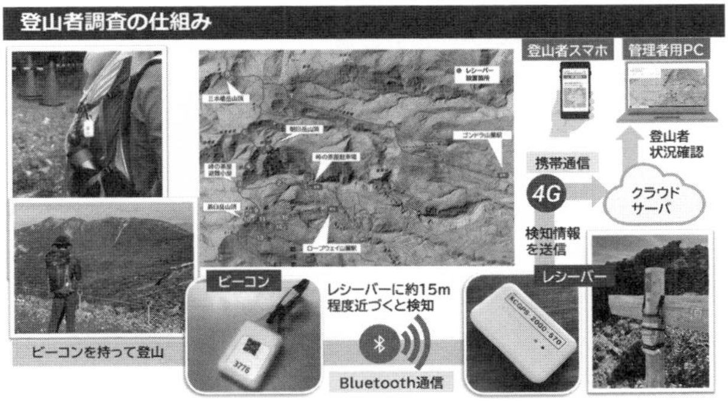

③ ビーコンを利用した調査例（登山者動態調査例、富士山チャレンジプラットフォーム提供）
登山者にビーコン（Bluetooth 電波を利用した小型の位置情報発信機）を配布し、レシーバーで電波を受信することで登山者の行動を把握する。登山者の行動パターン、登山者の多い時間帯など調査対象範囲内の人の動きを定量化して把握することができる。

回答者の属性	性別、年齢、職業、住所 グループ構成
誘致距離	公園までの到達時間 公園までの距離
利用状況	交通手段 公園を知ったきっかけ （公園の認知手段） 公園を選択した理由 活動内容 在園時間 来園頻度 利用上の満足度 （15 項目） 管理状況に関して気付いた点 欲しい公園 公園に期待する役割 自由意見

④ アンケート調査設問例（都市公園利用実態調査）
利用特性を解析するために年齢や居住地等属性、交通手段や認知手段等の利用の基礎的情報のほか、活動内容や在園時間等の「行動」、満足度や欲しい公園等の「意識」を調査項目として設定している。

計画と設計

設計意図と表現

●設計意図 設計意図とは、設計者が描く設計の意図のことである。設計に際し、設計者は頭の中で空間のイメージを構築し図面化していく。図面は設計者の意図を伝える重要な媒体であるが、図面のみで設計意図のすべてを伝えることは不可能であると言ってよい。

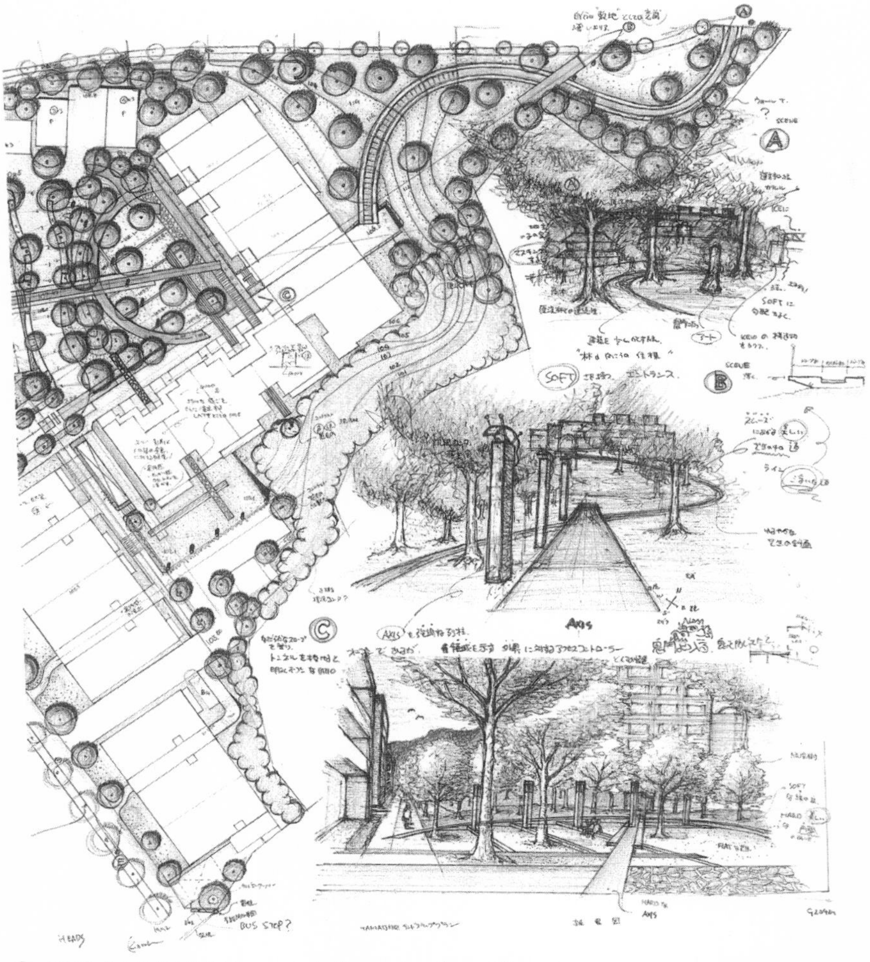

① 図面化される前のスタディ。コンセプトメーキングから具体的な空間イメージが検討され、平面図に落とされる。

なぜ図面だけでは不可能なのか？　まず第一に、「空間（三次元）をつくる」指示図である図面が「平面（二次元）」で表現されていることに原因がある。図面化される過程において、設計者の頭の中に構築された空間は、設計者の手によって二次元の図面に落とされていくが、その段階で表現しきれない部分がどうしても出てくる（①）。

次に、造園空間で使用される材料に関する問題がある。造園空間で使用される材料は樹木であったり、石であったり自然のものが多く、それらの材料は工業製品のように、正確に同じものということはありえない。むしろ、一つひとつに個性があると言ってもよく、そのような個体差（ばらつき）のあるものを図面のみで表現することは今の技術では到底不可能である。つまり図面では「それ（最終的に使用される材料）」に近いものを指定することしかできないのである。ましてや、造園空間はそれらの組合せによってつくられているのだから、いかに図面で表現するのが困難であるかは想像できると思う。

●ほかと違う造園空間の表現方法　実は、設計意図の伝達しにくい部分は、造園空間の出来映えを左右する非常に重要な事項である。では現在、これらはどういった形で設計者から施工者へと伝達されているのであろうか？　一つは設計者がじかに施工者に伝達するというスタイルがある。これは民間の工事ではよく取られている方法だが、公共の場合はこのようなシステムはほとんど取られない。例外的に日本庭園などの工事ではこういった手法がとられることもあるが、基本的にはできないシステムになっている。つまり、日本の公共造園の場合、図面以外での設計意図の伝達は行われていないのである。

このことは、日本の公共造園における図面と施工との関係が土木のシステムに倣っていることに起因している。土木の図面は設計図が施工図であり、そこにすべての情報が盛り込まれていることが前提になっている。したがって設計者がそれに何らかの説明を「付け加える」ということはあり得ないのである。例えば、道の設計の場合などで考えると分かるが、図面において指定すれば誰が施工してもそのとおりにできる。そういった土木のシステムが造園の工事にも適用されている。しかしながら、生き物を扱い、イメージを重視する造園工事の場合は、図面を渡されたからといって誰がつくっても同じというわけにはいかないのである。

造園の空間を豊かなものにするためには、設計意図をうまく表現できる設計表現手法を確立することと、設計者と施工者との直接のコミュニケーションが行われるシステムを持つことが重要だろう。（加藤）

計画と設計

コンセプトワーク

●デザインの視点 ランドスケープデザインを一言で言うと、その土地の自然や立地のポテンシャル（そこに潜在する力や可能性）を把握した上で、そこに求められるいろいろな役割や機能を実現し、人にとっても生き物にとっても、快適な空間をデザインしていくことである。もちろん、保全する、残すといった「ものを作らないデザイン」も重要なランドスケープデザインであり、ほかの建設系のデザインと大きく違う点である。

ランドスケープデザインの本質は、そこにいる人たちを豊かな気持ちにさせる空間を、緑をうまく使いながらデザインすることにある（①）。

愛犬との豊かな生活

愛妻との豊かな生活

① 豊かな気持ちになれる空間

●豊かな空間、豊かな生活 造園がつくることのできる豊かな空間とはどんな空間だろうか。豊かさや幸せを感じる空間と、それを感じない空間との差はどこにあるのだろうか。その差は「空間の質」にある。「もの」もしくは「施設」と言い換えてもよいが、それだけでは人は豊かな気持ちになることはできない。「もの」は上質な空間とセットになって初めて人を豊かな気持ちにさせてくれるのである。上質な料理を味わうには上質な空間が必要なように（②）。

② 二つの写真は桜と広場の空間構成。どちらが豊かな空間かは説明するまでもない。

●コンセプトワーク　「豊かな空間」をデザインすることがランドスケープデザインであり、決して単体の「もの」をデザインすることではない。「もの」と空間との関係、「もの」とその土地との関係、それらを含んだ空間全体をデザインしていく作業がランドスケープデザインである。

ランドスケープデザインにおけるコンセプトワークとは、こういった「空間のありよう」を考えることであると言ってよい。そこで展開される「豊かな生活」を実現するための基盤となる空間のありようを検討するのである。例えば、広場を計画するときには「広場」という「もの」だけがあればいいのではなく、それを味わうための空間とセットでデザインし、そこで展開される「豊かな生活」をイメージすることが重要である（③）。

③　夕日を楽しめる「豊かな空間」のスタディ

●どうやったらできるようになるか　豊かな空間をデザインするには、素晴らしい空間をたくさん体験・体感することが必要である。豊かな気持ちにさせてくれる空間を体験しない限り、豊かな空間をつくることは不可能だと言ってもよい。心地良い空間、癒される空間、うきうきする空間、さまざまな空間を、五感をフルに動員し体感すべきである。そして、それが何によってもたらされているのかを考え、解明していく努力をすることが重要である。

日本には四季があり、四季それぞれにランドスケープは変容する。さらに、時の流れとともに空間は変容していく。「時」を理解しなければランドスケープはデザインできない。生命体である植物を活用して空間をつくるということはかくも難しい世界である。そういった意味でも「生き物と付き合う」ことは良い空間をデザインする上で非常に重要である。

豊かな空間をデザインするためのスキルは必要である。空間構成、納まりなど定石と言えるスキルは存在する。しかし、そういったスキルより重要なのは、その土地やその土地の歴史、文化、多くの生き物、そこを利用する人々への深い理解と愛情である。（加藤）

計画と設計

都市開発と造園

代表的な都市開発の造園空間

六本木ヒルズ（東京都）

キャナルシティ（福岡県）

●都市開発と造園　東京や大阪などの大都市では、大規模な都市開発が相次いでおり、どの開発も話題となるような造園空間（ランドスケープ）が生み出されている。これは、都市開発時におけるランドスケープの重要性、有効性が認められた結果と言ってもよく、今後も、その役割は重要度を増していくだろう。

大規模都市開発によって生み出された快適で素敵なランドスケープは、プロジェクトの魅力アップに大きく貢献すると同時に、ほかのプロジェクトとの差別化を図ることもできる。またビルに勤める人たちや商業施設を訪れる人たちにとって、かけがえのない癒しの空間にもなっている。

しかしながら、21 世紀の都市は、ランドスケープに「ビルの外構」としての役割だけを求めているのではない。言うまでもなく、大規模都市開発は都市の環境に非常に大きなインパクトを与える。緑や生き物を失うことにつながる開発もあり、逆に緑や生き物の新たな棲息空間を生み出す開発もある。大規模都市開発におけるランドスケープは、都市環境の将来を大きく左右する存在であり、ヒートアイランド問題などに代表される都市環境問題の有効な解決策の一つとして、非常に重要な役割を担うことが期待されている。

●都市の環境改善と造園　都市環境の改善という視点で都市開発のランドスケープを見た場合、開発地の中だけでその在り方が考えられるのではなく、俯瞰的に開発地周辺との関連性を捉えて計画されることが重要である。つまり、計画地周辺を含めた都市の環境構造（地域のオープンスペース構造・緑や生き物のネットワーク・歴史・文化など）の中で計画地を捉え、どのような屋外空間が必要であるかが整理された上で計画・デザインされることが重要であり、その思考こそがランドスケープデザインの大きな特徴であると言ってよいだろう。もちろん、開発を始める前に、計画地を中心としたエリアをどのような都市にしたいのか、またするべきなのかといった都市開発のグランドデザインを持っていることが重要であることは言うまでもない。

最近ではこのような意味で高く評価できる計画が増えてきており、ここではそのいくつかを紹介してみたい。

●品川インターシティ（東京都）　この計画では、板状の建築空間の中央に長さ400m、幅45mのリニアな緑のオープンスペースがとられている。このオープンスペースは、両端が都市公園、中央部分は公開空地を連結させるという手法で確保されており、官・民の協働によって地域の新しい環境構造が生み出されている。

●なんばパークス（大阪府）　この計画では、もとは野球場であった土地に開発された商業施設の屋上に立体公園的な緑の空間が生み出されており、緑の少なかったこの地区にとって貴重な緑となっている。ランドスケープによって商業施設の魅力アップと地域の環境向上を両立させた計画である。（加藤）

計画と設計

模型とランドスケープ

●模型によるスタディ　ランドスケープデザインを行う場合、模型によるスタディ、プレゼンテーションは非常に有効である。スケッチを描いたり、CG を起こしたりすることも効果的であるが、そういった二次元上に表現されたものより、「立体物」であるという力は大きいものがある（①）。

①　コンペに使用したプレゼンテーション用模型（完成模型）

●スタディ模型と完成模型　模型にはスタディ模型といわれる、デザインを検討していく過程にデザイナーが活用するための模型と、作品を人に説明するためのプレゼンテーション用の模型（完成予想模型）とがあり、模型の表現方法も大きく違う（②）。

②　スタディ模型
高低差のある谷戸地形の公園をデザインするためのスタディ模型。模型はスチレンボードで大まかな土台をつくった上に油粘土を載せてある。公園のランドフォームや構造物との納まりをチェックするためにつくられた模型。

③　プレゼンテーション用模型（完成模型）
都市のウォーターフロントの公園を提案するコンペに使用した模型。昼の公園と夜の公園の違いを表現するために夜の情景も表現できる模型として作成した。照明を組み込むために、畳2畳分ぐらいある大きな模型となってしまった。

●模型作成とその目的　模型を作成する場合は、模型をつくる目的を明確にしておくことが非常に重要である。スタディ模型であれば、何の検討を行うための模型であるかを明確にすること、プレゼンテーション用模型であれば、そのプランの何を、誰にどう理解してもらうためにつくるのかを明確にすることが重要である。それらがクリアになって初めて最も適切な模型の表現手法・材料・スケールなどが決まる（③④）。（加藤）

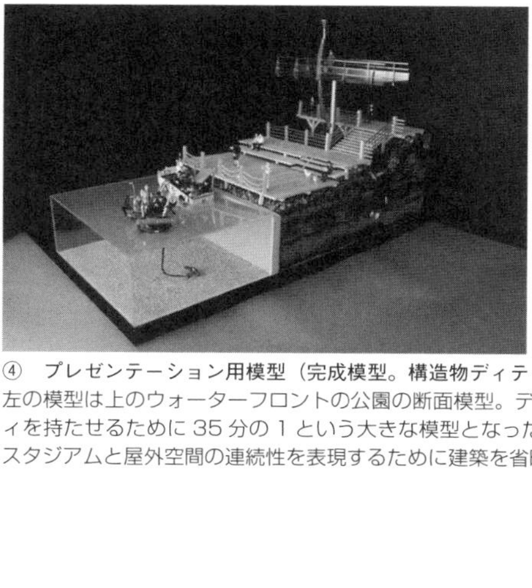

④　プレゼンテーション用模型（完成模型。構造物ディテール）
左の模型は上のウォーターフロントの公園の断面模型。デッキや、デッキの下のビオトープ、水上屋台などにリアリティを持たせるために35分の1という大きな模型となった。右の模型は、①のサッカースタジアム部分のディテール。スタジアムと屋外空間の連続性を表現するために建築を省略せず模型化している。

公共造園工事の図面と積算

計画と設計

●積算 積算とは、設計図面や仕様書に基づき、材料の数量や施工手間を計算し、施工工事費を算出することである。積算のやり方は公共の工事と民間の工事では大きく異なり、公共でも役所などの違いによってその算出方法、基準などが違う。ここでは、一般的な公共事業での積算について解説する。

造園の公共事業において積算が必要な理由は、会計法規等によって「予定価格」の作成が義務付けられているからである。「予定価格」とは、発注側が図面と仕様書をもとに見積もった金額のことであり、この金額を積み上げる作業が公共事業の積算である。なお、この「予定価格」は、発注する造園工事などの落札上限価格となり、この価格を下回る入札をした業者の中で最も低い金額を提示した業者がその工事を落札することになる。

●請負工事費の構成 請負工事費の構成は、さまざまな公共工事を積算基準などによって統一的に行うためのもので、工事の予定価格を合理的に組み立てた体系である。

① 請負工事費の構成

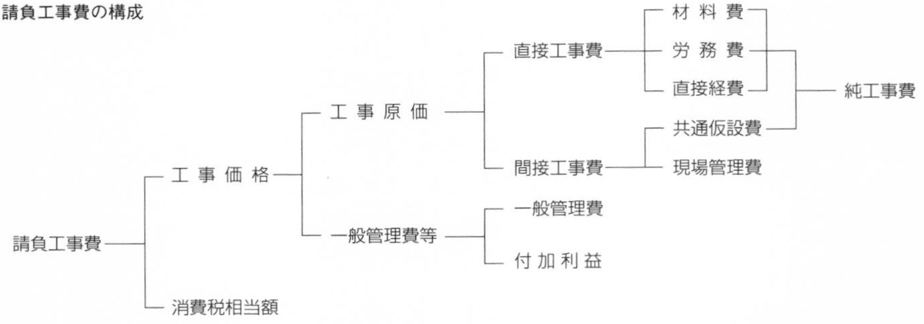

直接工事費	工事目的物をつくるために直接かかる費用。材料費、労務費、直接経費の合計になる。直接経費とはその目的物をつくるために用いられた機械など個別的にかかる費用を指す。
間接工事費	現場事務所の設置に要する費用など、工事全体で共通に必要とする経費で、個別的な経費である直接工事費の中の直接経費とは分けて考える。
工事原価	工事現場で必要とされる総費用。直接工事費と間接工事費の合計になる。
一般管理費	工事とは直接関係ないが、工事を受注した企業の経費を受注工事代金の中に割掛けして盛り込まれる経費。
工事価格	工事原価と一般管理費の合計額。

●積算で作成される書類 直接工事費は、設計図から工事対象物の面積、長さ、個数などを算出し、工事対象物の単価を掛け合わせることによって算出するものである。工種が多く、少量の材料を使用することや、複雑な

納まりの多い造園の積算では、膨大な量の書類を作成することとなる。

（加藤）

平面図

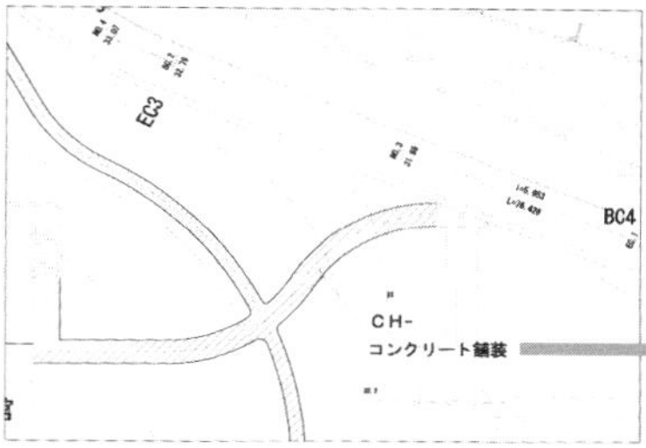

数量計算書

図面から積算すべき工事対象物の面積・長さ・個数などの数量を算出し、まとめたもの。

工事区分	工種	種別	細別	数量	単位
施設整備	園路広場整備工	アスファルト舗装工	アスファルト舗装-1	160	m2
			アスファルト舗装-2	102	m2
		コンクリート系舗装工	インターロッキング舗装	150	m2
			コンクリート舗装	31.5	m2
		レンガ・タイル系舗装工	レンガ舗装	50.	m2
			タイル舗装	26.	m2
		園路縁石工	レンガ縁石	52.	m
			タイル縁石	33.	m

材料計算書

工事対象物をつくるのに必要な材料の種類や量を算出したもの。

名 称 ： CH- コンクリート舗装　100㎡当り

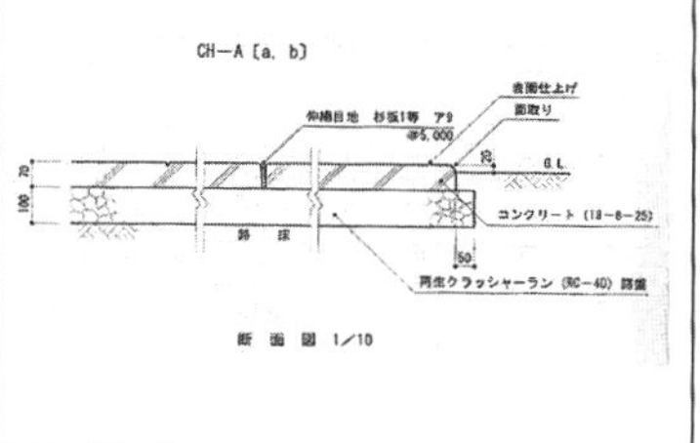

名 称		計 算 式			単位	数 量
床掘り	BH=0.2	0.15*100	=	15.00	m3	15.0
残土処分	場内	0.15*100	=	15.00	m3	15.0
再生クラッシャーラン路盤	t100	100.0	=	100.0	m2	100
18-8-25(20) コンクリート		0.07*100	=	7.000	m3	7.00
型枠 小型構造物	直面	0.07*2*10	=	1.400	m2	1.40
コンクリート ハケ引き仕上げ		0.9*0.9*100	=	81.00	m2	81.0
伸縮目地	杉板1	0.07*2*10	=	1.400	m2	1.40
目地切り		8*2*10	=	160.0	m	160
			=			
			=			

内訳書

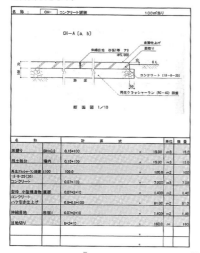

数量計算書で算出された数量と単価表で算出された単価を乗じた直接工事費を算出するための書類。

本 工 事 費 内 訳 表

工事区分/工種/種別/細別	単位	数量	単価	金額
施設整備				
園路広場整備工				
アスファルト舗装工				
アスファルト舗装-1	m2	160	3,520	563,200
アスファルト舗装-2	m2	102	2,850	290,700
コンクリート系舗装工				
インターロッキング舗装	m2	150	5,230	784,500
コンクリート舗装	m2	31.5	2,004	63,126
レンガ・タイル系舗装工				
レンガ舗装	m2	50.1	8,540	427,854
タイル舗装	m2	26.3	11,200	294,560

単価書

工事対象物の単価。材料計算書等で算出された数量とそれぞれの単価を乗じたものに、施工時に必要な職種別人員と労務単価を乗じて算出された労務費を加えたもの。

コンクリート舗装 CH-　100 m 2当たり 単価表

名称規格	単位	数量	単価	金額
床堀 BH=0.2	m3	15.0	200	3,000
残土処分 場内	m3	15.0	500	7,500
再生クラッシャーラン路盤 t=100	m2	100	400	40,000
コンクリート18-8-25	m3	7.00	18,000	126,000
型枠 小型構造物 直面	m2	1.40	5,500	7,700
コンクリートはけ引き仕上げ	m2	81.0	100	8,100
伸縮目地 杉板1	m2	1.40	100	140
目地切り	m	160	50	8,000
計				200,440
1m2当たり				2,004

② 積算で作成される書類

計画と設計

植栽計画

●植栽計画と造園 造園の計画・設計の中で、植物の種類や規格寸法、植える位置などを決めることを植栽計画という。配植ということばも同じ意味で使われている。造園、建築、土木設計などほかのデザイン領域との最も大きな違いは、造園は、「植物」を設計の最も重要な要素として扱うことである。「植物」という「生き物」材料を用いて緑の空間をつくり上げることが、造園のアイデンティティであると言ってもよいだろう。

●植栽計画 植栽計画を行う場合は、はじめに、植栽によってどんな空間をつくろうとしているのかを決める必要がある。人が木陰で休めるような空間なのか、眺める空間なのか、何かから遮蔽するための空間なのか、自然を復元するための空間なのか。そういった目的をはっきりさせた上で、用いる植物や植え方を決め、緑の空間をつくっていかなければいけない。

次に、植栽計画を行う際に把握しておかなければいけないことをいくつか整理してみよう。はじめに、樹木を植える場所の環境と樹木の持つ特性との関係を把握しておく必要がある。植栽を行う場の温度・日照・水分・土壌・風等の条件はそこに植えようとする樹木の重要な設計与件となる。樹木にも陽樹・陰樹・耐乾性・耐湿性・耐潮性等の環境に対する特性があり、それがうまく適合していないと樹木の健全な生育ができない。

次に、樹木を植える空間と樹木の成長後の大きさや樹形、成長のスピードなどの特性との関係を把握しておく必要がある。特にケヤキなどの早く大型になる落葉樹は、植栽時の大きさではなく、成長した時点での樹木の大きさに応じた計画にしておく必要がある。

さらに、樹木の流通についても把握しておく必要がある。樹木は、工業製品のようにいつでも入手できるわけではないことに注意したい。樹木を選定する場合は、欲しい樹木の必要とする規格が一般的に流通しているかを確認する必要がある。大量に使いたい場合は特に注意が必要である。

また、植栽の管理との関係も重要である。植栽完了後に、どの程度の管理ができるかが、植栽計画の重要な与件になる。管理レベルに応じた植栽計画を行う必要があるだろう。また、管理のやり方や頻度をきちんと考えることは、目標とする緑空間を実現させるために非常に重要なことである。

●植栽平面図 造園設計では、植物の種類や植える位置を指示する図面を植栽平面図という（①)。この植栽平図面は大抵の場合、高木の平面図と低木、地被植物の図面とに分けて図面化される。植栽平面図は、設計者の頭の中で構築された空間、イメージを二次元の平面図に落としたもので、見え方や、樹木のつくり出す空間、季節ごとの変化・香り・成長の仕方などさまざまな情報、設計意図がそこに埋め込まれている。しかしながら、そういった「意図」がこのような図面で表現しきれているかどうかは疑問が残る。今後、設計者の意図、描く空間が施工者に正確に伝わるような図面のシステムをつくり出すことが必要であろう。(加藤)

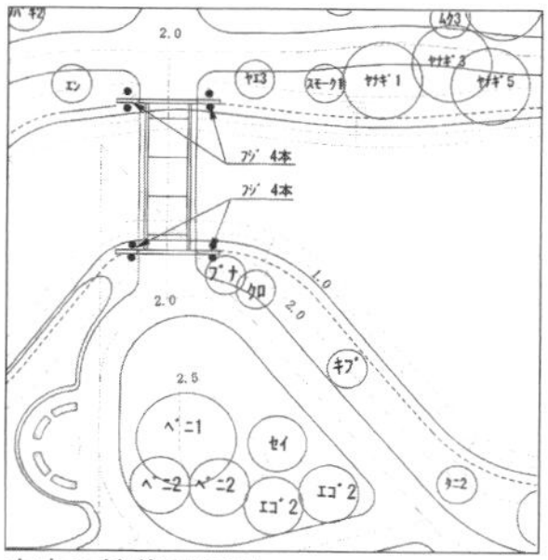

高木の植栽平面図

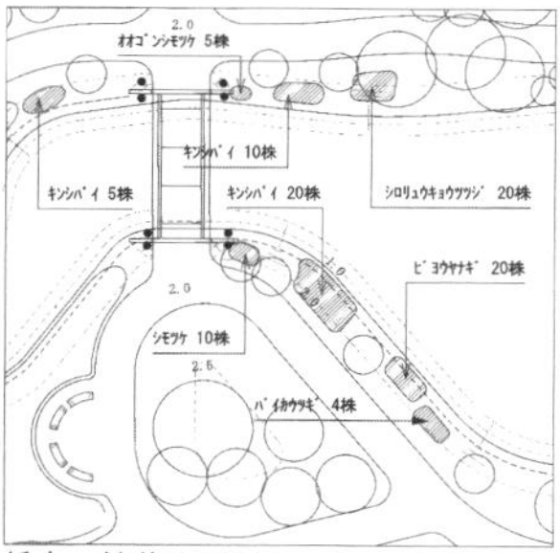

低木の植栽平面図

高木の凡例

種 別	表 示	細 別	規 格			単位	数量
植栽工			H	C	W		
高木植栽工	エン	シダレエンジュ	2.0			本	1
	エゴ2	エゴノキ	3.5	0.21	株立	本	2
	キブ	キブシ	1.5		1.5	本	1
	クロ	クロモジ	2.0		1.0	本	1
	スモーク1	スモークツリー	2.0		2.0	本	1
	セイ	セイヨウサイカチ	3.0	0.12	1.5	本	1
	タニ2	タニウツギ	1.0		3本立	本	2
	フジ	フジ	L=6.0	0.3		本	8

低木の凡例

種 別	表示	細 別	規 格			単位	数量
植栽工			H	C	W		
低木植栽工	▨	オオゴンシモツケ	0.5		0.4	株	5
		キンシバイ	0.5	3株立		株	35
		シモツケ	0.5	3株立		株	10
		リュウキュウツツジ	0.8		0.6	株	20
		バイカウツギ	1.0		0.6	株	4
		ビョウヤナギ	0.5		0.4	株	20

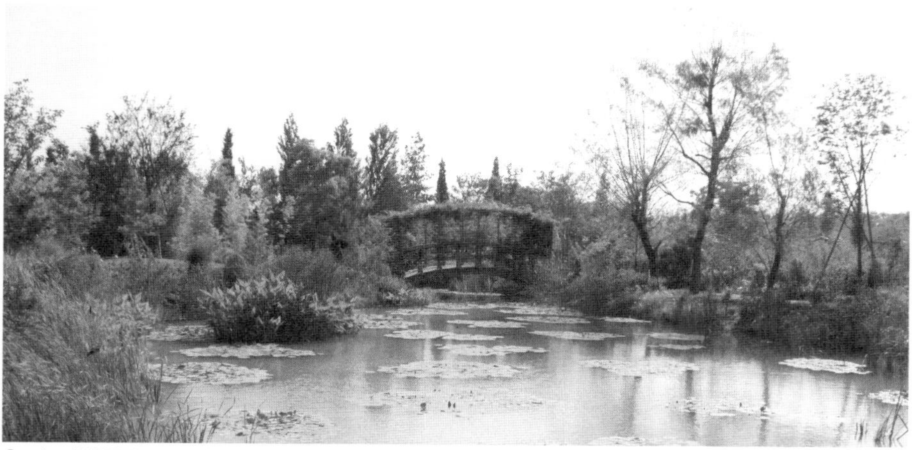

① 上の植栽図面によって施工された造園空間

計画と設計

施設計画

●造園でいう施設とは？ 造園分野でいわれている施設とは、都市公園法や自然公園法で定める施設、日本庭園の中の施設などさまざまなレベルの施設を指すが、ここでは、都市公園の施設を中心に解説する。

都市公園法で定められた公園施設には、次のようなものがある（①）。

① いろいろな公園施設

分　類	種　　類
園路広場	園路、広場
修景施設	植栽、芝生、花壇、生垣、日陰だな、噴水、水流、池、築山、彫像、灯籠、石組、飛石ほか
休養施設	休憩所、ベンチ、野外卓、ピクニック場、キャンプ場ほか
遊戯施設	ぶらんこ、すべり台、シーソー、ジャングルジム、ラダー、砂場、徒渉池、船遊場、魚釣り場、メリーゴーラウンド、遊戯用電車、野外ダンス場ほか
運動施設	野球場、陸上競技場、サッカー場、ラグビー場、テニスコート、バスケットボール場、ゴルフ場、ゲートボール場、水泳プール、温水利用場、健康運動施設、ボート場、スケート場、スキー場、相撲場、弓場、乗馬場、鉄棒、つり輪ほか
教養施設	植物園、温室、分区室、動物園、動物舎、水族館、自然生態園、野外劇場、野外音楽堂、図書館、陳列館、天体・気象観測施設、体験学習施設、記念碑ほか、遺跡等（古墳遺跡等）
便益施設	売店、飲食店、宿泊施設、駐車場、園内移動用施設、便所、荷物預り所、時計台、水飲み場、手洗い場ほか
管理施設	門、柵、管理事務所、詰所、倉庫、材料置場、苗畑、掲示板、標識、ごみ処理場（廃棄物再利用施設含む）、くず箱、水道、井戸、暗きょ、水門、護岸、擁壁ほか
その他施設	展望台、集会場、備蓄倉庫、耐震性貯水槽、放送施設、ヘリポート

●造園の施設設計 造園の施設設計を行う場合で最も重要なことは、施設単体で考えずにその施設のある空間とともにデザインを考えることである。これは造園設計において非常に重要なことであり、こういった視点でデザインを行うことが「造園の施設設計」と言える。

例えば、最も身近な公園施設であるベンチの設計を考えてみよう。屋外に置くベンチとしての基本的な条件である適切な寸法・素材・デザイン・耐久性・メンテナンス性などの検討は当然のことながら重要である。ベンチを商品化し、生産することが目的であれば、これらが主な検討項目になってくるだろうが、造園設計でベンチのデザインを行う場合、もっと重要なことは、ベンチの置かれる空間とベンチをトータルにデザインすることにある。どんな空間だったらベンチに座りたくなるだろう？　大きな木の下で、涼しく落ち着く空間か？　座ると素敵なものが見える空間か？　このような検討を行いながら、施設と施設を設置する空間をトータルにデザインしていくのが造園の施設設計である（②③）。（加藤）

② 海への眺望を重視したパーゴラの施設設計
パーゴラから海の見え方を検討しながら、配置する位置やパーゴラのデザインを決定していく。

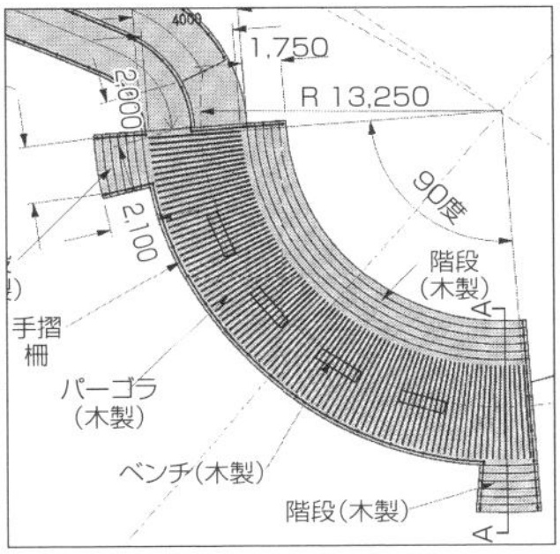

平面図

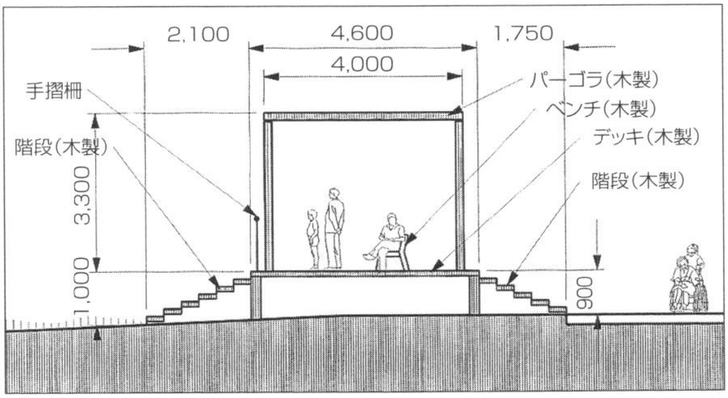

A-A 断面図

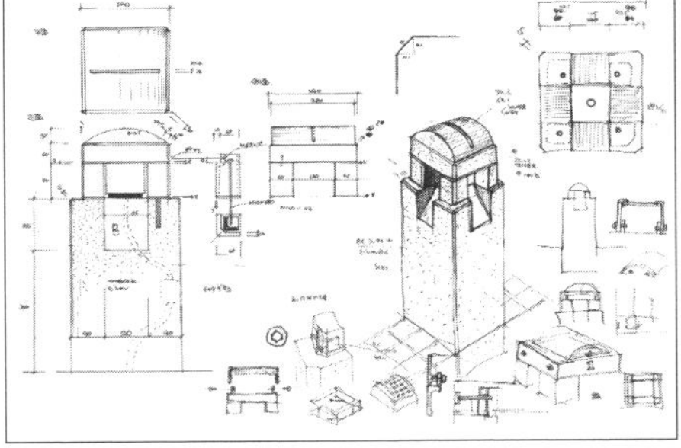

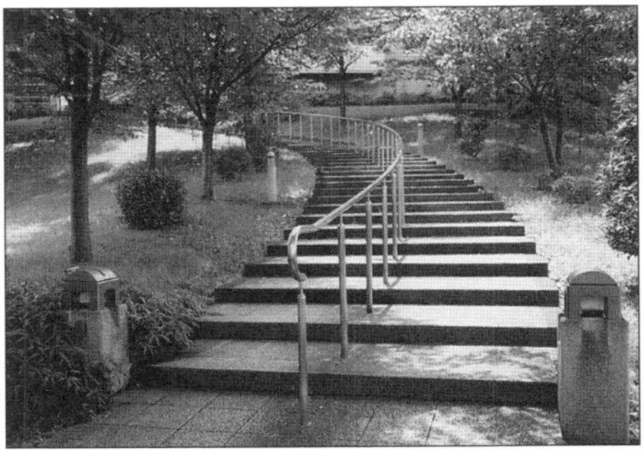

③ 門柱のディテールスタディ
施設のデザインを行う場合、置かれる空間をイメージしながら具体化していく。

計画と設計

バリアフリーとユニバーサルデザイン

ノーマライゼーション
デンマークのバンク・ミケルセンが障害者福祉に関して唱えた理念で、ユニバーサルデザインの基礎となった。「障害者を特別視するのではなく一般社会の中で普通の生活が送れるような条件を整えるべきであり、共に生きる社会こそノーマル」という考え方。

障害を持つアメリカ人法（ADA：Americans with Disabilities Act）
アメリカにおける包括的な差別禁止法として、雇用の機会均等、製品やサービスへのアクセス権の保障等広範囲にわたる障害者の権利保護のために、ユニバーサルデザインの法的な枠組みが示されている（1990年制定）。

●バリアフリーとは 段差の解消やエレベーターの設置、スロープの付加など、主に障害者や高齢者を対象とした物理的な障壁の除去など住宅建築用語として登場した。障害者基本計画（平成14年閣議決定）では「高齢者・障害者等が社会生活をしていく上で障壁（バリア）となるものを除去すること」としている。建築物、道路、公園施設等の公共的な空間では、バリアフリー新法で規定されたほか、自治体の福祉のまちづくり条例等の中で設計基準が定められ、バリアフリー化が進められている。都市公園においてもバリアフリー化の基準が定められている。

●ユニバーサルデザインとは アメリカのロナルド・メイスがそれまでのバリアフリーの概念に代わり提唱したもので、障害者基本計画では「あらかじめ障害の有無、年齢、性別、人種等にかかわらず多様な人が利用しやすいよう都市や生活環境をデザインする考え方」と定義している。主に障害者や高齢者などの生活を不自由にしている障害を取り除こうというバリアフリーの考え方に対し、ユニバーサルデザインは、誰もが使いやすいデザインを目指す点で異なる。メイスが提唱したユニバーサルデザインは、1－誰でも公平に利用できる、2－使う上で柔軟性に富む、3－簡単で直感的に利用できる、4－必要な情報が簡単に理解できる、5－単純なミスが危険につながらない、6－身体的な負担が少ない、7－接近して使える寸法や空間になっている、の7原則で構成されている。

●これからの公園等におけるユニバーサルデザイン 誰もが使いやすい公園にするためには、利用者の「アクセシビリティ」（到達性）を高め、利用者が自分に合わせてできる「選択性」のある多様なメニューを持つことが重要であり、設計基準に基づいて施設を設計すればよいというものではない。場所によっては、車椅子のための緩勾配の広幅員園路を整備すると周辺の自然環境に影響を及ぼす場合もある。そのような場合、介助ボランティアが案内したり、現地の情報を提供したりといったソフト面での工夫によって使いやすくなる（①②）。障害者や子供・高齢者等が参加するワークショップで実際に使ってみながら意見を出し合って公園づくりを進め、自分たちで公園を運営することも使いやすさを継続する上で重要なことである（③）。これからは、このようなソフト面での充実を図っていくために、計画・設計段階から近隣の住民、学校、福祉関係者等々、多様な参画を得たパートナーシップによる公園づくりを進めることが欠かせない。

（池尻）

バリアフリー新法
2006（平成18）年に施行された「高齢者、障害者等の移動等の円滑化の促進に関する法律」の通称。建築物を対象としたバリアフリー化のための「ハートビル法」（平成6年）と公共交通機関と周辺経路を対象とした「交通バリアフリー法」（平成12年）を統合・拡充。「ユニバーサル社会実現推進法」（平成30年施行）をはじめ、"多様性と調和"を重視する「心のバリフリー」強化の気運を受け、2018（平成30）年改正された。この改正により、これまで整備が中心だったバリアフリー化が、高齢者や障害者等の利用をサポートするソフト施策が導入され、ユニバーサルデザイン化が推進されるようになった。

都市公園移動等円滑化基準
「バリアフリー新法」の制定に伴い、一定の公園施設の新設時等にバリアフリー化（移動等円滑化）の基準適合義務が課せられることとなり、公園施設の整備を行う際の具体的な指針として「都市公園の移動等円滑化整備ガイドライン」（令和4年3月改訂）が策定されている。改訂されたガイドラインでは、誰もがバリアフリーで利用できる施設整備のほか、ユニバーサルデザインの考え方を取り入れ、情報や利用プログラム等サービスの提供についても推進することが示されている。

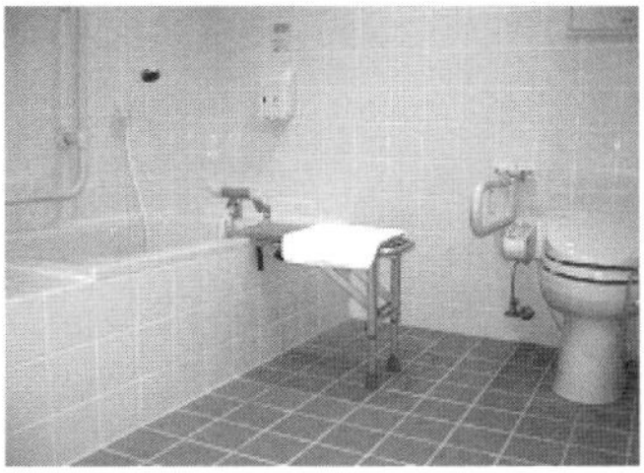
宿泊施設には、身障者や高齢者の利用を容易にする設備が整っている。

ピクトサインや点字ブロックには溶岩や丸太が使用され、景観に溶け込み、楽しめるデザインになっている。

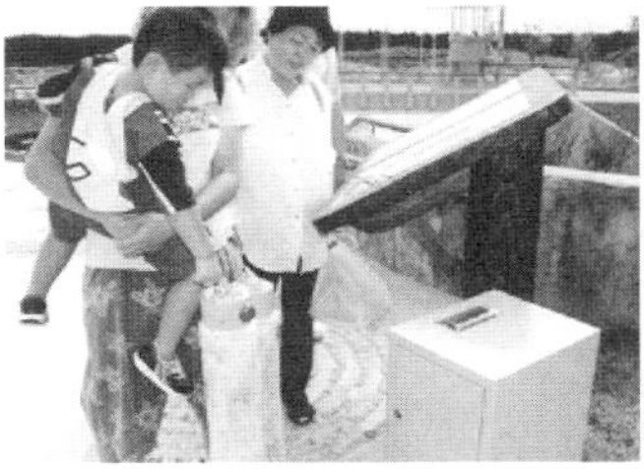
触知案内図や音声ガイド、点字パンフレット等で園内案内をしている。

斜面を上がる方法は、階段、スロープまたは身障者用スロープカーのいずれかが選べる。

① ユニバーサルデザインを採用した公園例（静岡県立富士山こどもの国）

② ユニバーサルデザインによる公園例（大阪府営大泉緑地内「ふれあいの庭」）
車椅子の人でも触ることができる花壇「レイズドベッド」等、五感をフルに活用した公園づくりを行っている。ボランティアのヒーリングデザイナーが、高齢者や障害者向けのプログラムをサポートしている。

③ 地域住民が車椅子の利用を体験して公園の改修を検討した公園づくりのワークショップ

設備計画

●設備計画　造園の設備計画は、排水計画、給水計画、電気設備計画などがあり、造園のインフラ整備の部分と言える。その中でも、排水や電気などは空間デザイン、環境との関係も深く、単に設備計画として切り離して考えるのではなく、植栽、施設計画などと合わせて総合的に考えていくことが重要である。

●排水計画　排水施設には、雨水排水と汚水排水とがある。排水計画に際しては雨水、汚水の流出量の算定を行い、適切な排水方法を検討する必要がある。計画地内で集められた排水は最終的には外に排水することになるため、接続する下水道や河川と排水量、取付け位置の調整が管理者との間に必要となる。

雨水排水の計画に際しては、舗装面や芝生地に雨水が滞水したり、法面が崩れたりといったことがないように、基本的な性能は最低限守った上でそのデザインを検討しなければならない。例えば、自然な空間に硬い表情の排水側溝が走っているのは美しくないし、都市的な空間で無造作につくられた側溝も空間デザインを台なしにしてしまう。排水設備をデザインする場合は、設置される空間やまわりのものとの取合いを十分に検討し、その場に応じたデザイン処理を行う必要がある。また、植物を中心とした生き物環境をつくる造園計画では、水は非常に重要である。雨水をためて生き物の生息できる空間をつくったり、地表面に降った雨水を地下に浸透させて地下水を涵養したり、地下に雨水をためて灌水に用いるなど、水の循環も考えたデザインを行うことが重要になる（①）。

①　緑になじんだ排水側溝（左）と舗装面と一体になっている排水溝（右）

●給水計画　造園で給水の必要な施設としては、池・流れ・水飲み場・トイレ・プールや植物への灌水施設などの施設がある。施設に応じて必要となる水量・水質・時間帯などを決定し、経済的・効率的な設計をする必要がある。また、計画に際して水道事業者などとの十分な事前の協議が必要になる。

噴水のある風景

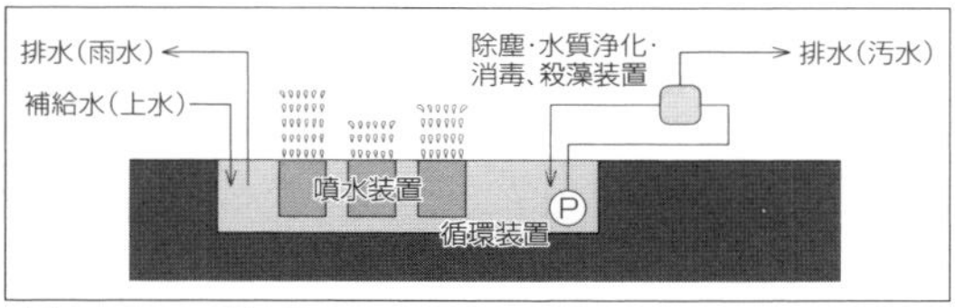

噴水のシステム断面図

② 噴水施設

●電気設備計画 造園で必要な電気関係の設備は、照明や通信施設、噴水などで必要になるポンプなどの動力関係の設備がある。公園に電気を引く場合は、公園内に受電設備を設け、地下埋設方式で配線するのが普通のやり方である（②）。

●照明計画 照明計画は、夜間における利用形態を検討した上で、適切な配置・照明方法・照度・光源・灯具デザインを設定する必要がある。照明は保安上必要な場所に設けるというだけではなく、夜間の演出の面でも積極的に活用すべきであり、その際は灯具のデザインのみにとらわれるのではなく、夜間での空間をいかに演出していくかという点も重視しなければならない。照明も空間全体をデザインしていく重要な要素であるという視点が大切である（③）。（加藤）

左 照明の基本計画。照明方法、灯具などを検討する。
右 照明デザインを空間の中で検討する。

③ 照明のデザイン

施工

造園工事と品質管理

●施工管理と技術検定制度　公共造園および一定規模以上の民間造園においては、施工に当たって施工管理が重視される。造園に限らず特定の建設工事の施工においては、建築物や構造物を所定の工期内に、安全に、所定の形状や品質に建設することが受注者に求められており、施工管理の基本的要素としてそれぞれを工程管理、安全管理、品質管理と言っている。設計図書には目的の構造物の形状、寸法、品質などが示されているが、どのようにしてつくるかなどについてはほとんど指示されていないため、施工者が自らの経験と技術を生かして施工計画を検討し、発注者側の承認を得て施工していくことになる。

日本では1949（昭和24）年に建設業法が施行され、その後の高度経済成長期に建設ラッシュが起こり、経済性・効率性が追い求められる中で、建設現場で人身事故が起こったり、一部に手抜き工事の指摘などがあった。そこで土木工事等においては1969（昭和44）年から施工管理技術検定制度が始まり、施工管理の手法が確立した。造園工事業は1971（昭和46）年の建設業法改正によって初めて建設業の一員となったことから、1975（昭和50）年から施工管理技術検定制度が始まった。

施工管理技術検定は、「造園施工管理技士と造園技能士」の項でも述べたように、造園としての技術的専門知識のほか、法規など幅広い範囲に対する知識が検定されるが、施工管理に関する部分は土木などの教本で使用されていたものがほとんどそのまま取り入れられた。それらのうち工程管理の理論や技法、安全管理の留意事項や対策は、規模が異なるための相違はあっても基本には大きな違いはない。しかし生き物を扱い、不定形の材料を用いて美しさなどの質的評価が求められる造園においては、品質管理に関しては独自の観点をさらに持つことが必要だと考えられる。

●統計的品質管理　品質とは品物の質のことであり、品質管理とはそもそも精度を上げることと性能をより優れたものへと向上させることにあった。しかし土木工事などでは施工規模が大きく、舗装工事など単一工種で大量施工を行う場合も多いので、多くの場合統計的品質管理が向いている。しかも、安全性や経済性を考慮した力学に基づいた標準仕様書や構造計算等を根拠としているため、寸法・重量・密度などの規格や数量といった計測可能な要素が多いという面でも統計的手法が取りやすく、客観的評価もしやすいことから、施工管理としても採用されている。

●造園工事の品質管理　それに対して造園工事は、小規模な割に多工種であること、景石の石組やさまざまな植物を用いた植栽があることから、

大量生産時代の品質管理
工場などで大量生産の時代に入ってからは、品質の向上というより「品質を一定レベルのものに安定させ、作業を標準化することで経済的に要求されている性能を満足させること」に重きが置かれるようになった。そしてそこでは多量のデータを扱う統計的手法が用いられるようになった。

統計的手法にはあまり向いていない。材料としても自然石材などは工業製品ではない不定形の自然物であるし、樹木は別項の『公共用緑化樹木等品質寸法規格基準（案）』に基づいて苗圃（びょうほ）で育成されるとはいっても、生き物であるためにやはり不定型であり、それぞれ個性がある。そして個性があることをどちらかといえば良しとして、それをいかに生かすかが造園工本来の腕の見せどころでもある。すなわち造園工事の核となる部分においては、正に一品生産とならざるを得ない要素があり、統計的手法は向いていない。統計的手法によらない一品生産の品質管理とは、品質管理の原点である精度を上げること、いかにして性能を上げるかということである。

また土木や建築などでは、基本的に設計図書に示された要求されている機能を満たすための単体としての構造物そのものをつくり上げるのに対し、造園では、樹木、自然石、休憩施設等を配置し、据えることでまとまりのある空間を創出することが必要である。しかもそこを訪れる人々に、安らぎ感や美しさなど心に感銘を与えることが望まれる。すなわち造園にとっての品質管理の重点は、個別の工作物や植栽等にもあるが、空間全体として、あるいはまとまりを持った眺めや移動に伴って変化する空間のシークェンシャルな（連続的な）構成にあると言えよう。この意味においても施主あるいは利用者に喜ばれる一品生産としての品質管理が要求されていると言える。統計的手法による品質管理では、品質のばらつきを表すヒストグラムや工程の安定度を示す工程能力図等を読み取れれば良し悪しの判定ができる。それに対して、その場や個性ある資材の条件を生かしつつ、優れた成果に仕上げられているかを評価するには「目利き」でなくてはならず、少なくとも第三者的目利き集団の判定を求めるような方法が必要であろう。

●生き物としての品質管理　無機質なものを扱うのとは異なり、生き物を扱うという点での特異な品質管理も必要になる。それは樹勢等の活力に関わるものであって、迅速かつ丁寧な、個性を重んじた品質管理が求められる。生き物であるということは、動物であれば酸素や食物が、植物であれば酸素はもちろんのこと二酸化炭素や養分を含んだ水、湿度などが不可欠である。これらは適切なタイミングに適量が供給される必要がある。また、傷が付いたりするとそこから樹液が漏出したり循環が断たれて生命を維持できなくなったり、病原菌や木材腐朽菌の侵入が起こり、時間経過を経て樹形に障害が発生したり生命が断たれる。品質管理としての材料検査等において寸法検査に手間取って日干しにしたり、植栽や移植などの作業において幹や根を傷めたりすることがないように生命に対する十分な気配りをすることが大切なのである。さらに植え付けてからも、樹木の状態を見ながら灌水を適宜行い、病害虫から守るなどの養生管理が欠かせない。

（福成）

公共工事品確法
公共工事の品質管理に関しては、2005（平成17）年4月に「公共工事の品質確保の促進に関する法律」が施行された。公共投資が減少している中で、受注をめぐる価格競争が激化し、著しい低価格による入札が急増し、工事成績も悪く、不良・不適格業者の参入が問題化し、公共工事の品質低下に関する懸念が顕著になった。そのため発注者が競争参加者の技術的能力を適切に審査、評価するための措置が講じられることとなった。2019（令和元）年6月には、調査・設計の品質確保を含めるなどの改正法が施行された。造園工事の特性を生かした評価がなされることを期待したい。

施工

移植と植付け

●既存の樹木を移動させる技術　植物の移植は、計画地内において計画意図に合わない位置にある既存樹木を移動する場合や、計画地外へ搬出移動する場合がある。また、山野に自生する樹木を掘り取ってきて造園材料とする場合（山採り）も移植という作業が伴う。畑で育てている造園樹木を計画地に植え付ける作業も広い意味での移植であるが、狭義には計画地内の移動をいう。

●移植　移植で最も大切なことは、適切な時期に行うことである。常緑樹・落葉樹・針葉樹によって異なるが一般的には春先。霜が降りなくなって、新芽が出る前が良い。新芽が出始めてしまったら、少し期間をあけて、新芽の固まった梅雨の内に実施する。夏は植物にとっても負担の大きい季節である。秋から冬の間は落葉樹にとっては適期であるが、寒さは常緑樹には負担となる。適期植栽が実施できない場合、枝葉を剪定によって少なくして植物体の負担を小さくすることや、蒸散抑制剤の撒布、植物活力剤の根や幹からの注入などが対応策とされる。

蒸散抑制剤と植物活力剤
商品名はグリンナー、メネデールなど。

移植後の活着を確実にするためにあらかじめ根回しを行う。移植のリスクの大きい大木や山採り樹木について実施する。移植時期の1年から半年前の春または秋に、一旦根を切断して、移植までに細根を発生させておく。春の実施のほうがはるかに有効であるが、秋の実施も、やらないよりはやったほうが良い。

機械移植は、大径木の計画地内移植（①）に使用するもので、樹木の幹の支持、根の掘取り、堀上げ、移動までを機械で行う。移動は直立状態のままで行う。大規模住宅地の開発やゴルフ場の造成等に多用される。

①　大木移植の例。ヒマラヤスギの根巻きとクレーンによる移動

●植付け　植穴を掘って根鉢を土中に安定させ、土を戻し、水を与えるという植付け作業の目的は、植物が生育するため吸水が行えるようにすることである（②）。植付けの適期は移植に準ずる。植穴は根鉢よりも大きく深く余裕をもって掘る。これを最小にしようと考えると、入らずに結局再度掘り直すことになる。二度の同作業は作業員も植物も疲れさせる。また活着後の根の伸張のためにも、大きめに掘るべきである。

植付けに先立つ土壌改良は大切で、活着以降の植物の生育にとって重要である。良質の客土と耕耘は基本である。土壌改良材には無機質系と有機質系があり、これに肥料も加える。混合割合は元の土壌条件により選択される。土壌の通気性・保水性・排水性・養分保持力・酸性度等について検討する（232、233頁参照）。

植付けの深さは、根鉢の上面が地盤と一致するようにすることが原則である。浅すぎれば倒れやすいし、乾燥しやすいので枯損の原因となる。一方、深植えすれば根の呼吸に支障をきたし、これも生育不良の原因となる。地下水位が高く根腐れを起こしやすい場所では浅植えをし、逆に強風地で倒木しないように深植えする場合など、ケースバイケースである。

植付けは一般に「水決め」を行うが、樹種・季節・地方により「土決め」とする。水決めをする場合、根鉢を植穴に収めた後、土を軽く埋め戻し、水を四周から注いで泥水状態にし、鉢の下部まで十分に行き渡らせることが必要である。水がどんどん入っていくうちや気泡がぼこぼこと湧き上がってくるうちはまだ不十分である。気泡が出てくるということは空隙があるということで、空隙が残れば、根は吸水できない。これは高木でも低木でも同じである。すなわち、どんなに小さな植物でも、確実な活着のためには一株ずつ水決めする。土が泥水状態のときに、樹木の立ていれ（傾き）を完全に調整する。土決めは細い丸太で土を根鉢に密着させるようにつき固める。

「水鉢」は、鉢の周りの土を盛り上げ、その内側に水が溜まるようにすることである。植栽後に乾燥が予想される場合につくるが、通常は不要であり、周辺地盤面と根鉢上面が同一に平らになるよう仕上げればよい。

支柱は新しい細根が十分に発生し伸張すれば、撤去する。一般的に材料の竹が強度を失う３～５年後であり、この点で竹や棕櫚縄といった自然材の使用は合理的である。（髙﨑）

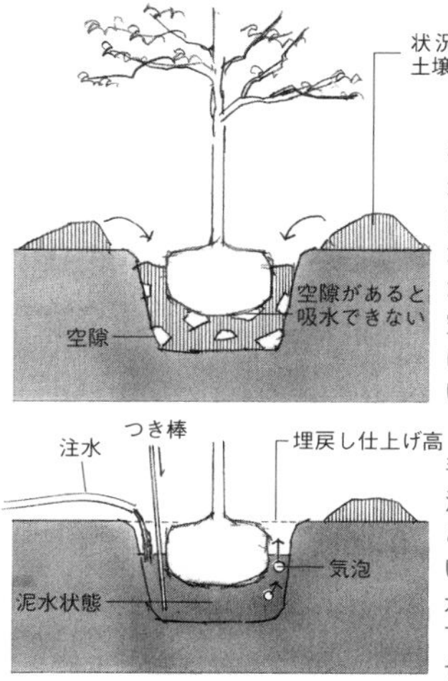

手順１．
埋戻し土は、注水前に踏み固めてはいけない。水が行き渡らなくなる。
空隙が残っていれば、根は吸水できない。

手順２．
注水は土を湿らせることが目標ではない。埋め戻し土を泥水状態にして、鉢の下まで土を行き渡らせ、空隙をなくすことが重要である。

② 植付けの手順

施工

庭園用具と植栽資材

●庭園用具　造園工事に使用される用具の中で、スコップは最も頻繁に使用される。土の造成が機械によって行われる場合でも、その補助と仕上げにはスコップによる人の作業が必要である。造成面の仕上げはジョレンやレーキにより、砂利やガラなども除去する。さらに植栽工事後の地表面仕上げにはコウガイ板と呼ぶ小さな板片を使う。掘取り、植穴掘りには剣スコップ、土や砂利などをすくい取るには角スコップ、モルタルを練るときに使用するのは小さな練りスコップと使い分ける（①）。移植ゴテは細かい土作業や地被・草花植栽に使用する。

① 剣スコップと角スコップ

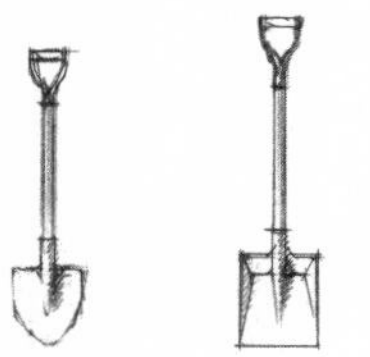

植木バサミは剪定作業のほかにも、さまざまな資材を切ったり、樹木の掘取りや植付けにも使用したりと、職人・造園工は常に携帯する。作業の内容に応じて、また地方と各個人の好みによってハサミの種類は多様である。刈込みバサミは、生垣や低木などの樹木用と芝生用とでは刃が異なる。

ノコギリは剪定作業の際に太い枝を切ったり、樹木掘取り作業の際に太い根を切ったりとハサミでは切れない太さの植物体に対して使用する。植物体以外にも精度を要しない木材や竹材の切断には重宝で、ハサミの次に常時身に付けておくべき造園用具である（②）。

ホースは植物の植付け、モルタル練りやコンクリート作業、清掃作業等に使用し、長いものでは30m 程度の巻取り形式のものを使う。

従来、脚立（きゃたつ）やはしごは梢丸太や竹、その他木材を用いて、冬季間や雨で屋外作業のできないときに、職人自身が自分で使いやすいようにつくったものであるが、近年では軽量のアルミ製品もよく使われている。

土や材料、道具の運搬に一輪車が頻繁に使用される。バケットの幅が狭く深い形態のものと、その逆の 2 種類がある。運搬経路に凹凸があったり、

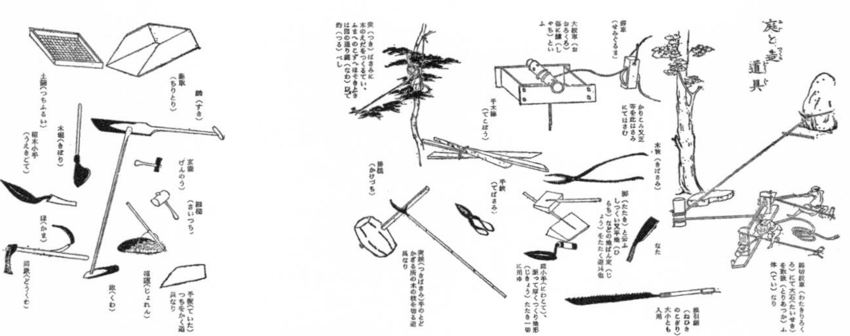

② 江戸時代の植栽工事と用具の情景（『築山庭造伝（後編）』）

ぬかるんでいたり、また高いところへ持ち上げたりする場合に道板を敷く。脚立・はしご・一輪車・道板などの大きさや容量は、すべて一人で持ち運びできることが条件となる。

●植栽資材　植物の植付け、養生、生育管理に用いられる材料をいう。従来、庭園資材の多くは植物体からつくられていたが、近年では特に公共造園工事において大量に使用することから、加工品や人工材料の占める割合が増えてきている。

藁は稲や麦の茎で、冬季にボタン、シャクヤクなどの雪囲いやマツの幹巻き等に使用する（③④⑤）。藁を糸で編み上げた菰を使えば作業は楽で速いが、一本ずつの藁を手で広げてつくる幹巻きの美にはかなわない。樹木の掘取りの際に根鉢を包むのにも菰を使う。公共工事では、幹の防寒や防日焼のための幹巻きテープが使用される。

菰（こも）
粗く編んだ筵。

藁で縄をなって荒縄にする。樹木掘取り時の鉢巻きや枝折り、幹巻き、積雪地帯でのマツの雪吊り（⑥）など、広く使われる。棕櫚縄は竹垣の意匠にも欠かせない要素である。風除け支柱の植物体に当たる部分には杉皮を巻いた上に棕櫚縄を用いて縛るが、竹同士の箇所には鉄線（番線）を使う。住宅庭園ではすべてを棕櫚縄で行う。黒と赤（茶色）があり、竹垣等の意匠を優先するものには黒を使うが、当然のことながら職人の手は黒くなるし、服も汚れる。棕櫚縄には水分を吸わせて柔らかくして使用する。乾けばしっかりと締まる。藁縄のほうは湿らせてはいけない。作業時のすべりが悪くなるし、強度も低下する。雪吊りをする場合、作業時には乾いていてしっくりしないが、一晩のうちに湿気を吸って緊張感のある曲線を描く見事な景ができ上がっている。

荒縄
藁縄、素縄ともいう。

風除け支柱には丸太と唐竹を使う。丸太はヒノキ・スギ材で、防腐性を高めるために焼く、または防腐材処理を施す。唐竹はマダケである。支柱も近年では場面に応じて、細くて目立たないワイヤー支柱や鉄製で根鉢を固定するタイプの地下支柱（⑦）が使用されるようになってきた。（髙﨑）

③　雪囲い

④　マツの幹巻き

⑤　藁巻き

⑦　地下支柱

⑥　マツの雪吊り

施工

石組と石積

●違う技術　石組と石積の語は混同されることが多い。石組は主に石で景をつくる技術であり、石積は用（土留）に用いる石の技術である。それぞれ石の美と重量を扱う技術であり、熟練を要する。

●石組　石組は奥深く、庭園デザインにおける最も興味のある技術の一つである（①）。石組の順番は、個人差もあるし状況にもよるが、原則として大きな石や個性の強い石から組み始める。なぜなら石組は石のエネルギーのアレンジと言えるからだ。石組の指示は最も大事な鑑賞点から行う。

庭石には面（つら）と天端（てんば）がある。使用機械がクレーンの場合でもチェーンブロックの場合でも、はじめに天端を決め、そのまま降ろせば据え付けられる状態に吊り上げることが石組のコツである。確実に吊り上げれば、どこの土をどれだけ掘ればよいかも判断できる。

通常の据え付けは土決めである。根入れを大きくしたほうが石は大きく見えるとよく言われるが、それは一つの石について考えた場合の一般論であり、とらわれるべきことではない。例えば石の周囲に低木や地被を植栽する場合は、植物により隠れる高さを見込んでおく必要がある。また、すその広がった庭石を根入れ深く据えたら、石の周囲の植栽はしづらくなる。

石の見え方には日照条件がからむ。陽の当たる角度や影のでき具合で印象が異なるから、時間と四季による日照の変化を考慮しておく。

滝のように高低差のある石組や、池の護岸のように水面を想定して据え付ける石組の場合はレベル（高さ）のチェックを行いながらの進行となる。水のからむ流れの石組は、一旦組み上げてから、実際に水を流して、意図する景や水音が得られるように調整する。ロックガーデン

面と天端
正面が面、上面が天端。

土決め
丸太や大きな鉄棒で石の周囲の土をよくつき固めて石を固定する方法。

根入れ
地中に隠れる部分。

①　枯山水の石組状況と完成した庭園（加賀市蘇梁館の庭、石組／髙﨑康隆）

は植物の生育のためのスペースと環境づくりが要点で、石組というよりも石積に近い感覚で組むほうが成功しやすい。

●石積　石積技術はシステムである。すなわち、採石、運搬、加工、積上げという一連の工程には、それぞれ道具と技術、そして技術者が必要である（②）。古墳の石積には土地の自然石と割石、切石も使用された。また、外敵からの防御を目的とした石垣も古くからつくられてきたが、戦国大名の築城において石垣の美と技術は頂点を極める。現在では、擁壁構造物には土木基準が適用されるため、コンクリートの胴込(どうこ)めが義務付けられるが、本来の石積は石と砂利による力学の結果の構造美を持つものである。コンクリートを使う場合でも、その原理は忘れないようにデザインしたいものである。

造園的な積み方として、「崩れ積(くずれづみ)」がある。面(つら)を揃えずに、自然石の大小を下から順に、斜めに差し込むように積み上げていくもので、凹凸の景を愛でる。窪みにツツジ類などの低木や地被を植栽して、一層豊かな景観とする。そのほか造園でよく使用する石積は、野面積(のづらづみ)・小端積(こばづみ)・間知石積(けんちいしづみ)・割石積(わりいしづみ)などである。野面積は自然石を使用するもので、丹波石や筑波石、木曽石などのものがよく見られる。水平のラインを強調する小端積には鉄平石・青石・丹波石・諫早石・外国産の砂岩などが使われる。割石・加工石の石積材としては花崗岩や安山岩が使用される。（髙﨑）

割石積

切石積

小端積

野面積

熊本城の石垣

割石積

② さまざまな石積

維持管理と誘導管理

●維持管理　維持管理というとあまり創造性の感じられない定期的な作業を繰り返すことのように思えてしまうかもしれないが、造園の管理は、実は重要かつ大変興味深いものである。

造園空間の管理には、いわゆる維持管理と利用促進、利用指導、利用規制などに関わる運営管理に大別することができる。その広義の維持管理の対象は、さらに大きく分けて生き物である樹木や地被類などの植物と、遊具や四阿などの施設等によって構成されている（①）。

運営管理
運営管理は造園空間において、利用者により快適に、楽しく利用してもらおうというソフトに関わるものであり、造園領域にとって独自の、また大切な管理項目である。従来の民間企業等は公園の運営管理に携わることはできなかったが、2003（平成15）年の地方自治法の改正により、指定管理者として可能になった。

動物管理
動物管理というと違和感を覚える方もおられると思われるが、動物園はそもそも公園施設である。また里山管理、ビオトープなどでも小動物を含めた育成管理等が求められる。

①　造園管理の構成

- 造園管理
  - 広義の維持管理
    - 植物管理
    - 動物管理
    - 施設管理
  - 運営管理

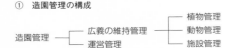

遊具や四阿などは、土木や建築における工作物と同様に、時間とともに劣化が進み、一般的に価値も下がっていき、やがて危険な状態になったり使用不可能となる。そのため価値の低下を抑制するとともに使用可能年数を最大限に生かすことができるように維持管理が行われている（②）。

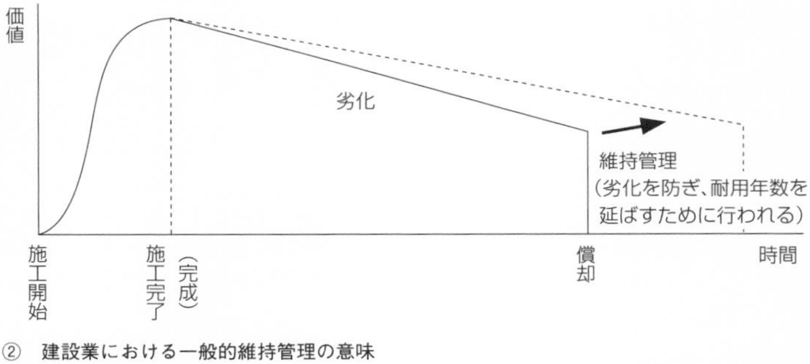

②　建設業における一般的維持管理の意味

●誘導管理　一方、植物の管理も通常「維持管理」と呼ばれているが、工作物のそれとは全く異なる側面を持っているので、単純に維持管理ということばを使うのは好ましいとは言えない。すなわち管理は植栽工事が終わって発注者が引渡しを受けた段階から始まることになるが、通常その時点では植え付けられただけであり、根が地中に伸張して水や養分を吸収する確かな活着となっていないため、活着を促進するための養生管理が必要となる。

さらに植栽は、工事が完了した段階で造園空間として完成しているわけではなく、ある程度の成長が期待されていることが一般的である。すなわち植栽においては、施工後の管理段階においても、より良い造園空間に向けて創造するプロセスが含まれていることになる。この時間とともに成長し、形状、大きさを変えていく素材を扱う造園管理は、他の建設業における維持管理にはない独特のものであり、創造のプロセスと考えれば非常に重要な意味を持っていると言うことができる。この計画・設計段階で目標とした空間構成へと植物を管理して導いていく段階を維持管理と区分して誘導管理と認識することが大切である（従来、公共事業の設計では工事完成のための設計図が管理図へと引き継がれ、目標が明記されていないために、成長しすぎて藪の状態となったり、樹種による成長速度の相違等からバランスが崩れた空間となってしまっている例が見られる）。

またある時間が経って植物が成長し望ましい空間が完成した後も、植物はさらに成長を続けていくことになる。この段階からは望ましい状態を保つという意味では維持管理ということができよう。しかし維持管理に入るタイミングを逃すと過大になったり、過密感を生じたりして不快な状況に至ることもあり、より良い状況に戻すための管理、場合によっては改修を行う必要が生じる場合もある（③④）。

このように植物の管理は、従来の単純な維持管理という言葉だけで表現するのは不十分であり、また他の建設業にはない概念であることからも、造園技術としてより重視すべきものだと言えよう。（福成）

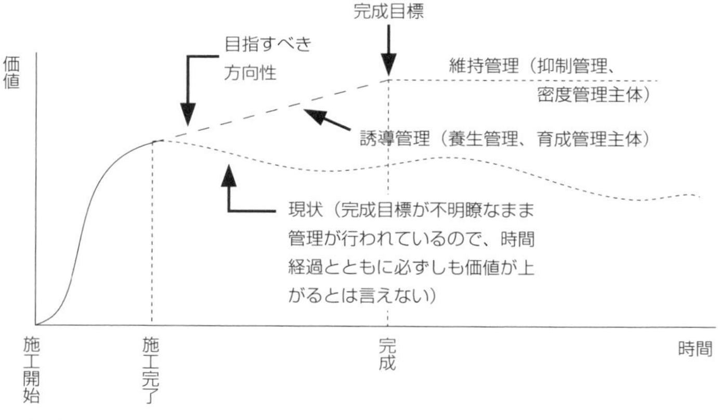

③　造園における管理の現状と目指すべき方向性（誘導管理が重要な決め手）

④　植物管理の段階

管理の段階		管理の内容
誘導管理	養生管理	確実な活着を促すための管理で、灌水や支柱設置等の養生が主体
	育成管理	設計意図としての目標状態まで育てる管理
	密度管理	適正な目標状態に向けて密度を調整する管理
維持管理		成長して過密となった状態から間引く管理
	抑制管理	目標状態の大きさ、形状を保つ管理
	再生管理	過大となったもの、樹形の乱れたものなどを仕立て直したり、植え直したりする管理

管理と運営

剪定と刈込み

●剪定や刈込みがなぜ必要か？ 剪定や刈込みは自然の樹木では行われないわけであるから、樹木にとっては必然的なものではない。なぜ行われるかといえば、剪定等には樹姿を整えたり、あるいは造形的に仕立てようとする美観的な意味や、生垣に仕立てたり支障となる枝を除いたりする実用的な意味、枝葉の密度を調整したり、新しい枝を出させて若返りを図るなどの生理的な意味があり、実際にはこれらを合わせた総合的観点から行われている。

人の生活空間は樹木を自然のままに伸び放題にすることが困難なゆとりのない環境が多いため、剪定をすることで枝葉が大きく茂りすぎないようにし、樹形を整えながら成長も抑制することができる。ある程度伸ばし放題にしうる広い公園などであれば別であるが、緑陰街路樹などのためにと剪定を行わないでいると、大きく茂った枝葉に見合うように根を伸ばそうとして根上がりを起こして舗装を持ち上げたり、歩道の植え桝から根があふれて盛り上がるなどの現象（①）が起こる。さらにより養分を蓄えて幹も太くなり、枝も太く長くなって後日切り戻す必要が起こったときに大変な労力を要するし、太くなった枝の切り口は木材腐朽菌も入りやすく、また切り詰められたところから小枝が叢生して樹形的にも醜いものとなる。

① 根上がりを起こした街路樹のユリノキ

●段階に応じた剪定 剪定は毎回時期がくれば適宜行えばいいというものではない。剪定は人為的な行為であり、目的意識を持って行われるべきである。大きくなりすぎたから切るなどという後手のやり方は樹形を崩すだけである。すなわち育成段階、抑制段階、再生段階を意識して行うべきである。育成段階は、空間に見合った目標とすべき大きさ、樹形に向けて育てていく段階であり、基本的に切詰め剪定は行わない。育てて骨格としていく枝を見定め、それ以外のものをただ切っていくのではなく、切り返せる次の枝を残していくことが大切である。抑制段階は目標とする大きさになった後、その大きさを維持するための剪定で、やはり切詰めはできるだけ避ける。再生段階は大きくなりすぎたもの、樹形の崩れたものを適切な大きさ等に仕立て直すためのもので、その初期には目標の大きさよりも、一旦ふたまわりも縮めるための大胆な切詰めも必要となる。

剪定の評価
樹形を整える日本の剪定技術は本来、世界的に見ても高度なものだと考えられるが、近年街路樹等でみっともない剪定を見かけることが多い。優れた剪定という質を適切に評価するシステムが必要だと考えられる。

切詰め剪定の再定義
従来、葉芽の直上を剪定することを切詰めと呼んでいるが、そこから新芽が伸びることを考えれば、切返しをしていることに相当する。そのため切詰めは芽の位置、枝の分岐点などに関係なく枝または幹の途中を切ることに限定した。また大枝を幹に沿って落とす枝おろし（③）という用語は、枝抜きに含まれるものとした。

剪定にはさまざまな用語があるが、枝の切り方としては切詰め、枝抜き、切返しの３通りに集約しておきたい（②）。

② 枝の切り方

用語	剪定方法	樹冠縮小の効果	樹形への影響
切詰め	枝または幹の途中を切る	樹冠が縮小される	不定芽から多数伸びる新生枝によって樹形が乱れることもある
枝抜き	主に美観上不要な枝を根元から切り落とす	樹冠は基本的に縮小されない	枝が減って透かされることになるが、樹形には基本的に影響が少ない
切返し	枝の分岐点で長い枝を根元から落としたり、葉芽の上部で枝を切る	樹冠が縮小される	残す枝や芽を伸ばす方向によって樹形に影響することに加えて、古い枝の更新の意味を持つ

刈込みは、低木や高木のうち比較的枝葉の密度の濃い樹木に対して、刈込みバサミやトリマーなどで曲面や平面に仕上げていく方法であり、もっぱら剪定でいうところの切詰めを行っていることになる。

落葉前の剪定
街路樹等では落ち葉清掃の労力を省くためにまだ葉の付いている秋期に剪定をする例が近年見られるが、生理的に問題があるばかりか、樹木の観賞要素であるせっかくの美しい紅葉が楽しめなくなり、本末転倒である。

●剪定の時期 剪定や刈込みで注意をしなければいけないことの一つに、剪定の時期がある。生理的には落葉樹であれば葉を落として休眠状態となっており、枝を落としても葉の量に影響しない冬期、常緑樹であれば寒さに耐えている冬期は避けて、春から秋にかけての成長を続けている時期が望ましい。もう一点は、花木（かぼく）の剪定時期に関するものである。花を付ける木は花期（かき）の数カ月から半年以上前に花芽（かが）を付けている。枝の付け根からまんべんなく花芽を付けるものであれば剪定の影響は限定されるが、花芽を枝の先端の頂芽（ちょうが）としてしか付けないコブシやツツジ類などでは、花芽の形成期以後に切詰め剪定を行ったり刈り込んだりすればほとんど花を見ることができなくなってしまう。樹形を整えるためには生理的に好ましい時期に花芽に注意しながら行うことが望ましい。（福成）

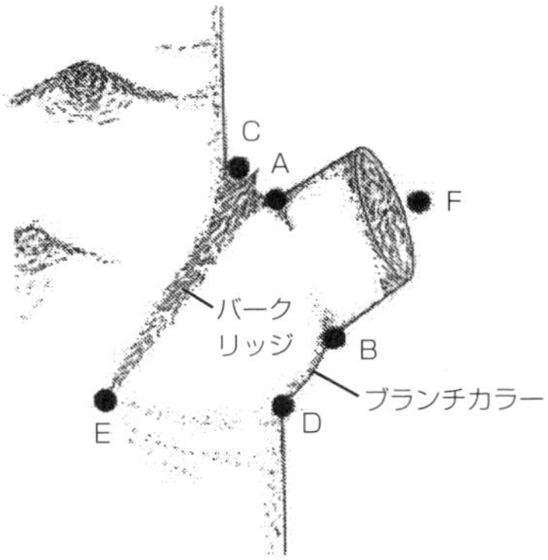

③ かつてわが国の大枝おろしは美観上も生理上も幹に沿って（C－D）切り落とす方法が良いとされていたが、アメリカのA.L.シャイゴ博士によって、幹と枝の組織は別であり、枝の付け根をくるんでいる幹の組織であるブランチカラー（大枝の襟）の部分を残す方法が提案されており、そのような切り方（A－B）が広まりつつある。

マネジメント

パークマネジメント

●進化した概念 パークマネジメントとは、初めて言われるようになった時期には狭義に公園の内部だけの企画、運営、管理だけの概念として使用されてきたが、近年、Park-PFI の制度化により、広くエリアマネジメントまで変化し、欧米のそれとは少し異なるものの、公園が地域の拠点として機能できる地位を得てきたと言え、公園と公園を中心とする地域の将来を見据えた企画・運営・維持・管理の総合的な管理システムのことをいう(①)。

現在では、指定管理者、もしくは Park-PFI の事業者、市民、近隣の企業、大学などの多様な主体がステークホルダーとして参加、連携し公園を運営管理していく形式となってきている。公園は整備されて以降、公的資金のみで維持管理されてきた時代がながく、指定管理制度が導入されて以降も資金不足が継続しており、特に小規模公園でその影響は強く、公園の価値そのものの低下を招いてきた。しかし、Park-PFI1 制度が最近は地域の住区公園など小規模公園などにも適用される事例も出てきて、長期的な事業収支の一部を企画・運営・維持管理に使用できるようになり、マルシェやフリーマーケット、防災関連のイベントなど、多様なイベントが定着し、担い手もそれぞれの地域で異なり、独自の発展を遂げていると言えよう。特に、単体の公園での閉じたシステムではなく、大きな公園を核として、地域の街区公園を含めた一括管理を民間が行うような事例では、公園不要論にもつながった、全国どこでも見られる四角形の常緑樹と広場だけの魅力のない街区公園から、市民参加のコミュニティガーデンのあるうるおいのある広場として生まれ変わり、地域への良好な景観の提供のみならず、不動産価値の維持や、ひいては人口の確保にもつながる事例も見られるようになり、ようやく地域を含めたパークマネジメントの本来の形となってきたと言えよう。

●今、求められる機能 日本では、1963(昭和 31)年にできた都市公園法の中で、最も市民が身近に使用できる都市施設として街区公園の設置が義務付けられている。その時代は、人口増加に伴い多数の公園を設置していった時代であり、公園は行政の管理する都市施設として、行政管理下に置かれてきた。また、横浜市や名古屋市、仙台市等は、公園愛護会という地元の管理組織が現在も機能して美しい花壇などを維持してきた歴史がある。しかしながら全国には、多くの使用されなくなった魅力のない街区公園があるのもまた事実である。いまこそ、その資源を地域のコミュニティの拠点として、生まれ変わるチャンスである。SDGs や CSR は、企業や学校法人の資金あるいは人材提供の大きなポケットでもあり、企業独自の「○○の森」などをつくってきた歴史があるものの、企業・学校・大学・住民が一丸となり、競い合って個性ある地元に愛される公園としていくことは、今こそ、パークマネジメントに求められる機能である。少子化や維持管理費の減少により、使われなくなった公園に命を吹き込み、地域活性化の拠点とする。それこそが、求められているパークマネジメントである。

熊本大震災では、公園に設置された「老人憩の家」が震災直後から地域独自のやり方で炊き出しをしたり、飲料水の供給をしたり、子供たちの世話をしたりと多様な活動を行ったことは有名な事例である。そこには、これからのパークマネジメントの一つの形としてのモデルがある。（池邊）

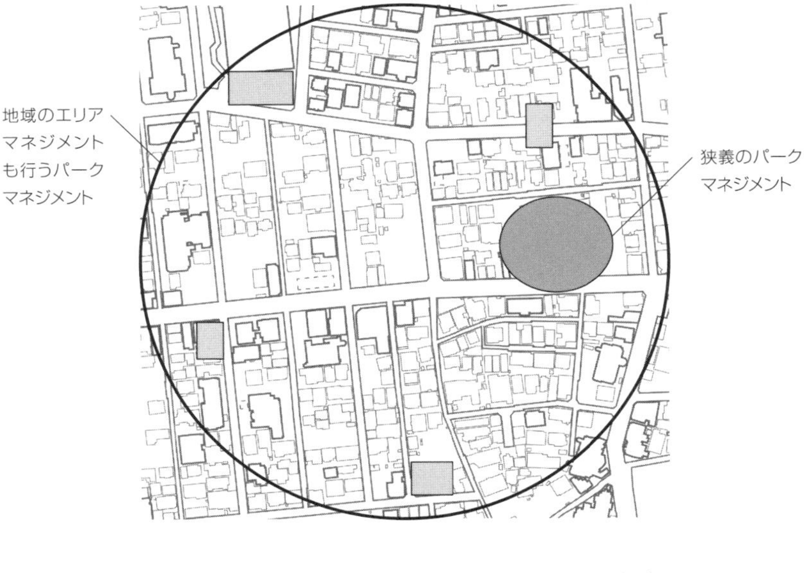

① **広義のパークマネジメントは地域の活性化の貴重な資源（人と空間）**
地域の街区公園や空き地をネットワークし、地域の人達で花を植えたり野菜を植えたりすることで顔を覚え、親しくなる、単身者にも参加してもらい若年層と高齢者が持ちつ持たれるの関係になり、災害時などに協力できる関係を日頃からつくる。

マネジメント

ランドスケープマネジメント

●維持管理する緑地を財産と捉える概念 ランドスケープマネジメントについては、日本ではあまり浸透していない。パークマネジメントの延長にように思っている方もいるが、そうではない。米国では、住宅地や緑地を持つ、オフィスビルや店舗やクリニックモール、工場など、あらゆる不動産で緑地を財産ととらえ、長期的な維持管理のために使われてきた概念である。

私は、幸運にも1970年代末にアメリカの西海岸で、住宅地のランドスケープマネジメントを実施している会社で長期の総合的な実務研修を受けた。驚いたことに、当時、アメリカの西海岸では、住宅地や緑地を持つオフィスビルや店舗やクリニックモール、工場等、すべてに植えられている芝生や樹木、街路樹、灌木、植物、関連するベンチや遊具、照明、スプリンクラー等、緑地外構を構成するあらゆる構造物が、すべてデータベースに入れられ、どこに何が設置されているのかが明確にされている。そして、それらの寿命、例えば照明であれば、何カ月ぐらいもつものなのか、実際の使用頻度に応じた取換えの頻度があらかじめ想定され、取り換えることを想定して予算化されている。もちろん、ベンチや遊具などの塗替えの頻度、取換え（ライフサイクル）の必要な時期なども明確にされ、取換えの場合の予算も組み込まれている。

植物はどうかといえば、西海岸の住宅地といえば、芝生に覆われたフロントヤードで有名であるが、それらはもとより、樹木の幹回りや樹高などに応じて、剪定の頻度や、樹高や樹冠が将来大きく成長することを見込んで、それらの樹木の計画更新についても、樹種や植樹場所によってこ細かく決められている。そして、それらの予算を住民に対しても明確に説明できる根拠を持った専門の会計士がおり、見事なマニュアルに基づいて客観的に長期に予算化されていた。また、その予算には、先に述べたパークマネジメントとは少し異なるが、住宅地の中での苦情、トラブルに対応する別のマネジメントカンパニーが存在し、例えば住宅地の定期的な会合などの際には、どこでどのような苦情、要望があったか、それにどういう処理が行われたが明確に示されている。アメリカなのでそれらの苦情は時に訴訟に発展する場合もあるが、その際の役員の対応に伴う裁判の費用や裁判に行くときに勤め先を休むことを想定した費用までもが、それらに組み込まれているのには、驚かされた。

では、アメリカでこのような形で緑に関わる費用が算化され、マネジメントされているのか、答えは明確である。「不動産を構成する要素に緑地が大きな財産として認められている」からである。皆さんの中には、マンションに住み、理事会などで大規模修繕に立ち会われた方も多いと思われる。そして、その大規模修繕のために積立てをして、15年ほどに1回の外壁修繕などに備えていらっしゃるだろう。そこに樹木の剪定費用は入っている場合はあるが、電球や樹木のライフサイクルが明確にされ、それに基づいて算定されている事例はほどんどないといっても過言ではない。ましてや、10年後にはベンチが、30年後には樹木を植え替える必要に備えてそれに対応して積立てをするというような考え方は、現在でもほぼ皆無である。それはなぜかというと、それらの樹木や造園施設が、不動産価値として認められていないからである。

●進化していくべき概念　一方、都心のオフィスビルの中には大手町の森などをはじめとする工夫を凝らした公開空地が数多くつくられており、コロナ禍では多くの緑地空間が就業者のリフレッシュの場となった。そこで初めて、このような空間があるかどうかや、そのデザインなどの居心地や快適性などの相違が集客の相違につながり、ランドスケープの存在がオフィスの就業者のQOLにもつながることが明確になった。しかし、その貨幣価値への換算やその将来に向けた計画更新の対する予算化は、まだされていない。ランドスケープは、まさに生きた財産であり、生きている限り寿命もあり、常にその価値を保つためには恒常的に費用がかかる。しかし、アメリカ等では1970年代から行われている行為でもあり、それらが不動産価値につながることは、それぞれの州法でも明らかにされており、フロントヤードの維持管理を怠ることで、州法にのっとり立ち退きを命じられることもある。コロナ禍で緑の価値は高まったといわれているが、長期的な維持管理の予算化まで拡大されているところはほとんどない。これを機会にランドスケープをファシリティマネジメントに含め、まさにサスティナビリティを図ることが肝要と思われる。（池邊）

1　マネジメントシステムの基本的枠組み

Scope Management
プロジェクトを達成するために必要なすべての業務およびその目的と目標、予算などの根拠をもって明示する。

2　マネジメントシステムの三大原則

Quality Management
Scope Management に示された目標水準にできる限り近付ける質のコントロール
Time Management
Scope Management に示されたスケジュール通りに遂行する時間のコントロール
Cost Management
Scope Management に示された予算の範囲内でかつ効率的な予算執行を行う費用のコントロール

3　運営・技術力向上のためのマネジメント

Unification Management
プロジェクト遂行に必要に応じて様々な主体の組織化や統合を図ること
Procurement Management
プロジェクト遂行に必要な人材や知識、情報を外部から調達すること
Human Resource Management
プロジェクト遂行を効率的に行える人材を最も有効に配置及び教育すること

4　計画の担保力を高めるマネジメント

Accountability Management
プロジェクトの遂行において必要な情報流通及びその成果や根拠の開示などを行い、住民の合意形成を得ること
Risk Control Management
プロジェクトに必要な法的根拠、社会的基盤、リスクの回避のための規制誘導、リスクに対する担保措置などを行うこと

①　マネジメントシステムの概念

著者イチ押し

訪ねてほしい造園空間―⑨〈髙﨑〉

二子玉川公園内日本庭園「帰真園」

東京都世田谷区玉川

進士五十八監修、髙﨑康隆作庭・設計監理。多摩川・富士山・国分寺崖線を主題とした日本庭園。福祉のデザインを積極的に展開して、誰もが五感で日本の空間文化を楽しめる庭園。意匠コンセプトは「江戸のいき」とし、その特質である二元性をコンテンポラリーに表現した。

一乗谷朝倉氏遺跡湯殿跡庭園

福井県福井市城戸の内町

室町時代、戦国武将の生き抜く意志と姿勢を伝えるかのごとき石組群は、日本庭園史上最も迫力に満ちた作品である。

月の桂庭園

山口県防府市下右田塚原

月の儀式のために作庭された、独創に満ち溢れ、しかも破綻のない枯山水石庭である。長方形やL字型の庭石や石の上に石を重ねるといった意表をつく素材と手法が確固たる作庭意図に裏付けられ、品格を持つ。

玉堂美術館庭園

東京都青梅市御岳

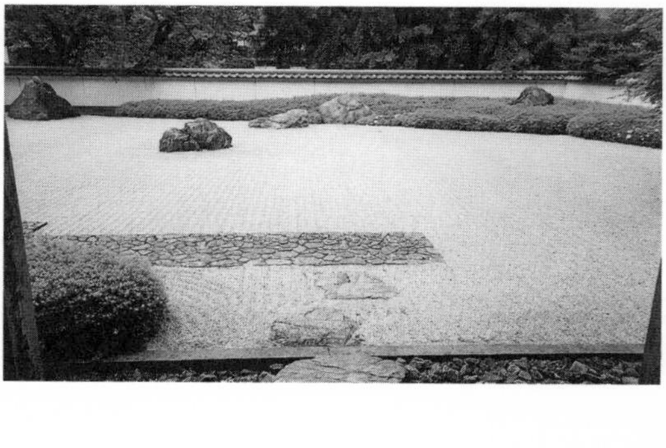

昭和を代表する枯山水石庭。中島健作庭。石組のエネルギーを庭の外へと向かわせることで、日本庭園の無限感という主題に新解釈を加えた。中島は芸術院会館庭園でも、大刈込による無限感の表現を格調高く実現した。

著者イチ押し　訪ねてほしい造園空間―⑩〈竹田〉

モエレ沼公園

北海道札幌市東区

彫刻家イサム・ノグチが基本設計を行い、ゴミ処理場の跡地に2005（平成17）年にグランドオープンした。面積約100ha全体が一つの彫刻作品なのだと考えてよい。アートとしてのランドスケープデザインの一つの到達点。

アルテピアッツア美唄

北海道美唄市落合町栄町

彫刻家の安田侃により1997（平成9）年から整備されている彫刻庭園。廃校になった小学校を利用した芸術文化交流施設。安田は多数設置されている彫刻だけでなく、庭園の全体構成も担当。現代の日本を代表する庭園と言える。

丸の内仲通り

東京都千代田区丸の内

日本を代表するビジネス街の中心軸となるこの通りは、かつて植栽帯と段差で歩車分離された機能的な空間だった。2000年代に入り路面店舗が導入され、歩車道空間が一体的に改変された。最先端のパブリックアートを見ることができる。

鉄人28号モニュメント

兵庫県神戸市長田区

2009（平成21）年に若松公園に「実物大」とされる耐候性鋼板による高さ15.6mの鉄人28号が設置された。それは、現代の大仏となり、人々に安寧をもたらすだけでなく、膨大な集客を果たし大きな経済波及効果を生み出している。

著者イチ押し

訪ねてほしい造園空間—⑪〈辻野〉

多摩川羽村堰と玉川上水

東京都

羽村堰は、多摩川が山地から平野に出る青梅から約6km下流に位置する玉川上水の取水地点である。投げ渡し堰と呼ばれ、周辺の丘陵、台地の緑、多摩川の流れと堰の構造が調和した、歴史文化的にも優れた景観をつくり出している。

野川公園と野川

東京都

都立野川公園は多摩川の中流部、低地の北縁に位置し、武蔵野台地の南縁をなす国分寺崖線に接する。崖線に沿って多摩川の支川である野川が流れる。そこでは、崖線や湧水を生かした自然観察園、起伏のある広場が整備され、野趣に富む武蔵野を代表する風景を形成している。

太田川と水の都・広島

広島県

太田川は広島市街に入ると5本の川に分派する。本川と元安川の分派点に原爆記念公園が整備され、元安川の対岸に原爆ドームが立地、景観の軸線で結ばれている。河畔の公園や市街地と一体の水辺環境や観光遊覧船の就航など「水の都整備構想」が進められている。

柳川の掘割

佐賀県

水郷柳川は、筑後川と矢部川が有明海に注ぐ河口部に位置する。両川の水利と約7mもの有明海の干満の差を利用した掘割が発達する。かつてドブ川だった掘割は、市民と行政の努力で見事によみがえり、水辺とまちづくりの先駆的な取組みとして大きな影響を与えた。

第 4 章
造園で用いる材料

土と植物と石と杢

造園で用いる材料の種類はとても多い。庭園を考えれば、その構成要素は地形、水、植物、建造物、工作物であるから「ものすべて」と言ってよい。公共造園の工事区分では造成工、園路・広場工、給排水・電気設備工、施設工、植栽工であり、施設工の中には建築も含まれるから、やはり「ものすべて」となる。しかし、造園固有の材料といえば、何を置いても第一に植物である。そして植栽基盤としての土、庭園に魅力を与える自然石、造園工作物をつくる石・木材（杢）などが、ここで述べる「造園で用いる材料」である。

植物の材料としての特殊性は、生き物であることだ。植物は生長するため、造園計画・管理では「時間」という大切な要素を検討する。そしてもうひとつ、生き物が生態的存在であるということについて考える必要がある。すなわち、植物の生育のための環境整備が重要であり、生育基盤としての土や水だけでなく、空気やほかの生物、そして人間からの環境圧も関連してくるが、この章で扱うのは土壌までとする。

また材料の話は、生産と供給、扱う人と技術を含めたシステムの問題であり、システムが失われると材料は姿を消す。（髙﨑）

植物材料

樹木とグランドカバープランツ

●植物の分類　造園植物の基本的な性質を考えるには、設計意図に応じた形姿や生態と、生産・流通形態からの区分けが必要であり、植物学の大分類である「裸子植物／被子植物」「双子葉類／単子葉類」「合弁花／離弁花」といった分類とは異なる分け方が有効である。造園設計が多く対象にする公共造園においては、その積算の根拠として単価資料を参考にする。月刊の単価資料『建設物価』『積算資料』では、造園植物は針葉樹、常緑高木・低木、落葉高木・低木、グランドカバープランツの木草本類・ツル性類などに分けられる。

●高木と低木　樹木では高木・中木・低木という樹高による区分けがなされる（①）。中木はおおよそ目の高さ前後から 3.0m 未満程度のものをいうが、もとより厳密なものではなく、『建設物価』『積算資料』では「高木」と「低木」の区分けしかない。これら高低の区分けはあくまで各植物の本来の性質を示すもので、植栽時の材料寸法ではない。すなわち植栽時に背の低い苗木でも、ケヤキは高木である。

『建設物価』『積算資料』　月刊誌でこれに記載される樹種は、市場性が高い。公共工事の積算に使用するための規格標準化がなされていて、造園設計・造園工事に一般的に用いられる。

高木の形状は樹高・目通り幹周・枝張で指定する（221 頁参照）。低木は樹高と葉張で指定する。雑木類には複数の幹を持つ「株立物（かぶだち）」も多い。庭園樹木と公共造園用樹木では規格が異なる。狭義の「仕立物」は庭園樹木として刈り込むなど樹形に人工を加えたものを指すが、公共造園用樹木として広く流通している植物も、自然形に仕立てられた（管理された）植物材料である。完全な自然樹形を有するものは「山採り（やまど）」と呼ぶ。「野木（のぎ）」の呼び方もあるが（②）、明治・大正時代に流行したそれは「野木仕立て」のことが多い。低木では刈り込んだ材料があり「玉物（たまもの）」と呼ぶ。

高木の苗木や低木の小形状物はビニール製の鉢で栽培され、そのまま流

① 樹木の寸法の計測

② マツの野木

通する。形状寸法は、このビニールポット（コンテナと呼ぶ）の直径を表示してある。

●グランドカバーと草花　グランドカバープランツには木本も含まれるし、草本のいわゆる草花や球根植物も含まれる。単価資料の「グランドカバープランツ」と呼ぶものの中には、地被類以外にツル性の植物も含まれる。それぞれ木本も草本も含まれる。またよく見られ、大量に植栽される草花の宿根草と球根植物も含む（③）。

草本類は一・二年草と宿根草および球根植物に分けられるが、いずれも季節物であり、通年調達はできない。特に一・二年草は冬季に根・茎・葉といった植物体としての実体がなくなるためか単価資料には掲載されず、積算の根拠としては見積りが必要になる。また、近年の目立った傾向として、ガーデニングブームによる草花の外国品種導入と国内外での品種改良の飛躍的な増加があり、単価把握が難しく、また掲載種類も膨大になってしまう事情もある。

ツル性植物においてもコンテナ栽培は主流となり、回転を速めるために小さなものを次々と出荷する。植栽後すぐに機能と景観を発揮できるような「長尺もの」は非常に少ないため、調達には注意を要する。

●その他の植物材料　芝生にはコウライシバとノシバがあり、どちらも土の付いたブロック状のもので、これを敷き並べる。ロール状のものもあり、目地が生じなく、均一な芝面が速く実現できる。

種子も植物材料である。種子吹付け工法は、広い面積や斜面地の芝生面や花畑を造成するために行われる。芝生の種子吹付け工法に適する材料はノシバと洋シバである。宿根草の混植吹付けは安価で、色彩豊かな広面積植栽景観の創出に有効である。種子の吹付工は、土壌水分の確保できる適期の施工と、後の管理が必要である。冬季刈込みが、地域の生態系を乱す恐れもあり、繁殖力の強いルドベキアやオオキンケイギクは外来生物法により特定外来生物に指定され、種子の輸入・販売・栽培が禁止された。

（髙﨑）

③　ビニールポットで流通する各種のグランドカバープランツ

植物材料

常緑樹と落葉樹

造園でよく用いられている常緑樹（『建設物価』『積算資料』に記載される樹種）
アラカシ、イスノキ、ウバメガシ、ウラジロガシ、オトメツバキ、カクレミノ、キンモクセイ、クスノキ、クロガネモチ、ゲッケイジュ、コウオトメツバキ、サザンカ、サンゴジュ、シマトネリコ、シラカシ、シロダモ、スダジイ、ソヨゴ、タブノキ、ツブラジイ、トキワマンサク、ネズミモチ、ハマビワ、ヒイラギ、ヒイラギモクセイ、ヒメユズリハ、フサアカシア、ホソバタイサンボク、ホルトノキ、マテバシイ、モチノキ、モッコク、ヤブツバキ、ヤブニッケイ、ヤマモモ、ユーカリ類、ユズリハ

●四季を彩る木の分類　高・中木の分類は常緑と落葉に大別できる。広葉樹のうち基本的に常緑樹は暖地性、落葉樹は寒地性の植物である。常緑樹は豊かな緑環境の創出、落ち着きのある変わらない自然の景観づくりに適している。一方、落葉樹は四季の変化の表現、花や紅葉による彩り豊かな植栽景観づくりに適している。それぞれ時代の流行がある。

●常緑樹　別名・照葉樹というように、冬季の葉群（ようぐん）の輝きと早春の新芽の美しさは心をわくわくさせるものを持っている（①）。

各地方に生育する常緑樹は、その土地の風土をつくる一要素である。カシ類では九州のイチイガシ、関西のアラカシ、関東ではシラカシがなじむ。シイ類は西にコジイが多く、東ではスダジイが多い。京都では「ボウガシ」と呼んで、現在もアラカシの直立性株立を多く植栽する。対して東京では江戸・明治・大正時代からスダジイがよく用いられたが、近年は住宅敷地の狭小化や人々が明るさを好む嗜好からあまり見られない。

庭園樹としてはモッコクやモチノキといった代表種に加え、ヤマモモなどの使用が多い。いずれも、太く樹形の良いものは高額である。株立物として、ソヨゴの生産流通が増えるなど、時代の流行がある。

花の咲く常緑樹の代表はツバキとサザンカであり、よく使用されるが、チャドクガの幼虫が好むため通風の悪い場所や管理の行き届かないところでの植栽は避ける。モクレン科の常緑樹も存在感のある材料で、タイサンボクやオガタマノキがある。生垣用樹としてなじみの多いカナメモチは単木としても有用な種である。香りを持つ代表種はキンモクセイであるが、多く植えすぎると匂いをきつく感じる。野鳥の好む実の成る木としてクロガネモチやモッコク、モチノキは一般的である。ヤマモモで大型の実をつける品種ものは、果樹だけでなく造園材料としても生産が増えている。か

シラカシ

アラカシ

ヤマモモ

①　常緑樹

んきつ類は実が成るので冬季の景観木として貴重である。独特な樹形と葉色を持つオリーブも景観木として注目される。

造園でよく用いられている落葉樹（『建設物価』『積算資料』に記載される樹種）

アカシデ、アキニレ、アベマキ、イタリアヤマナラシ（ポプラ）、イタヤカエデ、イチョウ、イヌシデ、イロハモミジ、ウメ、ウメモドキ、エゴノキ、エノキ、エンジュ、オオシマザクラ、オオヤマザクラ、カシワ、カツラ、カリン、カンヒザクラ、クヌギ、ケヤキ、コナラ、コブシ、サトザクラ、サルスベリ、サンシュユ、シダレザクラ、シダレモミジ、シダレヤナギ、シデコブシ、シモクレン、ショウジョウノムラ、シラカバ、スズカケノキ、ソメイヨシノ、トウカエデ、トチノキ、ナツツバキ、ナナカマド、ナンキンハゼ、ネムノキ、ハクウンボク、ハクモクレン、ハナカイドウ、ハナミズキ、ハマボウ、ハルニレ、ハンノキ、ヒトツバタゴ、ヒメシャラ、ブナ、ホオノキ、マユミ、マンサク、ミズナラ、ムクゲ、ムクノキ、モミジバフウ、ヤシャブシ、ヤマザクラ、ヤマハンノキ、ヤマボウシ、ユリノキ、ロウバイ

●落葉樹　落葉樹は、四季の変化を劇的に演出してくれる（②）。その特性の第一は、花木としての多彩さである。サクラ類は日本情緒を代表する花木で、特にソメイヨシノは、その圧倒的な花に匹敵するものはない。しかし、樹齢が比較的短命という難点がある。花よりも素直な樹形を重視すればヤマザクラ、花期を遅くずらすためにはサトザクラ類、早くずらすためにはヒガンザクラ類を選択する。ソメイヨシノとの日米花木交換で知られるアメリカハナミズキは、現在、大変ポピュラーな木となり、赤花種や斑入葉種等の品種も増えた。

紅葉木の代表はカエデ類であり日本的な樹木であるが、現代の都市景観の中でも独特のニュアンスを表現する。まっすぐな樹形と葉の黄葉・香りの楽しめるカツラは注目種で、株立も美しく乾燥にも強い。シダレカツラも味がある。

昭和時代に日本庭園の一様式となった「雑木の庭」の出現により、クヌギやコナラも造園樹木となった。「雑木」のうち、樹形と花のきれいなシャラ（ナツツバキ）やヤマボウシの大きくて姿の良い材料は人気があり高額である。シャラは都市景観にも似合う植物としてもよく用いられるが、気候の温暖化傾向で雨の少ない年には枯損が目立つ。

庭の狭小化傾向と、ガーデニングブームによるスタイルの変化の中で、注目される樹種も多い。ザイフリボクは小振りな樹形と花、果実、紅葉が楽しめる。ミツバツツジは早春の花が印象的で、小庭園にも向くコンパクトな樹形の良い材料である。（髙﨑）

ヤマザクラの株立

シダレカツラ

シャラの株立

② 落葉樹

植物材料

針葉樹と広葉樹

メタセコイア
別名アケボノスギ。中国原産で下の写真のように大木になる。

造園でよく用いられている針葉樹（『建設物価』『積算資料』に記載される樹種）
アカマツ、イチイ、イトヒバ、イヌマキ、ウラジロモミ、オオゴンコノテ、カイズカイブキ、カラマツ、クロマツ、コウヤマキ、サワラ、スギ、チャボヒバ、ドイツトウヒ、ニオイヒバ、ニッコウヒバ、ヒノキ、ヒマラヤスギ、メタセコイア、ラクウショウ、ラカンマキ

●大木の代表選手　針葉樹のメタセコイアと広葉樹のケヤキは大木となる樹木の代表である。大木に成長する樹木は景観木のほか、緑陰樹や街路樹として使用される。かつて街道沿いに植えられ現在も残るスギやマツの並木は風土と歴史を知る良い風物であり、また空気汚染や地下水位低下などの環境指標ともなる。北海道のナナカマドや熱海のアメリカデイゴ、宮崎のワシントンヤシなど地方都市それぞれの特色を感じさせる街路樹を見ることができる。

①　マンションのドイツトウヒは年末にライトアップされてクリスマスの主役となる。

●針葉樹　大木となる針葉樹のメタセコイアは成長の速さ、丈夫さ、整った樹形、明るい葉色、羽状複葉の可愛らしさ、「生きた化石」という話題性などから公園や街路樹にもよく植栽される。剪定に耐えるので、手入れ次第では庭園にも導入可能である。ヒマラヤスギも針葉樹の大木の代表であり、明治の洋風化傾向の時代によく植栽されたが、大きくなりすぎる性質と、常緑のため樹下が暗くなることから減少傾向にある。クリスマスツリーといえばモミノキであるが、温暖な都市部では良好な生育を示さないため、ドイツトウヒなどが代用される（①）。マツ類は庭木の代表であるが、都市や現代の風景にもなじむように自然風の仕立て方をしたのもの（野木仕立て）がだんだんと使われるようになってきている。東京ディズニーランドの例は有名であるが、そのほかにも日本庭園や公共造園でも見られるようになった（②）。スギは花粉症の原因として敬遠されがちであるが、樹勢の良い元気なスギは花粉を多く付けない。針葉樹は群植すると他樹種にはない独特の雰囲気があり、ヒノキやドイツトウヒなどは造園設計によく使われる（③）。カヤは成長が

②　葬祭場の入口植栽のコウヤマキとクロマツの野木

③　ジェットコースター下のドイツトウヒ群植

遅いため大径の良形状品は少ないが、それだけに品格があり大切にされる。

針葉樹でも大木にならずにコンパクトな樹形を保つものを特にコニファーと呼ぶことがある。

コニファー
本来は針葉樹という意味の英語であるが、日本の園芸界では、小型性・直立性・匍匐性などの樹形や黄色・青色・銀色など変化のある葉色を特徴とする針葉樹の総称として使われる。

●広葉樹 広葉樹は上部で広がる樹形から街路樹に適する（④⑤）。イチョウ（裸子植物）は東京都の街路樹の代表で、黄葉の美しさは圧倒的である。ハナミズキの街路樹も多く、花による修景効果と大きくなりすぎない性質が現代に合っているためと思われる。緑陰樹の代表ケヤキは全国で用いられるが、関東での樹形がもっともケヤキらしい。同じ科のアキニレは関西に多い。プラタナスは街路樹として良好な性質を持ち、特に剪定によってつくられる樹形は世界共通のプラタナスらしさを発揮する。ユリノキは葉の形状が愛され人気があるが、剪定により本来の樹形が変質するので魅力は減ずる。アオギリは街路樹のイメージが強く、日本における植栽の歴史は新しいと思われがちだが、平安時代にも植栽されていた。明治、大正時代には「文人趣味」と呼ばれた中国風植栽の流行で住宅にもよく植えられ、夏目漱石の小説『吾輩は猫である』や『永日小品』にも「梧桐（ごとう）」の名で登場する。

ボリューム感が欲しい場合によく植栽される常緑物の代表はクスノキであり、宮崎市などでは見事な緑の景観をつくり出している。本来、暖地性の植物で関東地方以南が限界とされるが、仙台市などでの植栽例もある。

日本では都市化と再開発が進む中で、経済性や落葉管理の問題から毎年大木が少なくなる一方であるが、かつて樹林を伐り尽くしてしまった経験のあるヨーロッパにおいて緑の大切さに気付き保存した結果、それらがかけがえのない都市景観をつくり出していることに学びたい。また阪神・淡路大震災時に再認識された樹木と樹林地の防災機能も改めて確認したい。

（髙﨑）

イギリスの大木のある景観

④ ヤマザクラの街路樹（千葉市中央図書館）

⑤ 大樹のある都市景観（東京のケヤキ並木）

植物材料

低木と地被植物

●違い 低木は人の背丈程度、地被植物は膝丈程度までの高さを持つ植物材料であるが、もとより厳密な区分ではない。地被はグランドカバーとも呼び、丈があまり高くならない、地表を被うような植物材料であり、木本も草本も含む。

●常緑低木と落葉低木 低木の代表はツツジ類であり、常緑性と落葉性に分かれるが、どちらもよく使われる（①）。常緑ツツジにはヒラドツツジ・クルメツツジ・サツキ・シャクナゲ類などがあり、それぞれ品種も多い。シャクナゲ類を除く常緑ツツジは小葉で、花が美しく、活着も良い。刈込みの時期さえ気を付ければ管理も容易で欠点の少ない造園材料だが、根が浅いため乾燥には注意が必要である。落葉性ではミツバツツジやドウダンツツジなどがあり、春の花と秋の紅葉が楽しめる。

春の落葉低木は彩り豊かである。ヒュウガミズキ、ユキヤナギ、レンギョウ、ヤマブキ、コデマリ。梅雨にはウツギ、アジサイ類、ヒペリカムの仲間。秋にはハギ類が咲く。果樹のブルーベリーは花が地味であるが、手軽に実も収穫できて紅葉もきれいだ。香りを有するものでは早春のジンチョウゲ、夏のクチナシ類が代表である。バラには二期咲きの品種も多く、改良も進んでコンテナ栽培を楽しめるなど広く一般に普及してきた。

近年のガーデニングブームでカラーリーフプランツが注目を浴びている（②）。低木ではアカバノメギ・ラベンダー類・斑入りランタナなどがある。海外からの導入品種も多いが、耐寒性や耐暑・耐湿度性に注意する必要がある。

② カラーリーフプランツ

ツツジとサツキの違い
よく話題になるが、この質問はもとよりおかしい。ツツジは科名、サツキは種名であるから並べて比較するわけにはいかない。しかしこの問いの趣旨は一般的なツツジ即ちヒラドツツジおよびクルメツツジと、サツキの違いは何かということであり、答えは開花期となる。

活着
枯れずに、確実に根付くこと。植栽や移植には枯れるリスクがつきまとう。

カラーリーフプランツ
葉の鑑賞価値の高い植物。木本も草本も含む。色変わり、斑入りを楽しみ、花の少ない時期にも花壇の彩りとなる。

① 中島健の代表作。日本芸術院会館は現代造園デザインとしての低木大刈込みの先駆である。

造園でよく用いられている地被（グランドカバー）（『建設物価』『積算資料』より）

［木・草本類］アカバメギ、アガパンサス、アジュガ、アベリアエドワードゴーチャ、イカリソウ、ウンナンオウバイ、エビネ、オウバイ、オオバジャノヒゲ、キチジョウソウ、ギボウシ、クサソテツ、コクチナシ、サルココッカ、シバザクラ、シャガ、シャスターデージー、シュンラン、シラン、シロバナサギゴケ、宿根バーベナ、宿根フロックス、スイセン、セイヨウイワナンテン、セキショウ、タマスダレ、タマリュウ、ツワブキ、トクサ、ドイツスズラン、ナギイカダ、ノシラン、ハナニラ、ハナショウブ、ハラン、ヒガンバナ、ヒペリカム、ヒメウツギ、ヒメシャガ、ビンカミノール、フイリヤブラン、フィリフェラオーレア、フッキソウ、ブッドレア、フヨウ、ヘメロカリス、ホトトギス、ポテンチラ、マツバギク、ミヤギノハギ、ヤブコウジ、ヤブラン、ユキノシタ、ラミューム、リシマキア、リュウノヒゲ、ロニセラニチダ、ササ類、セダム類

［ツル植物］アケビ、イタビカヅラ、アメリカツルマサキ、オオイタビ、カロライナジャスミン、キウイ、キヅタ、コトネアスター類、スイカズラ、ツキヌキニンドウ、ツルマサキ類、テイカカズラ、ナツヅタ、ニシキテイカ、ビグノニア、ビナンカズラ、ヘデラ類、ムベ

●地被植物とツル植物　タマリュウは地被植物の代表で、濃い緑と雑草の侵入が少ないことが特長である。また人工地盤緑化などで注目を浴びた地被植物にセダム類があり、都市部の屋上緑化の取組みに用いられている。乾燥に耐え、薄層の人工土壌で生育可能であり、日本在来種のタイトゴメのほかに外来の品種も多いため、セダム類だけの混植でも変化のある地被植物の景観がつくられる。しかし、各品種の適性把握や生育環境づくりの技術はまだ確立されていない。

低木と同じく、カラーリーフの地被植物も流行している。日陰でも楽しめるシェードガーデンによく使用される。タマリュウにハナニラやムスカリ、タマスダレなどの小球根植物、ギボウシ類やシュンランなどの山野草、また一・二年草、そしてカラーリーフの地被をランダムに混植すると、それぞれの組合せにより和・洋・自然風のどのような眺めにも対応し、四季の花を楽しめる地被構成ができる（③）。

ガーデニングブームの結果、英名でハニーサックルと呼ばれるスイカズラや、ツルアジサイのようなツル植物が見直されている。特に人気の高いのはツルバラとクレマチスであり、トレリス（格子細工）と併せて、ガーデニング本でもよく取り上げている。花の咲くツル植物ではカロライナジャスミン・ハゴロモジャスミン・テイカカズラ・ノウゼンカズラなどがあり、ジャスミン類やスイカズラは香りも楽しめる（④）。

フジといえば藤棚を連想するが、イギリスの住宅に見られるような壁面に垂直に這わせる使い方もあり、狭い敷地の効果的な修景法である。立体緑化で壁面にツル植物を這わせることの建物に与える影響についてはプラス面とマイナス面がある。植物で覆うことにより日照や降雨から壁面を守るという考えと、根が壁面に対してダメージを与えるという考えである。（髙﨑）

③　草花と地被のランダムな混植

④　写真と図はツル植物による立体植栽の例。クレマチスやツルバラ、スイカズラやジャスミン類によって花や香りも楽しめる。

植物材料

一・二年草と多年草

●植物を使い分ける　草花には、毎年の植替えを要する一・二年草と、数年ないしは永続的に植えっぱなしでよい多年草とがある。都市公園でも、花壇を設置してパンジーやマリーゴールドをきれいに植えている光景はよく見受けられる。花による圧倒的な景観をつくるのには一・二年草、少ない管理で毎年楽しむためには多年草を使用する（①②）。

●一・二年草　一年草は、1年のうちに種子からの発芽、開花、結実を経て枯れる植物（③）。二年草は秋に発芽して冬を越し翌春に開花するため、越年生草本ともいう。品種改良と温暖化の傾向で、花期や耐寒性等、草花の性質も変化してきている。また品種改良と海外からの品種導入も盛んである。かつて春植えの一年草の代表であったパンジーは、秋植えにしてそのまま越年し正月を彩る草花となった。さらに花の色と形のバリエーションも増加して「三色すみれ」の別名も忘れさせるほどである。また庭面積の狭小化に伴い、小花を好む傾向があり、園芸店にも小型のビオラが並ぶ。夏の主役ペチュニアでは多花性のものや、夏の高温多湿に強い品種、しだれ性の品種などが作出されている。

●多年草　多年草には、宿根草と球根植物がある。宿根草は冬になって

①　田園調布の住宅の庭。一・二年草、宿根草、球根植物の組合せによる花壇。

②　この住宅の玄関前階段のコンテナガーデンにも、一・二年草と宿根草が組み合わせて配植されている。

③　奈良時代に薬草として渡来した一年草のアサガオ。

地上部が枯れても根や地下茎が残り、翌年も芽を出す草本である。球根植物は球根が残り、分球によって増えていく。

日本での宿根草の普及は急速に進み、園芸店やホームセンターには毎年新しい商品名を付けられた見慣れない花が並ぶ。その中で野生化していく種もあり、ムラサキハナナなどは日本各地の春の景観を変えつつある。

ハーブ類は、ガーデニングブームを経て日本によく普及した植物である。ポット栽培でベランダでも楽しめ、料理でも活躍する。寒い地方の植物というイメージがあるが、品種も多く各地で見られる（④）。

オーナメンタルグラスとは修景材としてのイネ科植物を指す。日本在来のススキに斑が入ったゼブラグラスや、フウチソウ、斑入りのスゲであるベアグラス、またパンパスグラスの小型品種プミラなど、個性豊かな植物材料群である（⑤）。

ギボウシ類は広く日本にも自生し、丈夫な植物である（⑥）。ヨーロッパとアメリカで品種改良が進んで人気のある植物となり、その様子を見聞した日本でもまた注目されているという逆輸入植物の例である。

球根類も日本の風景を変化させつつある。春に開花する小型草本のハナニラはどこにでも見られるようになって、サクラのコンパニオンプランツの感がある。同時期に咲く小型球根植物のムスカリと組み合わせても良い（⑦）。

球根といえばチューリップ。春花壇の主役であるが、品種改良により八重咲きやスプレー咲きなどの花形、そして花色も多様化し、“だれでも描けるチューリップの絵”とは異なる「これがチューリップなのか」とびっくりするような品種もある。一方ではチューリップ原種群のもつコンパクト性が着目され、市場に出回るようになったが、これも“絵のチューリップ”とはかけ離れた形態を持つものである。（髙﨑）

④　イギリスのハーブガーデン

⑤　シマススキとフウチソウ

⑥　ギボウシ類

⑦　ハナニラとムスカリ混植

コンパニオンプランツ
主役となる植物に対して、これと組み合わせることで主役を引き立てたり、立体的に充実した景観をつくり出すための植物。

スプレー咲き
一本の花茎に複数の花を咲かせる咲き方。

原種
品種改良されていない原型の植物。

植物材料

庭木と公共用緑化樹木

●庭木　造園業は施工業と生産業に分業化し、植物生産の分野も枝振りの良い庭木の栽培を行う従来からの植木屋さんと、規格品を大量に栽培する生産者とにそれぞれ専門化している。

従来の植木屋さんといえば、畑でマツやモッコクやウメの庭木を仕立て、庭石や石灯籠も買い溜めておいて、日本庭園一式を請け負えるものであったが、特に首都圏でのこのような業態は見られなくなった。首都圏で庭木の生産地といえば埼玉県川口市の安行(あんぎょう)が有名であるが、ここでも現在では自前の土地で庭木を仕立てて売るという業態は少なくなり、植物材料の流通基地の性格を強めている。

仕立て管理をする庭木は針葉樹ではアカマツ・クロマツ・ゴヨウマツ・イヌマキ・イトヒバ・チャボヒバ・キャラボク・ダイスギなどで、これらのうちマツ類は一本一本の葉が対象の手作業であるため一番手間を要する(①)。イヌマキはマツほどの手間は掛からないのでその代替ともされる。キャラボクは刈込み、ダイスギなどは枝の剪定管理が要点となる。

常緑広葉樹ではモッコク・モチノキ・ヤマモモ・スダジイ・カシ類・キンモクセイなどがある。葉の細かいものほど手間が掛かることになる。モッコクは規則性のはっきりした樹形を呈するので、ごまかしがきかない。

落葉樹ではウメが代表的であり、剪定の行き届いた老木は独特の風合いを持つ。ウメに対し、サクラ類は切ったところから枯れが入り込み、弱る

野木風のアカマツ

手入れしたクロマツ

①　仕立て管理は手作業

ので剪定を嫌う。昔から「桜切る馬鹿、梅切らぬ馬鹿」という。

●公共用緑化樹木　公共用の緑化樹木は積算や検査のために規格化されている。公共工事のフローである設計・施工・検査という一連のシステムに対応するのが、緑化樹木の規格化である（②）。

複数の公共工事で特定の樹種が同時大量に設計に組み込まれることはありうることだ。そこで材料を揃えることができなくなる事態が発生する。これを回避するため、設計段階では調達難易度をチェックする。グランドカバー類や草本類では、設計数量を確保するために1年を見込めば生産可能であるが、樹木生産には年数を要するため慎重を要する。

規格寸法を重視する生産と流通の事情から、樹種によっては、本来その種の持つ固有の樹形とはかけ離れたものになっている。特に樹冠が横に広がる性質の樹種では、1本ごとの占有面積を小さくして、生産密度を高くする目的で、枝を幹から一旦切断して再度、芽吹かせることにより、コンパクトに均一に仕立てる。モッコクに例をとると、樹高3.0mのもので枝張1.2mが規格だが、これは本来のモッコクらしい樹形ではない（③）。（髙﨑）

樹冠が横に広がる性質の樹種
常緑ではモッコクやキンモクセイ、落葉ではハナミズキなど。

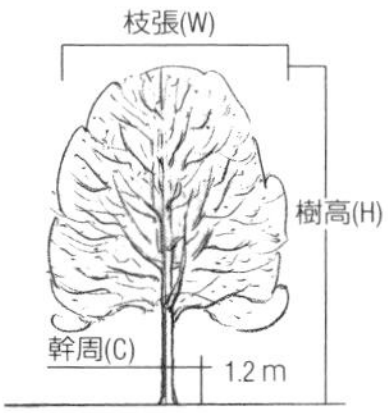

・形状寸法は搬入時、剪定前のものである。
・目通り幹周とは、根鉢の上端より1.2 mの高さで測った幹の周囲。
・株立の場合は、本数の目通り、幹周の総和×0.7で表す。
・枝張は低木の場合、葉張という。

② 樹木の用語と定義

用　語	定　義
公共用緑化樹木	主として公園緑地、道路、公共施設等の公共緑化に用いられる樹木材料をいう。
樹形	樹木の特性、樹齢、手入れの状態によって生ずる幹と樹冠によって構成される固有の形をいう。なお、樹種特有の形を基本とした育成された樹形を「自然樹形」という。
樹高（H）	樹木の樹冠の頂端から根鉢の上端までの垂直高をいい、一部の突出した枝は含まない。なお、ヤシ類など特殊樹にあって「樹高」と特記する場合は幹部の垂直高をいう。
幹周（C）	木の幹の周長をいい、根鉢の上端より1.2m上りの位置を測定する。この部分に枝が分岐している場合においては、おのおのの周長の総和の70%をもって幹周とする。なお、「根元周」と特記する場合は、幹の根元の周長をいう。
枝張（葉張）（W）	樹木の四方面に伸張した枝（葉）の幅をいう。測定方向により幅に長短がある場合は、最長と最短の平均値とする。なお、一部の突出した枝は含まない。葉張とは低木の場合についていう。
株立（物）	樹木の幹が根元から分岐して、叢状を呈したものをいう。なお株物とは低木で叢状を呈したものをいう。
株立数（B.N）	株立（物）の根元近くから分岐している幹（枝）の数をいう。樹高と株立数の関係については以下のように定める。 2本立―1本は所要の樹高に達しており、ほかの所要の樹高の70%以上に達していること。 3本立以上―指定株立数について過半数は所要の樹高に達しており、ほかは所要の樹高の70%以上に達していること。

③　公共用規格（左）と本来のモッコクの樹形（右）

植物材料

公共用緑化樹木等品質寸法規格基準（案）

●基準制定の経緯　造園工事で使用する材料は、加工石材、コンクリート製品など土木、建築などと共通するものも多く、日本産業規格（JIS）等で標準となる規格が設定されている。しかし造園工事において特徴的な材料として植物と自然石、竹材などは、建設業の中でももっぱら造園が使用するものであり、そのうち樹木について1980（昭和55）年に建設省（現・国土交通省）都緑対発第８号によって対象樹種を67種として「公共用緑化樹木の品質寸法規格基準（案）」が関係団体に通知された。

かつて樹木等の材料は、庭木として個性を持った樹形に仕立てられて生産されているものが多く、価格についても見立てによっていた。しかし都市緑化が進められる中で、街路樹ほか公共用緑化樹木の需要が高まって、安定的な供給がなされる必要が生じてきたために基準（案）が設けられたものである。これは、それまで明確になっていなかった品質寸法規格について、生産者・発注者・設計者・施工者が材料としての共通認識を持ち、工事の質を一定水準以上に保つためにと主要な樹種について定められた。

当初の基準（案）では全国的に多量かつ安定に生産・流通している緑化用樹種67種について基準化がなされた。その後、用語の定義等の見直しや樹種の追加、規格の変更等が行われてきており、2003（平成15）年の第４次改訂版では「公共用緑化樹木等品質寸法規格基準（案）」として、樹木191種に加えて初めて地被類等（シバ類や直径12cm以下程度の小型のコンテナで生産されている低木・草本類・ツル性類・ササ類など）の規格が追加された。2008年（平成20）年には第５次改定の通達がなされた。

●寸法規格と品質規格　樹木についての寸法規格は、樹高、幹周、枝張の３項目が基本となっていて（①）、寸法として計測可能である。品質については樹姿（５項目）と樹勢（７項目）に分けられている。樹姿に関するもののうち「樹形」の項目では「樹種の特性に応じた自然樹形で、樹形が整っていること」、樹勢に関するもののうち「生育」の項目では「充実し、生気ある状態で育っていること」という文章表現で規格が示されている。基準（案）の解説では、「品質規格と寸法規格とで構成され、両規格がそろって初めて公共用緑化樹木等としての規格を表すことができ、一方だけの適用は行わないものとする」とされている。しかし現場での検査では寸法の検測がしやすいことから確実に行われているのに対して、本来大切な樹姿と樹勢に関する樹木の品質判定という質の評価については困難さが伴うため、相当不良なものでなければ合格とされることが多いと思われる。本

日本産業規格（JIS）
ながく日本工業規格とされていたが、2019（令和元）年に改められ、土木および建築部門は「JIS A」と表記される。

第５次改定
草花類の品質規格表案が加えられ、200樹種の樹木の寸法が掲載されている。新たに追加された樹種がある一方、公害にも強く成長が早いなどの特性から早期緑化樹として多用された中国原産のトウネズミモチや北米原産のトゲナシニセアカシアは繁殖力も強いことから、特定外来生物による生態系等に係る被害の防止に関する法律により要注意外来生物リストに載ったため削除された。2015（平成27）年から要注意外来生物リストは生態系被害防止外来種リストとして改められ、トウネズミモチなどは重点対策外来種とされた。

来は同じ樹種、同じ寸法規格に入るものであっても、用途や使用する場の性格によって望まれる樹形などは異なるはずであるが、通常そういう要求までは設計で明確になっていないことや、樹勢に対する検収がやや簡易になりがちとなっていることが実態であり、両規格に対するバランスをとっていくことが望まれる。

●利点と課題 この基準（案）がつくられたことで、生産者は生産の目標が立てられるようになり、発注者・設計者は市場に流通していることがある程度保証されていることになり、安心して設計に組み込むことができるようになったことは、産業としての成長に貢献した。

一方、弊害なども生じることになった。設計に取り入れられる樹木が、基準（案）に取り上げられているものに偏ることになったのは当然の成り行きとも言える。工業製品と異なり、樹木は成長を続けるため、規格の範囲を超えて大きくなってしまったものなどについては処分しなければいけないといった、長い年月をかけて育成してきた樹木生産者としてはつらいことも起こっている。

また高木の樹姿に関する品質としては、幹について「幹がほぼまっすぐで、単幹であること」とされているので、スタンダードな（別の言い方をすれば画一的な）樹形が求められる。そのため植栽されても整然とはするが、物足りなさも残る。幹が途中で分かれたり、やや曲がっていたりなど、樹形に関する品質規格には合わないが、寄せて植えたりすれば使用可能なものや、個人庭園などであればかえって趣を生かすこともできるものも、生産者としては市場にのりにくくなることから、処分されることも多い。

国土交通省都市・地域整備局公園緑地・景観課緑地環境室監修『公共用緑化樹木等品質寸法規格基準（案）の解説』（財）日本緑化センター、2009

課題も抱えているが、「なお、本基準（案）は、公共施設等の緑化にあたって、使用する場合の一つの基準を示したものである。よって、地域の特性や緑化の目的等による他の樹種の使用、あるいは本寸法規格以外の樹木等の使用を制限するものではない」との一文がある。たったこれだけのことのように思われるが、これは、基準等にこだわりすぎることなく、柔軟でより良い設計の実現に必ずつながっていくものであると期待したい。

（福成）

① 公共用緑化樹木等品質寸法規格基準（案）の品質規格

- 樹木の品質規格表（案）
  1 樹姿の項目―樹形（全形）、幹（高木にのみ適用）、枝葉の配分、枝葉の密度、下枝の位置
  2 樹勢の項目―生育、根、根鉢、葉、樹皮（肌）、枝、病虫害
- シバ類の品質規格表（案）の項目―葉、ほふく茎、根、病虫害、雑草等
- 草花類の品質規格表（案）の項目―形態、花、葉、根、病害、虫害
- その他地被類の品格規格表（案）の項目―形態、葉、根、病虫害

植物材料

露地物とコンテナ樹木

●植物の生産と流通 植物材料の生産・流通システムは、畑で栽培される「露地物」と、ハウスで栽培される「コンテナ物（ポット物）」とで異なる。前者は従来からの庭木（大径木の仕立物）であり、後者は商品として回転の速い生垣用樹やグランドカバーである。

●露地物 植木畑で栽培される植物材料を「露地物（ろじもの）」と呼び、「庭木」や「仕立物（したてもの）」ともいう。日本庭園がつくられることが少なくなり、庭園面積も狭小化しているために露地物の需要は減少している。生産者側の事情からもその生産量は少なくなってきている。すなわち生産地面積の狭小化から、広い面積を要し回転も遅い露地物は土地の生産効率が悪いために首都近郊では成立しにくくなってきたことが一つ。もう一つの原因は、経験の必要な仕立て技術者の減少である（①）。

日本庭園の代表的な常緑樹であるモッコクやモチノキも、手入れに手間が掛かる。刈り込まれたモチノキが増え、手入れ技術は低下する一方である。また敷地の狭小化の結果、庭木も本来の樹形とはかけ離れたスリムな姿に仕立てられるため、植栽当初から計画意図どおりの庭園の眺めを実現することが難しくなってきた。

庭木の代表であるマツ類の仕立て方などには地域によるスタイルの違いがある。京都でのアカマツの「透かし」は手間の掛かる技法である（②）。また「透かし」を行うと枝は次々と先方へと伸びていくので積雪地には不

コンテナ
入れ物の意味。園芸・造園用語としては植物の入れ物の意で、プランター、ポットと同じに使われる。

ハウス
栽培用の温室。無加温のものも含む。ガラス、ビニール、ポリカーボネイトなどで覆う。

透かし
全体が均一になるように枝・葉を間引く手入れ法。マツでは一穂、一芽ごとに手で葉を間引くため時間がかかる。

①　ウメは剪定により、初めてウメらしさを発揮する

②　透かしのマツ

適切である。海岸地帯のクロマツが多い地方では男性的な「段作り」が好まれる。

活着率
植栽した樹木の生存率。新しく植えた樹木については、通常1年の経過をもって根付いたか（活着したか）、枯れたかの判断をする。

●コンテナ樹木 近年では造園工事の短期化・適期以外の工期の一般化が進み、活着率を安全に保つ目的や大量需要に対する調達の安定性確保、限られた栽培面積において高密度化を図り生産性を上げること、経験を要しない作業による単価の低額化などを目的に植物材料のコンテナ化が進んでいる。地被・ツル植物・コニファー・花木・果樹と、あらゆる植物材料にコンテナ物が見られる。コンテナ栽培には温室やハウス内での温湿度管理が可能であるという長所があり、天候に左右されない作業体制・生産スケジュールを組むことができる。また露地物よりも早い時期に花を提供できるという商品の差別化も一般化している。これらの長所の一方で、同じ樹高の植物でもコンテナ物は露地物に比べると貧弱であるというマイナス面もある。

馴化
自然木や露地栽培木を、アトリウム環境に適した生理獲得のため、数カ月間のハウス内栽培を行うことで、葉を更新する。

　特殊なコンテナにハイドロカルチャー（水耕栽培）によるものがある（③④⑤）。植物の根に着いている土をすべて洗い落とし、発泡練石と呼ばれる焼き物の粒に置き換えてコンテナ化を図るもので、土を付けないためにアトリウム植栽に有利である。アトリウム植栽を目的とする場合には露地物のコンテナ化と同時にハウス内での馴化を行う必要がある。水耕化は樹高10mに近いものまで可能であるが、樹種による適性がある。（髙﨑）

③　水耕栽培事例。千葉市中央図書館＋生涯学習センターアトリウム

④　水耕栽培現場施工風景

⑤　水耕栽培コンテナ栽培風景

植栽基盤

植穴客土と植栽基盤整備

●植穴客土方式とその問題点　樹木は植穴を掘って植栽される。樹木は苗圃などで掘り上げられるとき、土付きの根が崩れないように菰（こも）や藁縄でくくられた根鉢がつくられる。コンテナ栽培ものも多い。植栽現場では根鉢が入る植穴を掘って植栽される。池泉回遊式庭園などが多数つくられた江戸時代には、安行（あんぎょう）（埼玉県川口市）や染井（現・東京都豊島区駒込）といった近郊の生産地で生産された樹木を、もともと植栽に適した関東ローム土壌の庭園に植栽するのであるから、根鉢が入る大きさの植穴を掘って樹木を立て込み、掘り上げた土で埋め戻せばよかった。しかしやがて機械力が発達し、高度経済成長に伴って宅地造成や海岸の埋立てなどが行われるようになり、良質の表土の失われたところや重機で圧密されて固結したところなど植栽に適さない場所が各所に出現するとともに、むしろそのようなところへの緑化が望まれるようになった。そのような状況の中で、少しでもよかれと思って考え出されたのが、植え付けるときに掘り上げた現場発生土は処分し、畑土など別の場所から良質の客土（きゃくど）を持ち込んで埋め戻し土として用いる「植穴客土（うえあなきゃくど）」という方法である。この方法は多くの自治体の仕様として採用されてきた。しかしこの方法が大きな問題を抱え込むことになった。まず劣悪な現場の土、遠方から輸送される場合もある根鉢の土、良質の客土という３通りの土の中で樹木は根を張らなければならないことになり、現場の土壌に伸張できずに植穴の中で根が巻いてしまうといったことなどを起こす。また現場が粘土質の土壌であったり固結していたりすると、良質な客土部分に水が溜まってバケツに植えたのと同じように根が呼吸できなくなり酸欠状態となって根腐れを起こす。樹木は多少環境が悪くなっても生き物として生き残ろうと対応するため、このような状態で植栽されてもある程度は生き続けるが、ほとんど成長しなかったり、やがて枯れてしまったりする例が少なからず見られた。客土の中にバーク堆肥やパーライト等の土壌改良材を混入する場合もあったが、本質的な解決にはならなかった。

樹木の根は目安として枝張の下あたりまで伸張するとされていることからも、そもそも植栽時の規格に合わせた植穴の中だけに客土をしたことは、フェンスの基礎とは違って成長するという特異な材料を扱う造園としては大きな間違いであった。造園工事の特徴として、工事が終わった時点が完成ではなく、樹木の成長を見込んでいる場合が多く、成木を植栽することは少ない。すなわち植栽後に成長し、樹高も枝張も根張も数倍程度大きくなることもある。そのため客土をするにしても少なくとも成長を見込んだ

コンテナ栽培
プラスチックなどの容器の中で栽培すること。露地栽培ものに比べて、移動が容易であることから、苗圃における生産効率を上げるなど合理化が行える。また植栽時に根を切ることがないので痛みが少なく、不適期の植栽などにも耐える場合が多い。

機械力
1782年にジェームズ・ワットが蒸気機関を発明し、紡織機などが機械化されて産業革命をもたらした。1800年代には蒸気自動車が普及し、蒸気機関車、削岩機、パワーシャベルなどが発明された。革命的な輸送力の増大も自然に大きな影響を与えている。

表土
自然状態で地表面にある層の土壌。通常、適度に軟らかくて通気性・透水性も良く、有機質に富んでおり、農耕・植栽に適している。

根の範囲まで行うことにこだわるべきであった。

●植栽基盤整備に移行　全国に浸透してしまった植穴客土であったが、形姿不良や枯死を防ぐために1970年代頃から植栽基盤整備という考え方が議論されるようになってきた。畑土など良質の客土の入手も困難になってきていた中で、主に土壌の物理性（透水性・排水性・土壌硬度）を改善するために基本的に植栽地の現場の土層を耕耘、土壌改良材の使用等によって改良するなどの整備を行おうとするものである。

国土交通省では「新土木工事積算大系」の公園分野に「植栽基盤工」を新工種として採用し、2001（平成13）年度から直轄工事で本施行となっている。これに先立ち、植栽基盤整備という考え方を普及するために、1999（平成11）年には建設省（現・国土交通省）都市局公園緑地課都市緑地対策室監修の『植栽基盤整備技術マニュアル（案）』が（一財）日本緑化センターから出され、研修会等で使用されている。

また国土交通省の動き等に対応するとともに、植栽基盤整備の重要性に早くから気付いて10年以上にわたって調査研究を重ねてきた（一社）日本造園建設業協会が、2003（平成15）年度より「植栽基盤診断士認定試験」の技術研修体制を築いて推進することになった。この資格には土壌に関する知識や経験のみならず、植栽植物の性質や整備工法の経済性、説明力まで求めようとするものであり、プログラムも相当ハードなものとなっている。植栽地の条件にかかわらず一律行われていた技術とはいえないレベルの誰にでもできてしまう植穴客土の作業から、専門的視点で判断し、適切な解決策を見出し、対策をとるという技術らしい技術への、造園としては画期的な進歩なのだと認識したい。（福成）

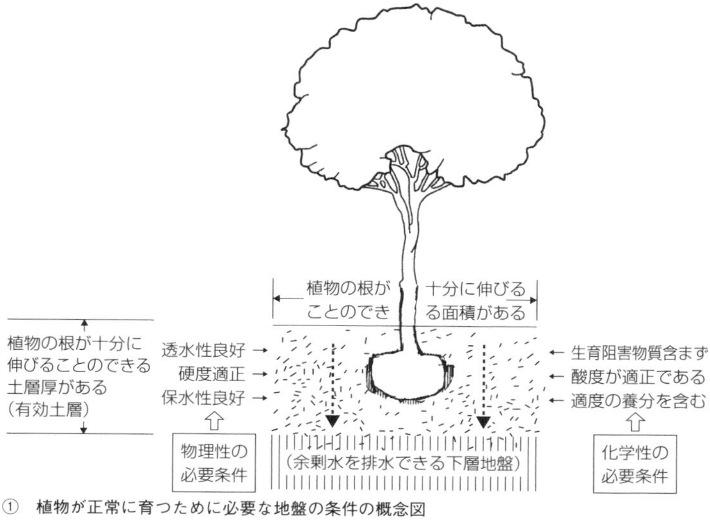

①　植物が正常に育つために必要な地盤の条件の概念図

植栽基盤

植栽基盤の条件

●整備に必要不可欠な環境づくり 植物の生育には、根の働きが重要であり、その機能が十分に果たされる必要がある。植栽基盤整備とは、こうした根の働きを支えるための環境づくりということができる。その具体的な条件を整理すると①のようになる。

陸上で生育する植物は、根から水分と養分を吸収して生育している。水分は一部光合成に利用されるが、大部分は葉面から大気中に蒸散する。植物は、こうした蒸散作用によって乾燥や高温から守られており、水分吸収が滞ると生長は止まり、さらに乾燥によって枯死する場合もある。

養分については、窒素・リン・カリウムなど植物の生長に不可欠な必須成分として17元素が知られている。このうち大気から取り込まれる炭素を除くと、すべてのものは根から吸収されている。そして人間の食生活と同様に必要量をバランス良く吸収することが重要である。

植物の必須元素
多量要素として水素・炭素・酸素・窒素・カリウム・カルシウム・マグネシウム・リン・硫黄の9元素、微量要素としてモリブデン・銅・亜鉛・マンガン・鉄・ホウ素・塩素・ニッケルの8元素、合計17元素。

●土壌環境の条件 水分と養分を吸収するためには、土壌の中に十分含まれていることが重要であるが、それと同時に根の活力が正常に保たれる必要がある。そのための土壌条件としては、次の三つのことが重要となる。

根が伸びるための条件とそのスペースが確保されていること

土壌が硬く締まっていたり、排水不良であると根の伸長は抑えられる。また、根が伸びるためのスペースとして土層の厚さや広がりも重要である(②③)。

土壌中での酸素量

人間が酸素を呼吸することによって生きているように、植物も呼吸を行っている。すなわち植物は、光合成によって蓄えた炭水化物を燃焼させることによって生きており、このように呼吸によってエネルギーを得るということでは植物は動物と変わりがない。根も同様に呼吸をしており、土壌中での酸素量は活力維持のための重要な条件となる。そしてそのためには、土壌の通気性と透水性の確保が必要となる。

化学的な阻害要因の除去

そのほかに根の活力を抑える化学的な阻害要因として、塩類濃度が高くなった場合や強酸性、強アルカリ性といったpHの異常が知られている。

（美濃又）

- 条件1．根の伸長を妨げないこと
  - 土層厚の確保
  - 土壌が軟らかいこと
  - 土性の適否
- 条件2．根の活力を低下させないこと
  - 土壌の通気性・透水性の確保
  - 土壌中の酸素量
  - 化学的な障害がないこと
    - ・pH の異常
    - ・塩類障害
    - ・有害物質の有無
- 条件3．水分の供給
  - 土壌の保水性が高いこと
  - 根系の分布範囲が深く広いこと
  - マルチングによる水分蒸発の抑制
- 条件4．養分の供給
  - 土壌の養分含量が高いこと
  - 土壌有機物の増加
  - 保肥力が高いこと
  - 適正な pH

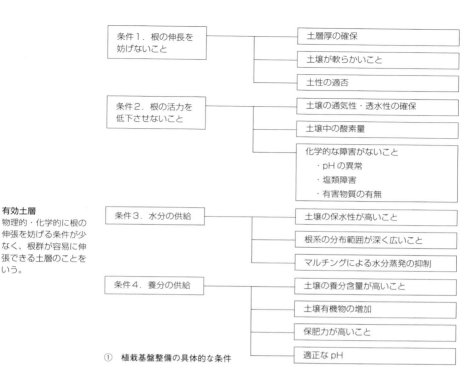

有効土層
物理的・化学的に根の伸張を妨げる条件が少なく、根群が容易に伸張できる土層のことをいう。

① 植栽基盤整備の具体的な条件

② 規格別有効土層の厚さ

	樹木				芝 地被植物
	低木	高木			
生育目標樹高	3m 未満	12m 以上	7 以上 12m 未満	7m 未満	20 (cm)
有効土層	50、60 (cm)	100、120、150 (cm)	80、100 (cm)	60、80 (cm)	

(注) 有効土層の適用値については、植栽基盤の土質、植栽樹木の特殊性および生育目標樹高の上位値を考慮し決定する。

③ 植栽基盤の基準面積（独立植栽）

(単位：m^2)

生育目標樹高	樹木					芝 地被類
	低木		高木			
	1m 以上～ 3m 未満	1m 未満	12m 以上	7m 以上～ 12m 未満	7m 未満	
1本当たり 基準面積	1.76、4.9* (1.5m)(2.5m)	0.28 (0.6m)	113.0 (12m)	78.5 (10m)	19.6 (5m)	植栽地 面積
群落植栽 基準面積	植栽地面積					

(注) 1．植栽が点在する場合に1本当たり基準面積を適用するものとする。
2．一般的な場合は＊印を適用する。また（　）は直径を表す。

植栽基盤

土壌硬度と排水

●木の生育不良を招く原因とは　さまざまな植栽地で行われた生育調査結果から、植栽樹木、特に高木が生育不良となる原因としては、土壌硬度と排水に問題があることが多い（①）。

土壌硬度—森林や農耕地などで土壌条件が良い場所では、素手でも掘れるような軟らかな土壌が深くまで続いていることが多い。このように膨軟な土壌では、土の塊と塊の間に多くの間隙（すきま）があり、その間隙が水や空気の通り道となり、通気性や透水性が保たれる。また間隙は根が伸びるためのスペースとしても大切である。

一方、造成地ではこのような膨軟な土壌が見られることはほとんどない。それは造成時にブルドーザーなどの重機によって土壌が締め固められることや、地中深くで締め固まった下層土が切り土によって露出することによる。こうした締め固まった土壌では、土の塊と塊が圧密されており、前述の間隙は著しく少なく、その結果、通気性や透水性が劣化し排水不良を招くとともに、土壌硬度が高いことから根の伸長が物理的に抑えられることとなる。

透水性—まとまった雨が降った直後には、土壌は飽水状態となっている。飽水状態が長く続くと根腐れを起こすようになるので、速やかに排水されることが必要である。

排水不良の原因としては、重機などによって土壌が締め固められ、水の通り道となる間隙量が減少することが挙げられる。また次のような場面でも、排水不良となりやすい。

・河川流域や海岸近くなど、もともと地下水位の高い場合
・谷筋や崖下など地形的に雨水が溜まりやすい場合（②）
・粒子の細かい粘土質で土壌が形成されている場合
・土層の下部に固く締まった土層や目詰まりした土層がある場合には、表層の土質にかかわらず土壌は排水不良となる。

●その他の基本的性質

土性（粒径組成）—砂・シルト・粘土など土壌を構成する土粒子の大きさによって土壌を分類するもの。透水性・保水性など土壌の物理的条件は土性によって左右されることが大きく、土壌の基本的な性質を表すものである。植栽用土壌としては、壌質土（砂と粘土が同程度の割合で混じり合ったもの）の適性が高いと言われている。

土壌有機物—落ち葉などは土壌中で分解・蓄積することによって土壌有機物となる。土壌有機物は分解の過程で土壌動物や微生物の餌となり、その

pH
pH（ピーエイチ）は、土壌の酸性・アルカリ性の指標であり、中性の場合には7前後となり、酸性の場合には数字は7より小さく、アルカリ性の場合には数字は7より大きくなる。

土壌のアルカリ化
海水中の塩基類が残存したり、コンクリート中のカルシウムが溶脱することによってアルカリ化が進む。

活動を活発化させるとともに、さまざまな養分が溶け出すことによって植物の生育を支えている。また土壌有機物には、肥料分を長く保持する能力や植物の養分吸収を助ける作用もあり、土壌の肥沃度との関係が深い。

土壌有機物は黒色を呈することから、一般に暗色・黒色な土壌ほどその含有量は多い。

pH—土壌中の各養分はpHによってそれぞれ溶解度が変わることから、土壌が酸性やアルカリ性になると不溶性になることが知られている。そのため一般的には中性から弱酸性が最も好ましいと言われている。日本では雨が多いことから一般に土壌は弱酸性を示すことが多いが、海岸近くの埋立地や都市部ではアルカリ性の土壌も見られる。（美濃又）

① 異なる土壌条件に植栽されたコナラの根系分布

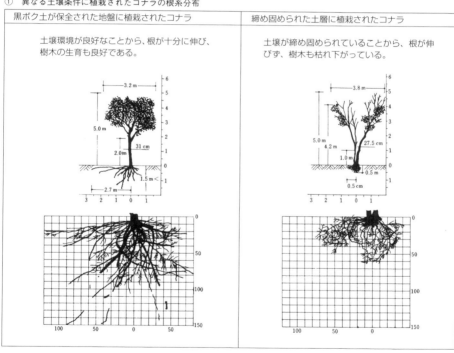

黒ボク土が保全された地盤に植栽されたコナラ	締め固められた土層に植栽されたコナラ
土壌環境が良好なことから、根が十分に伸び、樹木の生育も良好である。	土壌が締め固められていることから、根が伸びず、樹木も枯れ下がっている。

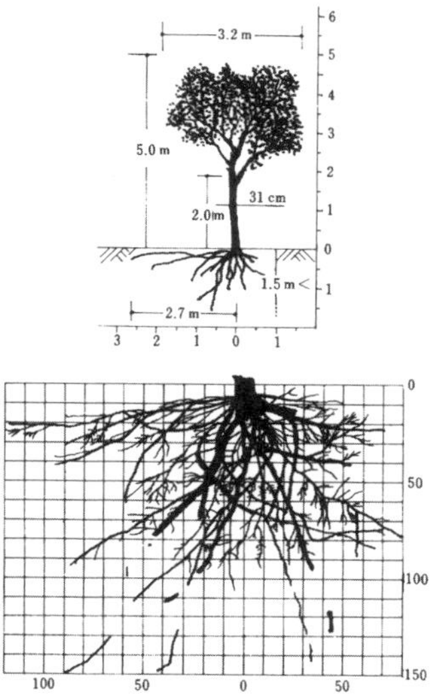

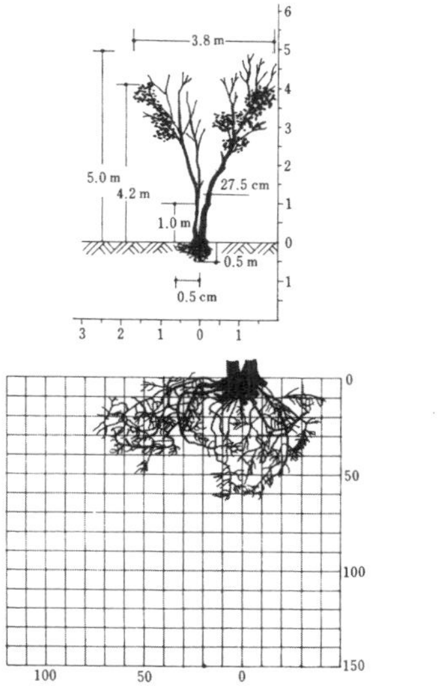

窪地

法面（のりめん）の下

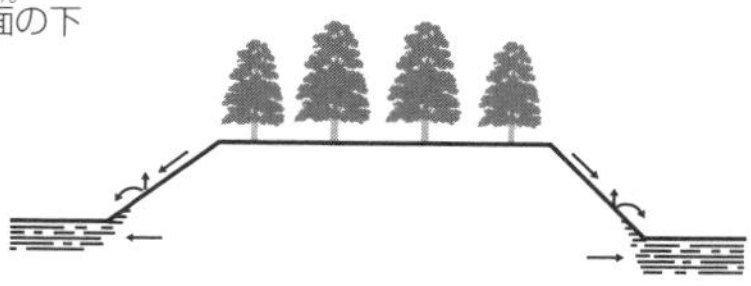

② 雨水等が溜まりやすい地形

植栽基盤

土壌改良方法と土壌改良材

●環境に配慮した土壌改良にはどんなものがあるか 造園工事の対象となる現場では、造成によって表土が失われ下層土が現れている場所や、埋立地や都市の再開発地などが多く、土壌条件が不良な場合が少なくない。そのような場所では、土壌改良により土壌条件の改善を図る必要がある。また、一度植栽が行われると、その後は樹木の根を痛めることから大がかりな土壌改良は行えず、土壌を改善する方法としては施肥やマルチングなどに限られることとなる。そのため、植栽時には土壌環境に十分に配慮した上で、適切な土壌改良を行うことが必要である。

土壌改良方法としてはさまざまな手法が提案されているが、それらは客土盛土や耕耘（こううん）など土工事によるもの、排水工、土壌改良材の混合などに大別することができる。ここでは代表的な土壌改良方法について、対象と効果、改良方法、留意事項をまとめた。（美濃又）

土壌の団粒化
土壌構造の一つで、土壌粒子が結合した小さな集合体（団粒）が、互いに接触しより大きな塊（団粒）を形成するもの。団粒化することによって微細な間隙と大きい間隙ができ、保水性、通気性、透水性が良好になる。

耕耘

対象と効果	固結した土壌を掘り緩め、土壌硬度・透水性の改善を図るもの。最も一般的でかつ効果の高い改良方法といえるが、土質によっては十分な効果が得られない場合もある。
改良方法	バックホウ等によって、土壌を掘り緩める。
留意事項	粘質土やマサ土では、耕耘を行っても時間の経過とともに目詰まりを起こし、改良効果が継続しない場合がある。

排水工

対象と効果	排水不良な場所での対策。耕耘等では十分な改良効果が望めない場合に行う。
改良方法	面的な植栽地に対しては①のような形で暗渠施設を設置する。 植穴植栽に対しては、②のような形で暗渠施設を設置する。
留意事項	設置に際しては、水が流れ出るための流末が確保されている必要がある。

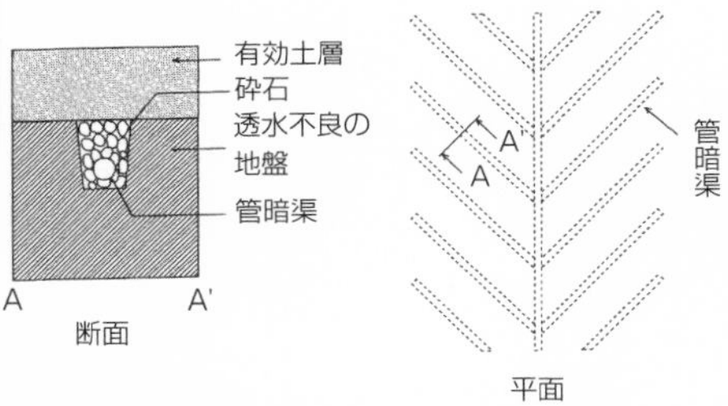

①　面的植栽に対する暗渠排水の設置

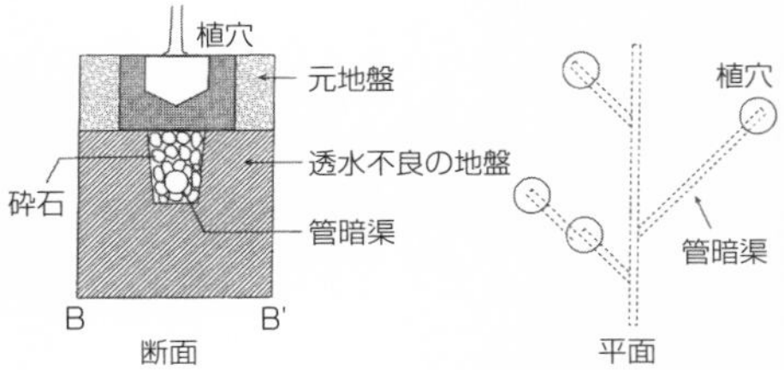

②　植穴植栽に対する暗渠排水の設置

土壌改良材の混合

対象と効果	土壌改良材は多種多様のものが流通・利用されているが、その素材によって無機質系改良材と有機質系改良材に大別される。 主な改良資材の効果は③に示したとおりである。
改良方法	混合には小型のバックホー、耕耘機等を用いて行う。
留意事項	無機質系改良材には、多孔質の資材が多く、通気・透水性や保水性に対する改良効果が見られるが、素材の種類によって改良効果は異なる。 有機質系改良材は、長期的に見れば土壌微生物等によって分解され、土壌の団粒化を促進させる効果がある。

pH の矯正

対象と効果	矯正資材を混合することによって、強酸性、強アルカリ性の土壌を中性に近付ける。
改良方法	酸性土壌への矯正資材 → 炭カルなどの石灰質資材、酸性肥料 アルカリ性土壌への矯正資材 → 石膏、イオウ資材、ピートモス、有機酸資材
留意事項	矯正のための必要量は土壌によって異なることから、事前に資材の混合量と矯正効果を確認した上で改良を行う。

マルチング

対象と効果	土壌表面からの水分蒸発を抑えることによって、土壌の乾燥を防ぎ、乾燥の影響を軽減させる。
改良方法	土壌表面にマルチング資材（バーク堆肥・稲ワラ・麻布・マルチングボード等）を敷き詰めることによって蒸発を抑える。
留意事項	植栽直後で根の伸長が十分ではない樹木に対して特に効果が高い。

③　土壌改良材の種類と効果

土壌改良材の種類 ＼ 改良効果	無機質系改良材										有機質系改良材								
	真珠岩パーライト	黒曜石パーライト	流紋岩発泡物	珪藻土焼成粒	バーミキュライト	ロックウール	ゼオライト	火山砂利	砂質客土	粘質客土	バーク堆肥	モミ殻堆肥	草炭（ピートモス）	ヤシガラ繊維、粉	汚泥堆肥	都市塵芥コンポスト	オガ屑入り牛糞堆肥	鶏糞発酵堆肥	微生物資材
保水性の向上	◎		○	○	○	◎				○	△	△	○	○			△	△	
通気・透水性の向上		◎	◎	◎	△			◎	○			○		○					△
土壌の膨軟化と固結防止	○	○	△	△							○	△	△	○					△
養分の供給と養分保持力の向上							◎			△	○		○	△	◎	◎	◎	◎	○
pH の矯正													○						
有害物質の除去・緩和											△						△	△	○

◎特に有効　○有効　△やや効果あり

庭園の構成要素

竹垣と蹲踞（つくばい）

本歌（ほんか）
竹垣や石灯籠は、よく古い作品を真似てつくられる。その模倣の元の原型物を本歌という。

●竹垣 竹垣づくりは、軽くて強くて柔軟でもある竹という素材の特性を上手に生かした技術である。庭園の仕切り、目隠し、景の主役と背景などさまざまに機能し、必要な高さや長さに応じて種類が選択されたり、新しいデザインが生み出されたりする。竹垣の名称には本歌（ほんか）のある寺院などの名称を使用することが多い（①②）。材料としてよく用いられるのはマダケとモウソウチクである。特殊な材料によってつくられる竹垣の種類には、

① 桂垣（日本芸術院会館、東京都）

② 光悦寺垣（西蓮寺露地、東京都）

黒穂垣（くろほがき）・黒文字垣（くろもじがき）・萩垣（はぎがき）などがあり、それぞれの素材をたて並べて、竹の横桟（よこさん）で止める。袖垣は建物に接してつくられる。特殊な形態のものに茶筅垣（ちゃせんがき）などがある。

竹垣をつくる道具には竹専用の竹引鋸や竹を縦に裂くための竹割り、くり針などがある。くり針は棕櫚縄を竹と竹の間、わずかな隙間に効率良く通すために使用する湾曲した金具である。

竹垣の要所を結束するために銅線と棕櫚縄（しゅろなわ）が用いられる。棕櫚縄で結束する際の結び方には、冠（竹垣の上端を止める太い竹）での「蕨手（わらびて）」とそ

③ 蕨手

④ 男結び

れ以外の場所での「男結び」がある（③④）。

蹲踞の役石
1.手水鉢
2.前石
3.湯桶石
4.手燭石
5.水門

向鉢

●蹲踞 蹲踞を構成する役石の石組は、本来茶事の進行をふまえた用の技術であるが、一方で添景物としての蹲踞も多く、そこでは美の技術でもある。蹲踞の形態には一定の様式があり、茶道の使い勝手からきている。したがって流派により異なり、手燭石と湯桶石は裏・表両千家で逆となっている。露地の最も重要な場であり、ここで世塵のけがれをすすぐための手水をいかに受けるかに茶人は意を注いだ。この装置は景観的にも大変優れた要素であり、昭和時代の「雑木の庭」にはその意匠性のゆえによく取り入れられた。日本庭園の中の最大の見せ場の一つである。

蹲踞の要素は手水鉢・前石（踏石・袴すり石）・手燭石・湯桶石・海（水門）である。蹲踞の後方、鉢明りとして石灯籠、そして遠山石を置く。蹲踞に筧で導水することが多いが、なくてもかまわない（⑤）。

鉢前または縁先手水鉢は、建物から使うもので、書院式茶事に対応する。手水鉢・台石・蟄石・清浄石・水汲石・水揚石・水門により構成される。

鉢前の役石
1.手水鉢
2.台石
3.蟄石
4.清浄石
5.水汲石
6.水揚石
7.水門

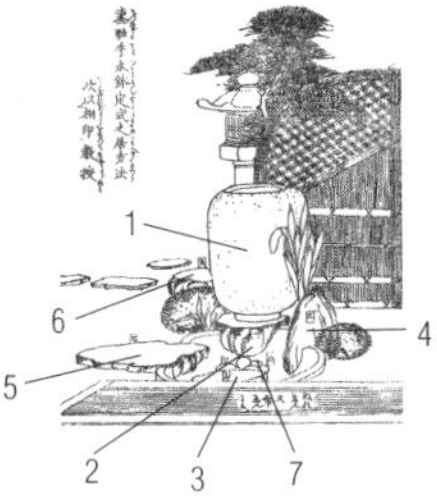

⑤ 蹲踞（西蓮寺露地、東京都）

●水琴窟 水琴窟は、手水鉢からの排水を利用して音を楽しむ装置である（⑥）。江戸時代からつくられ、小堀遠州が考案したという説もあり、各地に事例が残っている。しかし甕内への土砂の堆積で音が失われたり、また騒音の多い環境への変化で音が聴き取りにくくなり、これをマイクとスピーカーで補うといった事態も引き起こしている。（髙﨑）

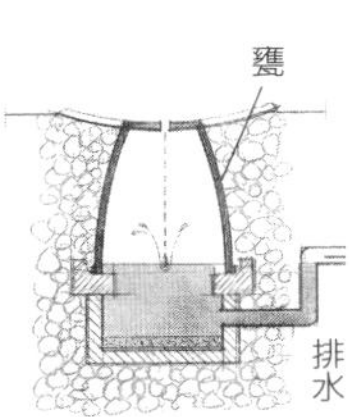

水琴窟の断面図

⑥ 加賀市蘇梁館の水琴窟（蘇梁館、石川県）

庭園照明とサウンドスケープ

●庭園照明 庭園照明は庭の見え方を劇的に変化させる力を持っている。照明デザインの対象は二つある。一つは照明器具であり、もう一つは光の効果である。前者は庭園全体のテイストにふさわしい器具のデザインまたは選定が問題となり、後者では灯具そのものよりも、照らされる植物や添景物の良さをいかに引き出すかが問題となる。光源の選択と、位置および照射方向が操作要素である（①）。

光源を高い位置に置き、一定の範囲に投光する場合は照度の確保が検討される。演出としてのディテール照明は、季節の植物の状態や室内等を見る位置の照明環境に応じてトータルなシステムとして計画する必要がある。

●サウンドスケープ サウンドスケープとは、音の計画を空間に展開するものである。庭園要素としての音には、水の音や風の音、虫の声などの自然要素と、鹿（しし）おどしのような装置音、音楽のような人工音がある。

自然要素の音は、それを生み出す環境づくりがテーマとなり、そのこと

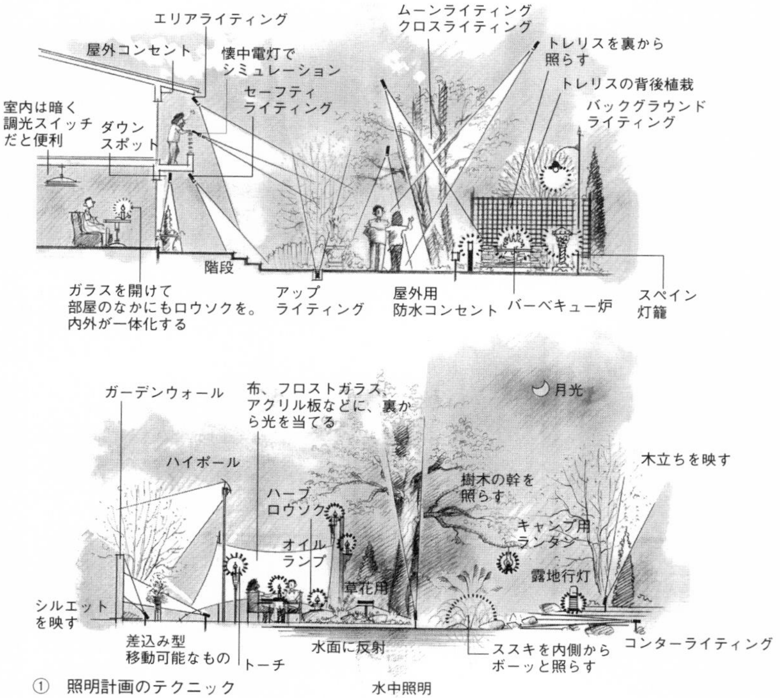

① 照明計画のテクニック

照明の光源
一般的な光源には、熱放射により発光するものと、放電発光するものが使用される。前者の代表が白熱電球で、その他ハロゲンランプ、ビームランプと呼ばれるものが含まれる。後者の代表が蛍光管で、ナトリウムランプ、水銀ランプ、メタルハライドランプ等が含まれる。
おおざっぱに言って、白熱電球は暖かく、蛍光水銀ランプは涼しげな表現に適している。
近年の新しい光源として LED が注目されるが、最大の特徴はその半永久性と低コストというメンテナンス上の優位性である。
光の色は光源の種類により異なるし、色フィルターによっても変えることができる。

は景観上の主題ともつながる。水の音を主題として、どのような音を発生させるのかを考えることで、泉や滝や流れの形態が決定し、水琴窟の景が生まれる。虫の声を主題とする庭では、秋の夜が時間テーマとなり、ススキをはじめとするオーナメンタルグラスの植栽コンセプトも決まる。竹製の月見台などもあれば一層趣が深まるであろう（②）。

② 虫の声を聴くための庭園
秋の夜、月見、ススキ、ウサギなどのキーワードが生まれる。

●五感の庭 露地から茶室に至る茶事の流れにおいては、足裏の飛石の触感、露地のシークエンス景、蹲踞の水の音、水の冷たさ、冬には湯桶の温かさ、香の匂い、炉にたぎる湯の音、茶筅の動きに揺れる密室の空気、松籟（しょうらい）、茶の味とさまざまに五感が刺激される。

現代のガーデニングブームにおけるキッチンガーデン・ハーブガーデン・フルーツガーデンなどの味覚や嗅覚を主題とした庭や、日本庭園における水琴窟の流行、園芸療法における植物とのふれあいなど、五感の庭の可能性はまだ未開発であり、さらには時間感覚をテーマにした庭園なども設定できるはずである（③④）。（髙﨑）

電気の光のほか、ロウソクやオイルの炎も取り入れた庭園照明。

③ 夜の庭は幻想的である。

④ シルエット照明により、植物の形態を楽しむ。

庭園の構成要素

石灯籠とオベリスク

●庭園の添景物　添景物は庭園景観の骨格をつくり、変化を与え、ときには主役にもなる。洋の東西で比較するとどのような傾向が見付かるであろうか。現代日本のホームセンターでは、それらが取り混ぜて陳列・販売されているが、その結果どのような庭園が生み出されているだろうか。

日本庭園史に登場する添景物で印象深いのは路子工によってつくられた、須弥山、呉橋である。須弥山は石造の噴水施設と考えられ、呉橋も池に架かるものである。一方、西洋庭園も多様な添景物によって庭の景が構成されている。

路子工
612年に百済国から漂流してきた技術者。『日本書紀』推古天皇20年に朝廷の南庭に須弥山と呉橋を構えた記事があり、日本庭園史の始めとしてよく登場する。須弥山石像の例は、現在、飛鳥資料館に所蔵されている。

●石灯籠　石灯籠は仏教における献灯を起源とし、次に神社にも取り入れられ参道左右に並ぶこととなる。これを明かりとして庭に持ち込んだのは桃山時代の茶庭においてであるが、江戸時代に至って名品の模倣、寄せ灯籠、創作灯籠と多種多様な意匠を見せる（①）。明治時代には灯籠の数を集め、特に大きな「お化け灯籠」を庭に設置することが流行し、日本庭園における添景物の代名詞となった。デザインの優れた石灯籠は、型として後世に受け継がれているが、そのオリジナルを本歌という。基本構成は下から、基礎、竿、中台、火袋、笠、宝珠であり、これらの積上げに際し、高さの調整には鉛の小板を使用する。形態による分類は四角、六角、円形などの平面形状、埋込み型・脚付き型・置灯籠型（②）などの設置形式、吹き寄せ・山・創作などの全体形状などによる。層塔や不老門、道標などの石造物もよく庭の添景物として使われる（③）。

石灯籠の基本構造

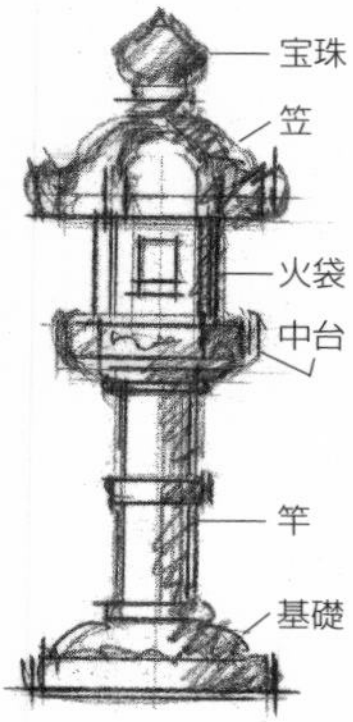

茶事機能を持たない、景としての蹲踞は水の動きと音を持った優れた添景物であり、昭和時代の住宅庭園によく用いられた。さらに、水と音を演出する添景物の一つとして「鹿おどし」がある。この本歌は京都の詩仙堂にある。景としての植物を寒さから守るためのものも添景物として使われる。すなわち、雪吊り・藁囲い・藁ぼっち・敷き藁で、実用ないしは実用の発展型である。

①　石屋の石造物

②　置灯籠（諸戸邸、三重県）

③　石塔（白沙村荘、京都府）

●オベリスク オベリスクは尖塔と訳されているが、ギリシャ語で「小さな串」を意味する。ヨーロッパの庭園に登場する添景物の一つである。このほかに石柱・彫像・花鉢・噴泉・ピラミッド・パゴダ（東洋風の仏塔）神殿・廃墟などがある。フランスのヴェルサイユの大庭園ではオベリスク・彫像・石柱・噴泉・花鉢などの多様な添景物が空間構成の重要な役割を担っている。これらのものは日本庭園に見られる実用ないしは実用の発展型というわけではない。このフランス式庭園様式とは対照的な風景式庭園が生まれたイギリスでは、大きく二つのタイプに分かれて発展した。一つはただ水と芝生、樹木と地面の起伏で構成される風景を目指すタイプであり、もう一つは庭園に詩情や物語性を持たせるために古典的な神殿や廃墟を庭園の中につくり、異国趣味の尖塔を建てるなどのスタイルである（④）。庭園に持ち込まれた、いわば添景のための装置群は、庭園の美の構成のために外からもたらされたものである。これに対して日本の庭園の添景物は、実用の延長にあると言えよう。

現在、ガーデニング資材としてよく見られるものでは、イタリアンスタイルの井戸・日時計・スペイン灯籠（⑤）・ベンチ・テーブルなどがあり、大理石や大理石調の練り物、セメント製品が輸入され専門店やホームセンターで並んでいる。また近年の流行の影響で、庭園にもアジアン雑貨の添景物が置かれることも多く、象の置物や家具・民具が見られる。

現代の日本においては石灯籠も彫像も、和風か洋風の雰囲気を出してくれる安易な小道具と見られがちであるが、添景物を庭に入れるときに、そのもともとの意味に思いを馳せれば、一層存在感が増すはずである（⑥）。（髙﨑）

④　パゴダ（キューガーデン、イギリス）

⑤　スペイン灯籠（奥）と日時計（手前）

⑥　海外の園芸店に並ぶ添景物

庭園の構成要素

石と杢（もく）

●風土を表現する材料　庭園工作物を構成する自然素材の代表は石材と木材である。加工材料としての木のことを杢という。日本庭園は作庭者の独創による石のデザイン（①）だけではなく、維持管理をする職人によっても豊かなデザインが生み出されてきた。さまざまな自然素材を巧みに加工して、柔らかみと温かみのある庭園景観をつくり出してきた。それらは土地の材料や、雪・寒さといった地域の風土を表現するものである。

●石　石材の分類には、形態によって大きなものでは自然石・加工石、小さなものでは玉石・ゴロタ石・砂利・砂の分類がある。石の大きさは寸法で表現するほか、重量（t）で言い表すことも多い。玉石は人頭大からこぶし大、ゴロタ石は数 cm、砂利はそれ以下、砂はさらに細かくというおおよその区分はあるが厳密なものではない。例えば白川砂は粒径からすれば砂利である。ゴロタ石は「寸」、砂利は「分（ぶ）」で呼ぶが、近年では mm 表示が普及してきている。また、敷き並べて使用する化粧用の玉石というものもあり、これは数 cm 以下でつるりとした外国産の石が多い。

表面仕上げは、初期加工（②）の段階で割肌と鋸引きに別けられ、最終加工の叩き仕上げには、のみ切り・はつり・ビシャン・小叩き等の区分がある。それぞれ専用の道具で叩いて加工する（③）。磨きには水磨き・本磨きの別があり、後者のほうが緻密で光沢を持つ。機械仕上げには、板石の表面を焼いて凹凸をつくるバーナー仕上げや細かい砂を吹き付けるショットブラストという仕上げがある。

用途による分類では景石（庭石）と沓脱石・飛石などの景観用・機能用の石、積み石・敷石・貼石などの構造物用の石、敷き砂利や洗出し仕上げの化粧用の石に分けられる。

①　石の椅子と碁盤

③　石の仕上げ加工道具（両手に持ったハンマー類）

②　石材切り出し風景

●杢 庭園の工作物に使用される木材には、屋外での耐久性が求められる。栗と松は水に強く、木橋や竹垣の柱には栗、水中に没する乱杭などでは松が使用される。カラマツも防腐性能があるが狂いも生じやすい。木材は防腐処理を施せば屋外での耐久性が増す（④）。薬剤を塗布するか加圧注入するが、防腐と同時に防蟻も目的とする。近年の住宅に普及したウッドデッキには外国産の屋外用床材が使用される。これらは薬剤処理を施さなくても防腐性能を備えているもので、レッドウッド・ジャラ・ボンゴシ・イペ・バラウなどがある。また鉄道に使われていた枕木はガーデニングブームのおかげで園芸店やホームセンターにも並ぶようになり、一般の人でも入手できるようになった。

枕木
枕木の材にはクリのほか、雑木、針葉樹も使われる。一般的な寸法は 2.1 × 0.2 × 0.14m である。鉄道に使用された中古材のほか、近年ではガーデニング資材として半割の寸法のものや外国材のものなども見られる。

竹材も庭園ではよく用いられる（⑤）。その良さは何といっても更新の際の青い新鮮さである。竹垣にはモウソウ竹、真竹、黒竹、メダケなどが使用され、通常５～１０年が更新時である。筧（かけひ）などは正月前には新しくしたい。御簾垣には６、７分の晒し竹、穂垣には竹穂のほか黒文字（クロモジの枝）やハギ、袖垣には杉皮なども使用される。

霜除けのための松葉敷きと藁ぼっち、藁縄によるマツの雪吊りは積雪地の庭園や、霜柱の立つ地域で露地の冬景色を演出する。これらの素材も広い意味での木材と言える。かつてイギリス人がガラスの「ウォードの箱」や温室をもって植物の防寒対策としたのに対し、日本人は自然素材を利用して防寒と同時に冬の景をつくり出したのは面白い文化的対比である。

ウォードの箱
Wardian glass
プラントハンターが輸送中の寒さと海水対策に用いた、植物を入れて運ぶためのガラスケース。

●その他の庭園資材 鉄はフェンス、椅子の構造材、照明器具、遊具等幅広く使われるが、耐久性を保つために塗装のメンテナンスが必要である。自然素材は存在感と重量感があり、時間経過により味わいが増すという長所がある反面、更新や管理を要する。ローメンテナンス志向や施工性の良い軽い素材が好まれる傾向にあり、アルミやプラスチックが使われる場面が多くなっている。フェイクの竹垣はその代表である。また庭園資材として、木と樹脂の合成材やガラスの再利用による舗装材、ゴムや木材チップを樹脂で固める舗装など新素材の開発も進んできた。その背景の一つに環境問題があり、資源の再利用への取組みが見られる。（髙﨑）

④ 角材のベンチ

⑤ 竹材のパーゴラ

庭園の構成要素

火成岩・変成岩・堆積岩

●庭園で要求される資材としての石　庭園で使用される石のうち土木・工作物用石材には硬さや加工性が、庭石・景石には形や色が特性として要求される。石材の物理的特性では、圧縮強度・曲げ強度・吸水率・熱膨張率・耐熱性・雨水などへの耐久性・割りや表面仕上げの加工性などが問題となる。意匠的特性では、形・色・柄・目（節理）などを問題にする。それぞれに地域で産出する火成岩・変成岩・堆積岩が使用され、それらはまた好んで用いられた時代性も示す。

●火成岩　火成岩は堅牢性と均質性を特徴とする。庭園資材として使用される火成岩には、花崗岩・安山岩・玄武岩・黒ボクなどがあり、いずれも産地の名前で呼ぶことが多い。工作物には庵治・稲田（①）・蛭川・北木・万成といった花崗岩が最も多く使用される。近年では花崗岩の割石や鋸引き石を景石とした新しい石組表現もよく見られる。斑れい岩の庭石としてよく見られるものには生駒石・筑波石がある。庭石への利用は生駒が古く、筑波は大正時代につくられた明治神宮内苑流れの石組が最初とされる。筑波石の庭石としての普及には、鉄道の敷設による大量輸送が可能になったという時代背景があった。木曽石は生駒、筑波よりも近年のもので景石以外に石積用材として使われる。肌が粗く色は明るい茶で、品格では前２石に劣る。安山岩の根府川石は墓石材として有名な小松石と同質であるが独特の反りを特徴とする（②）。江戸時代には希少価値のある庭石として使用されたが、明治時代には沓脱石・飛石としてよく使われた。近年、色と形状の多様性が見直されて景石としての評価が高まり、これを使った石組の作例も増えている。芦野石は切石の状態で土留め擁壁や

①　稲田石の石切場

②　根府川石の採石場

岩石分類と庭石・石材

■火成岩
花崗岩：稲田石、滝石、三州石、甲州石、本御影石、木曽石、万成石、北木石、庵治石
斑れい岩・閃緑岩：筑波石、鞍馬石、生駒石
安山岩：鳥海石、白川石、小松石、根府川石、鉄平石
玄武岩：六方石
粗面岩：抗火石

■変成岩
結晶片岩：三波石、揖斐石
緑泥片岩：秩父青石、紀州青石、伊予青石

■堆積岩
粘板岩：雄勝石（玄昌石）、瀬田石
砂岩：諫早石、平島石、来待石
凝灰岩：大谷石、笏谷石、貴船石
石灰岩：寒水石、紫雲石

舗装に使用される。多摩や港北のニュータウンで多く使われた。鉄平石は薄い板状に割れるため、小端積や石貼に適し、洋風の雰囲気をつくり出すためによく使われる。熟練した職人でなくても、比較的容易に工作できるので、公共工事でもよく見られる。玄武岩の一種には、六角ないしは五角の断面を持った六方石がある。

③　青石の石組
（粉河寺、和歌山県）

④　三波石の石組
（楽山園、群馬県）

●変成岩　代表的な庭石の多くは変成岩であり、質の硬さ・石目・色等の特質が顕著である。一方で明治・大正に自然主義が庭園の思想にも影響を与え、山石を庭石として使い出した。この自然主義傾向に異を唱え、個性の強い青石（緑泥片岩）を用いたのが重森三玲で、立石を多用して芸術性を追求した。青石は紀州産（③）と伊予産が有名であるが、関東では三波石（④）があり、昭和時代には数個の石をトラックに積み込んで販売と同時に石組まで行う販売スタイルが流行した。また関東では、昭和時代に小形研三や中島健により、秩父の青石が小端積によく使われたが、すでに良材は採れない。関西では丹波石（花崗岩）の小端積をよく目にする。

●堆積岩　堆積岩は軟らかく脆い。風化を受けやすいが、加工はしやすく、石灯籠にもよく使われる。桂離宮の石灯籠はほとんどが瀬戸内海の豊島石である（⑤）。砂岩の諫早石は長崎産でグラバー邸などに古くから使用されていたが、インド砂岩とも異なる色合いが評価され、全国的に使用例が増えた。凝灰岩では大谷石が代表であるが日華石・来待石・笏谷石など日本海側の各地にも産出し、その軟らかさから灯籠などにも加工されてきた（⑥⑦）。玄昌石は、庭では大板の石橋や舟着き石の例が見られるほか、昭和時代には中島健作庭のホテル紅葉館で石組に使用されている。（髙﨑）

⑤　桂離宮の石灯籠には豊島石が多いが、この通称岬灯籠は白川石である。

香川県豊島
小豆島をはじめ瀬戸内海の島々は花崗岩の産地で、大阪城の石垣用石材はここから出ている。豊島は小豆島の隣に位置しているが、石質は軟らかい角礫凝灰岩で、これらの加工の歴史から優れた石工が育った。日本一大きな石灯籠は、靖国神社と多磨霊園にある高さ約13mのものであるが、両者とも豊島の出口福松による作である。

日本一大きな石灯籠
（多磨霊園、東京都）

⑥　大谷石の擁壁・階段（西蓮寺露地、東京都）

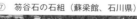

⑦　笏谷石の石組（蘇梁館、石川県）

著者イチ押し

訪ねてほしい造園空間―⑫〈内藤〉

大手町の森

東京都千代田区大手町

都市と自然の再生をコンセプトに、ビジネス街の中心部に創出された緑地空間。本物の自然をつくることを目指したこの緑地は、大手町のイメージを大きく変え、身近な自然とのふれあいの場、休息の場として多くのビジネスパーソンに利用されている。

南池袋公園

東京都豊島区南池袋

池袋の商業地に位置する公園。あまり利用されてこなかったが、地下変電所の建設に伴い 2016（平成 28）年にリニューアルされた。広い芝生とカフェレストランを持つこの公園は、公園再整備の優良モデルとして紹介され、多くの人々を引きつけている。

浜離宮恩賜庭園

東京都中央区浜離宮庭園

徳川将軍家の別邸であり、維新後は皇室の離宮となった庭園で、国の特別名勝・特別史跡に指定されている。美しい潮入の池を中心とするこの公園は、超高層ビルが林立する臨海部での貴重な緑地空間として親しまれている。

武蔵丘陵森林公園と森林公園緑道

埼玉県比企郡滑川町・熊谷市

森林公園は、1974（昭和 49）年に明治百年記念事業として開園したわが国初の国営公園で、304ha の広大な面積を有する。緑道は、この公園と鉄道駅を結ぶ約 2.9km の遊歩道（歩道と自転車道で構成）で、美しい田園風景と四季の緑の変化が楽しめる。

著者イチ押し

訪ねてほしい造園空間―⑬〈飛田〉

養浩館（御泉水屋敷）庭園

福井県福井市宝永

養浩館は福井城から近く、福井藩主の別邸として江戸時代初期に造営された。広々とした園池を中心に、東側に書院が置かれ、北から南にかけて築山が連なっている。1993（平成5）年に改修され、建物も再建されていて美しい。

旧徳島城表御殿庭園

徳島県徳島市徳島町

徳島城表御殿庭園は江戸時代初期に造営されたもので、池庭と枯山水がつくられているのが特徴になっている。枯山水には中島に巨大な青石が架けられていて、それに続く園池部分には本場だけに青石がふんだんに巧みに使われている。

旧亀石坊庭園

福岡県田川郡添田町

英彦山（ひこさん）の僧坊の一つだった亀石坊には、画家・雪舟作と伝えられる庭園が残っている。池は大きくないが、立石や滝石組や護岸石組が大胆で、室町時代の雰囲気が感じられる。他に旧座主坊や政所（まんどころ）坊の庭園がある。

識名園

沖縄県那覇市字真地

琉球王国の尚温王が、1799年に迎賓館として造営。沖縄戦で破壊されたが、復元整備された。沖縄赤瓦が葺かれた御殿前面の園池には、琉球石灰岩の石橋が架かり、小島には中国風の六角堂が建つなど、独特の味わいがある。

著者イチ押し

訪ねてほしい造園空間―⑭〈福成〉

仙台市の街路樹

宮城県仙台市

伊達政宗時代からあるとされる「杜の都づくり」。感激を覚える見事な街路樹がケヤキ、イチョウなどにより形成されている。戦災復興で拡幅された道路であるだけでなく、みどりを愛する官民の熱い思いの賜物と言えよう。

石山緑地

北海道札幌市南区石山

札幌軟石採掘跡地を利用した札幌市の公園で、参画した彫刻家のデザイン力に寄るところも大きいが、造園家が調整役をすることでランドスケープ空間としてまとまっている。

武蔵嵐山渓谷周辺樹林地

埼玉県比企郡嵐山町

本多静六博士が京都嵐山に似ているとして「武蔵嵐山」と命名した。昭和初期には豪壮な料亭もあり観光地として人気を博したが、焼失後は荒廃していた。平成に入って周辺樹林地の整備が進められ、県を代表する景勝地となっている。

けいはんな記念公園水景園

京都府相良郡精華町

京都・大阪・奈良にまたがる京阪奈丘陵の関西文化学術研究都市の中央に位置するけいはんな公園の中で、溜池と里山林を生かしつつ、繊細さと力強さ、伝統技術とＨ鋼を用いた橋、建築、多様な視点と空間を持つ日本庭園。

著者イチ押し

訪ねてほしい造園空間—⑮〈町田〉

KAKAMIGAHARA PARK BRIDGE

岐阜県各務原市

学びの森公園と市民公園をつなぐ立地で、各務原学びの森コンソーシアム（飛騨五木株式会社、一般社団法人かかみがはら暮らし委員会）による運営。まちづくり市民団体が主役のPark-PFI。

中央公園 Enlee

広島県福山市

地元企業からなる「中央公園P-PFIコンソーシアム」によるPark-PFI。自家農園で採れた季節の野菜をふんだんに使うガーデンレストランを拠点として、リノベーションまちづくりを進めてきたエリアならではの取組み。

長池公園

東京都八王子市

NPOフュージョン長池などからなるグループが指定管理者となっている公園。長池公園自然館を拠点にしたさまざまな活動が展開されている。NPO法人による公園管理の先駆け。多くの小規模公園の包括的な指定管理者にもなっている。

野山北・六道山公園

東京都武蔵村山市

指定管理者「西武・狭山丘陵パートナーズ」の運営による公園。構成団体のNPO birthによる市民協働の取組みによって、多摩部の都立公園の個性を際立たせたまちづくり活動が展開されている。

著者イチ押し

訪ねてほしい造園空間—⑯〈美濃又〉

肥後細川庭園

東京都文京区目白台

神田川沿いの区立公園。もともとは肥後細川家の屋敷跡で、平坦地にある日本庭園と崖線法面の樹林からなる。都心部の緑地は、台地の崖線に沿った形で残されている場合が多いが、樹林の保全状態が良い本公園はその典型例である。

新宿御苑

東京都新宿区内藤町

芝生広場と様式の異なる庭園からなる国民公園。サクラ類やラクウショウ、スズカケノキなどの大木が数多く生育している。樹木観察の場として良い。

表参道のケヤキ並木

渋谷区神宮前

クリスマスのイルミネーションで名高い街路樹。１本１本のケヤキに注目すると幹の傷付いたものや病気に侵されたものが多く、街路樹が直面している問題を見て取ることができる。周辺商店街が保全活動に取り組んでいる。

下町の路地裏

隅田川沿いの向島、本所、深川界隈

下町には、軒先に鉢物が並べられた路地裏が多く見られる。１つひとつを丁寧に見ていると、火鉢やトロ箱などを利用したものもあり、生活の中で工夫をしながら植木を楽しんでいる様子を窺い知ることができる。

第5章
緑への取組み

緑の効果を最大限に生かす

人間にとって緑が必要であることは誰も疑うものではなかろう。庭をつくり草木を植えて自然を身近なものとし、乏しくなると保護・保全し、あるいは緑化して緑を確保してきた。また、目的に応じて維持するために手入れをし、さらに親近感を深めてきた。昭和40年代頃から都市化が進むにつれ、緑が乏しくなってくると、環境保全や防災をはじめ、美観の形成といった機能に着目して緑が確保されるようになり、最近では地球温暖化やヒートアイランド対策といった具合に、緑に期待する効果は社会と密接に関わってきた。このように、生活空間に緑を取り入れ、維持されてきた歴史がそのまま造園の歴史とも言える。そんな緑との関わりに変化が起き始めた。緑が人に与えてくれる効用や、緑づくりを通じて人と人とをつなぐ効果を積極的に生かしていこうとする動きである。このような動きは、これまで技術者が主として担ってきた造園とは異なり、市民からのムーブメントに押される形で取り組まれるようになったことが特徴ではないか。しかしながら、どんなに社会が変化しようと、有り難いことに日本では植物はすぐに育つ。だから手入れも欠かせない。それが人々に感動や安らぎを与えてきたことは普遍である。このことを忘れずにいれば、造園分野ではこれからも新しい取組みが広がるに違いない。

ここでは、そんな緑に対する造園分野の取組みのうち、主なものを紹介する。（池尻）

緑への取組み

環境教育と公園

国際環境教育専門家会議「ベオグラード憲章」（1975）による定義
「環境教育の目的は、個人と社会集団が、総体的な環境とそれに関わる問題について、関心と感受性を持ち、人類の重大な立場と役割を理解し、環境の保護・改善に参加する意欲と、問題解決のための技能および評価能力を身につけ、また適切な行動を起こすために、環境問題に関する責任と、事態の危急性についての認識を深めることができるようにすることである」

環境教育等促進法
正式名称は、「環境教育等による環境保全の取組の促進に関する法律」。2003（平成15）年施行の旧法では基本理念の中で、多様な主体がそれぞれ適切な役割を果たすこと、森林・田園・公園・河川等での自然体験活動を通じ理解と関心を深めること、地域社会や多様な主体の参加と協力を得ること、環境保全を通じて地域の歴史・文化を継承すること等がうたわれている。新法でもこの理念は踏襲され、生命を尊ぶこと、経済社会との統合的発展、循環型社会の形成等が追加された。また、環境保全活動での役割分担の動きや、国連「持続可能な開発のための教育（ESD）」を受け、協働の取組みが追加された。

●環境教育とは Think globally Act locally（地球規模で考え、足元から行動する）の理念のもと、「個人や集団が環境に対して責任ある行動をとれるようにすること」を目的とし、持続可能な社会の構築を目標としている。環境問題を解決し、持続可能な社会や環境を実現するためには、行政や企業のみが環境に配慮するのではなく、個人の行動が環境に対してどのように影響するのか、つながりに気づき、理解して、ライフスタイルを環境配慮型に移行することが重要であるという認識を一人一人が持ち、各自が日常生活の中で実践するまでに意識を高めていくことが大切である。そのため、環境教育は「持続可能な世界構築のための教育」と位置付けられている。日本では、2003（平成15）年に環境教育推進法（平成24年法律改正により環境教育等促進法に名称変更）が公布され、その中で環境教育とは「環境の保全についての理解を深めるために行われる環境の保全に関する教育及び学習をいう」となっている。

●環境教育プログラムとインタープリターの役割 環境教育では、一人ひとりの意識を高めていくことが重視されるため、年齢や属性には関係なく環境に対する意識に応じて、「気づき」「理解」「行動」へと導くプログラムを用いる。アメリカで開発されたプロジェクトワイルドのような既成のプログラムもあるが、最近では学校や団体がフィールドや扱うテーマに応じてアクティビティを工夫し、プログラムを展開しており、企業向けのプログラムもある。地球規模での持続可能な社会の実現を目標としているため、環境教育で扱うテーマは、生物多様性の保全、地球温暖化防止、化学物質対策、歴史・文化や国際理解、いのちの大切さ等、身の回りの生活から地球環境に関わることすべてがテーマとなり幅広い。もちろん自分一人でも学習することはできるが、プログラムの実施は、教師のように一方的に教えるのではなく、本人が自然を感じて気づくことを手助けしたり、理解したことを互いに分かち合うために人と人をつなぐなど、メッセージを伝える翻訳家のような役割を果たすインタープリターと呼ばれる人が行う。

●公園を生かした環境教育 2012（平成24）年の法改正により、法に基づき策定された基本方針では、持続可能な社会づくりに主体的に参加しようとする意欲を醸成する観点から、パートナーシップの推進や地域民間企業の「体験の機会の場」の積極的な活用が重視されるようになった。そうした動きを受けると、市街地内において公園は、身近な場所で自然にふれることができ、多くの人々と屋外で交流ができる貴重な空間であり、そのため、特別な装置がなくても誰でもが自由に環境教育の場として活用できる魅力的なフィールドである。公園を活用した環境教育としては、自然観察やフィールドゲームを取り入れたイベント型プログラム、樹林管理や堆肥づくりなどの体験型プログラムなどがある（①②）。環境について学習できるように、展示・講習の行われるビジターセンターやレプリカなどで解説したサイン類などが整備され、園内の観察ポイントを解説したガイドマップ等と合わせてセルフガイドで学習できるプログラムも多い（③）。また、指導員が常駐し、随時解説しているところもある。この点が樹林地や耕作地等を活用した環境教育と異なり、いつでも、誰でも学習できる。環境教育に活用する公園では、単に解説や体験施設を作るのではなく、体験を通じて環境への理解を深め、意識が高まるようなメッセージ性のある解説や展示の工夫を施すことが重要である。また、公園の特質に応じたプログラムをつくって実施し、利用者の反応を見ながらプログラムや施設に工夫を加えていくことが必要であり、そのためにはインタープリターとなる専任の指導員の役割は大きい。（池尻）

プロジェクトワイルド
アメリカで開発された"Project Wild" "Project Wild Aquatic" "Project Wet"等の環境教育プログラムの一部は日本語に翻訳され、公園等で実践されている。これを使用して環境教育を実践するためには専門の指導者育成プログラムに基づく講習を受ける必要がある。

① **公園で行うアクティビティ集の例**
公園の資源や資質を生かしたアクティビティがガイドブックにまとめられている。

② **樹林保全活動の体験プログラム**
公園内の樹林を生かし、落ち葉掻きや下草刈りなどの樹林保全活動を取り入れた体験型の環境教育も行われている（国営武蔵丘陵森林公園、埼玉県）。

③ **動物園での環境教育**
展示動物が生息する環境の理解を促すために、生態的な展示手法により生息環境を再現。また、動物と人との関連や人々の生活を示す住居様式や生活用具等とともに展示し、ガイドツアーによる解説も行われている。（よこはま動物園ズーラシア、神奈川県）

緑への取組み

市民農園とクラインガルテン

生産緑地地区
都市計画法と生産緑地法により、市街化区域内で緑地機能や多目的保留地機能を有する農地等を計画的に保全し、良好な市街地形成に資することを目的に指定される地区。指定されると農業用施設を除き農地以外への用途の転用が制限されるほか、主たる営農従事者が死亡や故障で営農できなくなった場合を除き 30 年間解除することができない。ただし、農地の所有者にとっては税の優遇等が受けられるメリットがあり、生産緑地地区の指

●市民農園とは　農家ではない都市住民が、農地等を利用して自家用の野菜や花を栽培する農園のことを一般に市民農園といい、貸農園、レジャー農園等とも呼ばれている。市民農園には、開設の形態によって利用者が区画を借り、借り主がそこで野菜等を栽培する方式（貸付方式）と、利用者は区画を借りずに農園主の指導のもとで農作業を行う方式（農園利用方式）がある。自治体等による貸付方式の市民農園には、市街地内の農地を自治体や農協等が借り上げて貸し出すものや、都市公園内に分区園として整備するものなどがある。農地を利用する農園利用方式は農業体験農園（体験農園）といい、利用者は好みの野菜は栽培できないが、初心者であっても農園主が種まきや苗の植え付けから収穫まで指導するため失敗がない（①）。地場野菜への関心の高まりや野菜づくりの人気から、市街地では農地を利用せずに新たな農園を整備することは難しいが、アクセス性の良さを活用し、建物屋上等を利用した民間の体験農園もできるなど多様化している（②）。

●都市における市民農園の役割　都市内の農地は、新鮮な農産物の供給や身近な農業体験・交流の場であるとともに、災害時の防災空間、やすら

①　体験農園例
農園主が講師となって講習会を開催し、参加者が農園主の指導のもとで農作業を行うことで、農への理解が深まり、農家との交流や参加者間のコミュニティが形成される。（緑と農の体験塾、東京都）

②　屋上を利用した市民農園例
建物屋上を利用し、会員制の都市型農園として民間事業者が整備。必要な農機具の貸出しやスタッフの指導のサービスにより手ぶらで野菜づくりが楽しめる。（アグリス成城、東京都）

定によって保全された農地を市民農園として活用することで、都市住民にとって農地が身近なものとなっている。2017（平成29）年の生産緑地法改正により、農地を利用して農作物直売所や農家レストラン等の製造・加工・販売施設が設置できるようになり、都市農業の振興を支えている。

分区園
都市公園内に設置する市民農園。都市公園法の公園施設として位置付けられ、有償で利用者への貸出が可能。整備される都市公園は少なかったが、農体験へのニーズの高まりを背景として、横浜市では、「横浜みどりアップ計画」の「農とふれあう場づくり事業」により、横浜みどり税を財源の一部に活用して農園付き公園として整備を進め、数を増やしている。

ぎをもたらす空間、雨水の涵養による国土保全や生き物生息空間としての自然環境保全の役割など、多様な役割を果たしている。中でも市民農園として利用されている農地は、都市住民にとって農作物にふれ、農家との交流が得られる貴重な場となっている。体験農園と併せて農園主が農家レストランや農作物直売所を営むこともあり、体験農園を中心に農園主と利用者との交流だけでなく地域住民との交流も広がり、地域コミュニティの形成や地域経済の活性化に貢献している。

●クラインガルテンとは　ドイツ語で「小さな庭」を意味し、都市部では庭を持つことができない工場労働者の健康回復のために自然を提供する運動の目的の一つとして19世紀半ばからドイツで提供されるようになった。ドイツでは運動提唱者のシュレーバー博士にちなみ「シュレーバーガルテン」とも呼ばれる。日帰り型市民農園に比べ一つの区画は比較的広く、区画には畑のほかにラウベと呼ばれる休憩小屋が付いている（③）。田舎暮らしを楽しむレクリエーションの場としてヨーロッパで広まっている。

●日本のクラインガルテン　日本では、滞在型市民農園として、1993（平成5）年頃に兵庫県多可町の「フロイデン八千代」や長野県松本市の「坊主山クラインガルテン」（④）が開設して以来、自治体や農事組合法人等により開設されるようになった。北海道から鹿児島まで、全国の都道府県に70カ所近くが開設され、特に三大都市圏から車で約1～2時間程度の農山漁村に多い。年間で契約する面積約200～300m^{2}程度の区画には、畑のほか、電気・水道設備、トイレ等が整っている小屋（簡易宿泊施設）が付いている。農園には管理事務所を兼ねたクラブハウスが地域活性化拠点施設として設置され、利用者が参加できる講習会や利用者による交流イベントなどに利用される。また、農産物販売所や地元の素材を使った飲食施設が併設されている農園もあり、利用者以外の来訪者も利用できる。農園利用者は、野菜づくりの講習や地元スタッフの指導により手軽に野菜等を栽培することができ、農作業初心者でも手軽に田舎暮らしが楽しめる。若い世代の利用も増えており、ワーケーション拠点としても都市と農山漁村との交流による地域振興が期待される。（池尻）

③　ドイツのクラインガルテン内のラウベ（小屋）
宿泊は禁止されており、各戸には水道やトイレが整備されていないところが多い。

④　日本のクラインガルテン
区画が広く、宿泊・滞在して野菜づくりだけでなくガーデニングも楽しめるクラインガルテンが増えている。（坊主山クラインガルテン、長野県）

緑への取組み

癒しの庭と園芸療法

●緑で癒される心 21 世紀に入った日本では、出口の見えない不況、高齢化社会、環境破壊、加速する情報化社会といった状況下で、人々は多くのストレスと不安を抱えて生活している。しかし自然の象徴でもあり実物でもある植物や庭園によって人々は癒される。また、植物に接することで病んだ心身に治療効果をもたらす園芸療法が、日本でも普及してきている。

●癒しの庭 都市生活者が緑に癒しを求める気持ちには切実なものを感じる。都市生活でのストレスの大きさに比例して緑を求める気持ちは大きくなり、実現する空間は反比例して小さくなっている。「インドアグリーン」と呼ばれる緑の商品化が進んでいる（①）。盆栽に代表されるような小さな緑が、自然という無限の存在を想起させ、人の内にある五感や空間感覚を開放する力を持っている。苔だけの極小インテリアガーデン、水耕栽培によるグラスの中の手のひらガーデン、水槽の中のアクアリウム、人形も参加するミニ盆栽。これらは都市のデザインにマッチするようにサイズと素材の選択がなされている。緑の商品化は、飲食を中心とした商業空間も対象にして話題を呼んでいる。

日常生活を営む中で、癒しの空間である庭の分野においては面積の狭小化が進んでいる。「スモールガーデン」と名付けられた庭への提案がガーデニングの雑誌を活性化している（②）。それらの提案からはオープンスタイルや五感に訴える庭などの新しいコンセプト、コンテナやハンギングバスケットなども取り入れた新しい庭のスタイル、そして照明による夜のガーデンライフの可能性なども生まれている。日本人にとっては、親しみやすくほっとするアジアンスタイルの流行も、癒しの庭の一側面と言える。

オープンスタイル
塀で囲わない、道路から見てオープンな庭。駐車場も一体化した前庭のスタイル。

園芸療法
ホーティカルチュラルセラピー（Horticaltural Therapy）または略してホルトセラピー（Hortitherapy）の訳語。

●園芸療法 園芸療法は障害者や高齢者が、植物に触れ、作業をすることを通じて心身の機能回復や安定を図る目的で、病院・福祉施設・養護学校

① 商品化されたインドアグリーン

② コンテナと照明によるスモールガーデン

などで取り入れられている。人を癒すという目的で行われる園芸と言える。植物を育てる行為から、「思いやり」「自信」「満足感」「責任感」などの感情が発生し、健康増進や失われた身体能力の回復も実現して、人と人とのふれあいも生まれる。園芸療法の考えを応用した庭園のタイプとしては、リハビリテーションの庭のほか、自閉症や長期療養児童のための庭、障害者や高齢者向けの庭園（③）、視覚障害者のための香りの庭とタッチガーデンなどがある。

園芸療法が日本に紹介されたのは1990年代で、このころからいくつかの雑誌に海外の事例が紹介され始めた。現在では月刊誌も刊行され、認知度も高まり、各地で個人・団体・自治体による取組みがなされている。各地で研究会が生まれ、医療・教育・建築・造園などの関係者が会員となって勉強会やシンポジウム、そして実践プログラムも展開している。

岩手県花巻市東和町では「健康と長寿の里」づくりを掲げ、1995（平成7）年度から温室や庭園を整備し、理学療法士とアメリカで学んだ園芸療法の専属職員により多彩なプログラムを実施している。町民のボランティア組織も発足し、自治体の取組みとして全国の先駆けとなった。1997（平成9）年には「世界園芸療法大会」を開催し700人の参加者を得ている（④）。

日本における資格認定制度としては、全国大学実務教育協会の「園芸療法士」がある。これは協会の認定した大学のカリキュラムの中から、実習を含めた必修・選択の各科目24単位を取得した学生に発行され、2002（平成14）年度に初の61人が誕生した。

園芸療法は治療を受ける人だけでなく、治療活動を行う人にも変化を及ぼす。東京都立園芸高校の園芸療法研究クラブでは、活動を通じた生徒自身の生活姿勢の変化にも成果があることが報告されている。これからの日本において、植物と園芸作業を通じた高齢者と若年者、障害者と介護者などの立場と世代を越えてのふれあいが大きな意味を持つのは間違いない。

（髙﨑）

アメリカとイギリスの園芸療法
精神病院における園芸活動の治療効果は18世紀ヨーロッパ各地の医師が認めていたが、療法として確立されていったのは第2次世界大戦後のアメリカにおいてである。傷病軍人へのリハビリテーションの一環として行われたものが独立し、1972（昭和47）年にアメリカ園芸療法協会（AHTA）が設立され、園芸療法士の資格認定を実施している。
一方、園芸国イギリスにおける園芸療法は、障害を持った人も園芸活動が楽しめることを目標に発展してきた。（澤田みどり「花と福祉　園芸療法」『花の友』No.56　財・日本花の会、1996より引用）

③　老人ホームでの花壇づくり（アメリカ）

④　園芸療法モデルガーデン（岩手県花巻市東和町）

緑への取組み

ワークショップ

わが国のまちづくりワークショップ
1979 年開催の L. Halprin（米国の環境デザイナー）によるワークショップリーダー養成講習会が契機となっている。

ワークショップで使われる主なスコアの説明
コミュニケーションゲーム…早並び競争やネームチェーンなどで参加者同士が打ち解けやすく工夫する。

似顔絵描きで他己紹介…相手の顔を見たまま紙を見ないで描き、互いにインタビューする。似顔絵を使って相手を紹介する。

期待カード…各人の参加の動機をカードに書いてもらい、これを資料として会を進める。

歩こう会で発見（点検）地図づくり…視点を決めてまちを見て歩き、新鮮な発見を地図に書きとめて分布の構造を把握する

ファシリテーショングラフィック…会議での意見を大きな紙にイラストを交えながら構造的に表現して論点を共有する。

思い出（未来）絵日記…印象の強い情景を思い描き、他の人と共有しやすいように絵日記として表現する。

旗揚げアンケート…選択肢の番号札を配布しておき、リアルタイムで意見集約する。

●ワークショップとは　「みんなで考えよう、創造しよう」という取組みをワークショップと呼んでいる。互いの経験や意見の違いを交換しながら多様な考え方を理解し合い、自分だけでは気付かなかったことを発見しながら、「皆で共有することのできる新しい展開」を見出していく手段。

●ワークショップの創案とわが国における展開　ワークショップは、1950 年代に J.L. モレノ（1892 ～ 1974）が心理療法から工夫した集団研修手法が始まりであると考えられている。わが国では、演劇、音楽、美術、教育と多分野で使われており、まちづくりや公園づくりでは、1980 年代に入ってから本格化してきた。

●公園づくりワークショップの目的と想定される成果　公園づくりのワークショップは、「地域に望まれ育まれる公園をつくりたい」「地域コミュニティを育てたい」「まちづくりへ展開していきたい」などを目的として開催されることが多い。そして「情報の収集」「意向の交換」「方向性の共有」「協働運営の展開」など、それぞれの想定される成果に向けた取組みを工夫している（①②）。

工夫 1　――位置付けの整理（プロセスデザイン）：「ワークショップでの成果をどのように反映させていくか」「成果を得るために何回開催するか」といった、事業におけるワークショップの位置付けとワークショップの全体構成を明快にすることが大切である。これによって参加者と取組み意欲や検討のテンポを共有しやすくなる。

工夫 2　――進行の工夫（プログラムデザイン）：作業内容と時間進行を見計らいながら、必要材料、役割分担などを想定して、限られた時間を有効に使った進め方を工夫する。実際の進行では、参加者それぞれの建設的な発言機会を確保しながら合意形成を促す役割（ファシリテーター）を設けて合理的な進行に努めることが多い。

工夫 3　――参加者想定や時間場所の工夫（参加形態のデザイン）：十人十色ということばがあるように、まったく同じ人など世の中にはいない。ワークショップでは、「違うこと」を大切にして多様な意見や選択肢をふまえた検討ができるように、検討に必要な立場の人を想定した上で参加しやすい日時や場所などを設定していく。

●ワークショップへの期待と課題　ワークショップは、いろいろな考え方や立場の違う人が集まることで得られるパワーを建設的に発揮していく手段として期待されている。取り組む際には、さまざまな領域の人がなるべく参加できること、正しい情報や判断基準を共有していくこと、創造的

なアイデアがどんどん生まれる楽しいプログラムを工夫すること、そして検討成果を反映していくための状況の整理などが課題となる。(菅)

① 達成目標に応じたワークショップのタイプ分け

タイプ分類	ワークショップのイメージ
情報収集型	ある土地の話を70代の人10人で交換することで10人×70年間という膨大な情報を得るといった収集目的のワークショップ
啓発教育型	ある課題に対する現状や問題点を理解し、関心を持ってもらうことに焦点を当てたワークショップ
イベント盛上り型	一つの行動に向けて広報し、楽しく盛り上がっていくきっかけとなるように工夫したワークショップ
デモクラシー型	広くバランス良く各人のさまざまな意見に配慮して民主的に意見をまとめることに主眼をおいたワークショップ
ものづくり型	プランニングやデザインさらには施工に参加してものづくりの喜びや充足感を共有していこうというワークショップ
利用促進型	資源を発見して公園の存在意義を見つめ直すことを通じて新しい活用の世界を見出そうというワークショップ
コミュニティ育成型	共同作業を通じて地域の人が知り合い、理解を深め合うことで新しいコミュニティを創出していこうというワークショップ

工夫1　プロセスデザイン

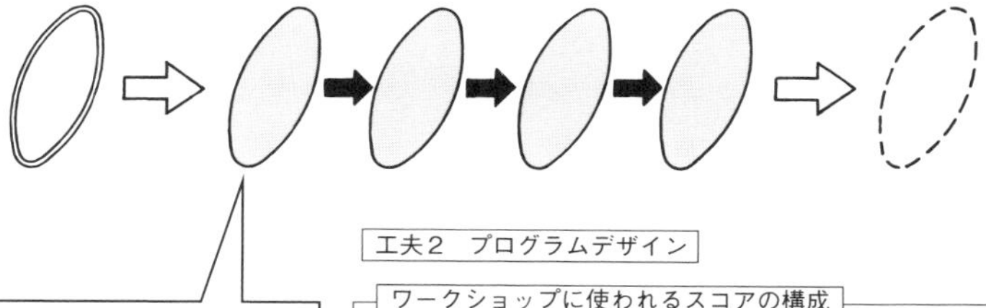

工夫2　プログラムデザイン

13：00　アイスブレイク
13：10　目的と位置付け
⋮
14：00　ロールプレイ（グループごと）
15：00　全体発表

ワークショップに使われるスコアの構成

導入スコア：部分動かし体操、コミュニケーションゲーム、似顔絵描きで自己紹介、期待カードなど

展開スコア：歩こう会で発見（点検）地図づくり、街頭インタビュー、ファシリテーショングラフィック、ロールプレイ、KJ法、思い出（未来）絵日記、原寸大ゲーム、旗揚げアンケートなど

工夫3　参加形態のデザイン

② ワークショップへ向けた三つのデザイン

緑への取組み

ボランティアとパートナーシップ

●ボランティア（volunteer）活動とは 自主的・自発的な社会貢献活動をいい、無償を原則とするが、有償のボランティアもある。英語の志願兵という意味が語源で、奉仕活動とほぼ同義に使われるが、町内会活動など古くからの相互扶助の活動とは異なり、ボランティア活動には、自らができることを自発的に申し出て参加することによって社会の役に立っているという充実感を味わう、自己実現の概念も含まれている。本来、ボランティアと受入れ側との契約は行わず、受入れ側がボランティアに責任を持って行動することを促し、活動状況を把握するため登録制の場合もある。1995（平成 7）年の阪神・淡路大震災を契機に被災地で救援を行うボランティア活動が盛んになり、その後、1998（平成 10）年に制定された「特定非営利活動促進法」により NPO 法人化が認められるようになって、ボランティア活動が広がりを見せるようになった。最近では、大規模な災害の被災地支援やオリンピックなどのスポーツイベントに積極的に参加するボランティアが増え、欠かせない存在となっている。

●パートナーシップ（partnership）とは もともとは複数の人が金銭や役務などを提供して共同で事業を営む法人格を持たない事業体のことをいう。公共事業やまちづくりでは、行政や市民・企業、専門家等の立場の異なる複数の関係者が互いに対等な立場で連携し、目標を共有して取り組むことをいい、最近は 1970 年代にアメリカで広まった概念である英語の coproduction の訳語「協働」という用語の方が一般的になりつつある。市民参加あるいは市民参画と同じような意味で使われるが、参画する市民、企業等はボランティアである点は変わらないが、より積極的、主体的で、さらに行政も一員として参画する点が異なる。これまで公共事業やまちづくりが行政主導で実施されていたのに対し、事業に関わる多様な主体（例えば、行政、企業、市民団体、住民等）が各々の役割と責任を明らかにしながら事業を進める点が特徴となっている。

●公園等におけるパートナーシップ（協働） パートナーシップ（協働）によるボランティアの活動としては、地域住民や専門的な知識を有する NPO などの民間団体（例えば身障者・福祉団体、トイレや照明等の適正化を推進する団体など）が参加するワークショップ方式による公園や施設の計画・設計、公募ボランティアによる組織が中心となり農業や林業等の職能集団や専門家が一体となって行う樹林地や耕作地等の保全活動や花壇やホタル養殖施設等公園施設の整備、レンジャーやプレーリーダー等が中心となって行う公園ガイド等の利用指導やイベントの運営などがある。この

NPO（民間非営利組織 Nonprofit Organization）
株式会社等の営利企業と違い、収入から費用を差し引いた利益を関係者に分配することが制度上、事業上できない組織。事業を行う事業型 NPO 以外に、それらの活動に資金提供する助成団体、環境保全活動や国際援助等を行う市民団体等がある。JHCNP では、NPO の要件を

- 利潤を分配しない
- 非政府である
- 組織の体裁を備えている
- 独立して運営している
- 自発性（ボランタリー）の要素がある

の五つとしている。（JHCNP:The Johns Hopkins Comparative Nonprofit Sector（米））
日本では、「特定非営利活動促進法」に基づく手続きにより NPO 法人として認定される。

指定管理者制度
2003（平成15）年9月2日に地方自治法の一部が改正され、「公の施設」（スポーツ施設、都市公園、文化施設、社会福祉施設など住民の福祉を増進する目的で、大勢の市民が利用するために設置された施設）の管理方法が「管理委託制度」から「指定管理者制度」に移行された。その目的は、「多様化する住民ニーズにより効果的、効率的に対応するため、公の施設の管理に民間の能力を活用しつつ、住民サービスの向上を図るとともに、経費の節減を図ること」とされている。

ような市民が参画するパートナーシップ（協働）による公園づくりや緑化活動等によって、これまで行政では気付かなかった利用者の視点に立った施設づくりや管理ができ、利用者も自分たちの公園・まちとしての意識が高まるなどの効果を上げている。

① 市民団体による樹林保全活動（川崎市市民健康の森）
市民が主体的に樹林管理を行う森づくりを目指し、行政が支援する公募市民により活動場所の選定から計画づくり、樹林の保全・管理・運営を通じて協働する自立した組織を構築している。

●パートナーシップ（協働）の進め方 パートナーシップ（協働）を進めていくためには、行政や市民、利用者等参画する市民や団体が対等な立場で話し合う場や仕組みが欠かせない。また、ボランティア側のリーダーとなる人材や、市民と行政相互の調整を図るコーディネーターとなる人材の資質が大きな役割を果たすため、人材の育成が重要なポイントとなっている。最近は、行政と市民団体等との協働によって進めてきた公園の管理運営において、市民団体がNPO法人となり、指定管理者となる事例も増えている。また、協定締結により、企業等が社会貢献活動として管理運営に協力する例も増えている。（池尻）

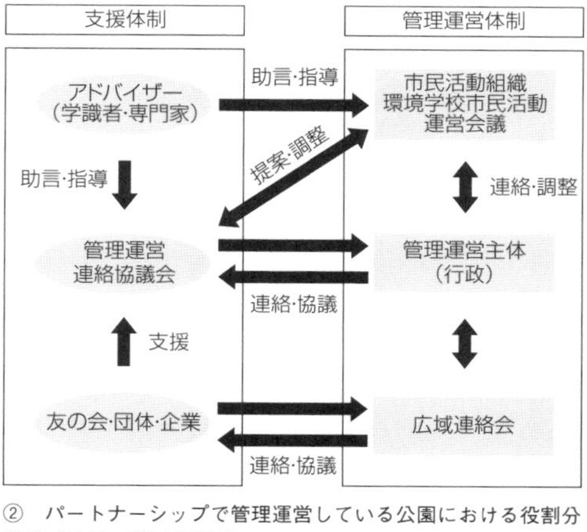

② パートナーシップで管理運営している公園における役割分担例（柏崎・夢の森公園）

③ NPO法人が指定管理者となっている事例（群馬県立観音山ファミリーパーク・KFP友の会）
公園の維持管理のほか、NPOを構成する40グループほどのボランティアグループが来園者へのサービスを提供している。

公園の種類

<table>
<tr><th>公園の分類</th><th colspan="3">公園の種類</th><th>根拠法等</th></tr>
<tr><td rowspan="7">営造物公園</td><td colspan="4">国または地方公共団体が、土地の所有権や使用権等の権原を取得し、目的に沿った形態に整備して一般に公開する公園</td></tr>
<tr><td rowspan="2">国が設置・管理する公園</td><td colspan="2">国民公園等
・新宿御苑
・皇居外苑
・京都御苑
（以上3苑：国民公園）
・上記以外に、千鳥ヶ淵戦没者墓苑、戦後強制抑留及び引揚死没者慰霊碑苑地が国民公園等に含まれる。</td><td>環境省設置法、国民公園、千鳥ケ淵戦没者墓苑並びに戦後強制抑留及び引揚死没者慰霊碑苑地管理規則により設置・管理する公園</td></tr>
<tr><td colspan="2">国営公園
・広域的見地から設置するイ号国営公園
・国家的記念事業として設置するロ号国営公園</td><td>都市計画法、都市公園法により、国土交通大臣が設置し国が管理する都市公園</td></tr>
<tr><td rowspan="4">地方公共団体が設置・管理する公園</td><td colspan="2">都市公園</td><td>都市計画法、都市公園法、条例等により、地方公共団体が設置・管理する公園</td></tr>
<tr><td rowspan="3">都市公園以外の公園</td><td>児童遊園等
（児童遊園、青少年広場、子供の広場等）</td><td>児童福祉法、条例等により地方公共団体が設置・管理する遊園、広場等</td></tr>
<tr><td>特定地区公園（カントリーパーク）</td><td>都市計画区域以外の一定の条件を有する地域において、地方公共団体が国の補助を受けて設置・管理する公園</td></tr>
<tr><td>上記以外の公共的施設で一般に公開され、都市公園に準じるもの</td><td>港湾緑地、農業公園、フラワーパーク、河川公園等</td></tr>
<tr><td rowspan="4">地域制公園</td><td colspan="4">国または地方公共団体が、土地の権原に関係なく一定の区域を公園として指定し、土地利用や一定の行為の制限等を行って、良好な自然景観や自然環境を保全するとともに、調和のとれた利用を図る公園</td></tr>
<tr><td rowspan="3">自然公園</td><td colspan="2">国立公園</td><td>自然公園法により設置し、国や地方公共団体が施設整備・管理する公園</td></tr>
<tr><td colspan="2">国定公園</td><td>自然公園法により設置し、地方公共団体が施設整備・管理する公園</td></tr>
<tr><td colspan="2">都道府県立自然公園</td><td>自然公園法および条例により設置し、地方公共団体が施設整備・管理する公園</td></tr>
</table>

都市公園等の種類

種類	種別	内容
住区基幹公園	街区公園	主として街区に居住する者の利用に供することを目的とする公園で、1カ所当たり面積0.25haを標準として配置する。
	近隣公園	主として近隣に居住する者の利用に供することを目的とする公園で、1カ所当たり面積2haを標準として配置する。
	地区公園	主として徒歩圏内に居住する者の利用に供することを目的とする公園で、1カ所当たり面積4haを標準として配置する。
都市基幹公園	総合公園	都市住民全般の休息、観賞、散歩、遊戯、運動等総合的な利用に供することを目的とする公園で都市規模に応じ1カ所当たり面積10～50haを標準として配置する。
	運動公園	都市住民全般の主として運動の用に供することを目的とする公園で、都市規模に応じ1カ所当たり面積15～75haを標準として配置する。
大規模公園	広域公園	主として一の市町村の区域を超える広域のレクリエーション需要を充足することを目的とする公園で、地方生活圏等広域的なブロック単位ごとに1カ所当たり面積50ha以上を標準として配置する。
	レクリエーション都市	大都市その他の都市圏域から発生する多様かつ選択性に富んだ広域レクリエーション需要を充足することを目的とし、総合的な都市計画に基づき、自然環境の良好な地域を主体に、大規模な公園を核として各種のレクリエーション施設が配置される一団の地域であり、大都市圏その他の都市圏域から容易に到達可能な場所に、全体規模1,000haを標準として配置する。
特殊公園		風致公園、動植物公園、歴史公園、墓園等特殊な公園で、その目的に則し配置する。
緩衝緑地		大気汚染、騒音、振動、悪臭等の公害防止、緩和もしくはコンビナート地帯等の災害の防止を図ることを目的とする緑地で、公害、災害発生源地域と住居地域、商業地域等とを分離遮断することが必要な位置について公害、災害の状況に応じ配置する。
都市緑地		主として都市の自然的環境の保全ならびに改善、都市の景観の向上を図るために設けられる緑地であり、1カ所当たり面積0.1ha以上を標準として配置する。ただし、既成市街地等において良好な樹林地等がある場合、あるいは植樹により都市に緑を増加または回復させ都市環境の改善を図るために緑地を設ける場合にあっては、その規模を0.05ha以上とする。
都市林		主として動植物の生息地または生育地である樹林地等の保護を目的とする都市公園であり、都市の良好な自然的環境を形成することを目的として配置する。
広場公園		主として商業・業務系の土地利用が行われる地域において都市の景観の向上、周辺施設利用者のための休息等の利用に供することを目的として配置する。
緑道		災害時における避難路の確保、都市生活の安全性および快適性の確保等を図ることを目的として、近隣住区または近隣住区相互を連絡するように設けられる植樹帯および歩行者路または自転車路を主体とする緑地で、幅員10～20mを標準とし、公園、学校、ショッピングセンター、駅前広場等を相互に結ぶよう配置する。
国営公園		一の都府県の区域を超えるような広域的な利用に供することを目的として設置する大規模な公園にあっては、1カ所当たり面積おおむね300ha以上を標準として配置する。国家的な記念事業等として設置するものにあっては、その設置目的にふさわしい内容を有するように配置する。

注）近隣住区＝幹線街路等に囲まれたおおむね1km四方（面積100ha）の居住単位

参考文献

第1章　はじめに知っておきたい造園

【思想】
●「風景」と「景観」の関係
1）辻村太郎『景観地理学講話』地人書館、1937
2）西村幸夫『都市の風景計画』学芸出版社、2000
3）柳田國男「草木と海と；雪国の春」（『太陽』1926.6）
（『定本柳田國男　第2巻』筑摩書房、1968）
4）田村百代「地理学における「景観」と「相観」--- わが国地理学界での混乱 ---」（『地域の探求』古今書院、1985）
●環境になじむことの意味
1）イーフー・トゥアン著、山本浩訳『空間の経験』筑摩書房、1988
2）オギュスタン・ベルク、上掲書、日本語版解説
●名所・名木を保存する考え方
1）長岡安平「名木の保存、名所旧蹟の保護事業」（ともに1906年稿）
井下清『祖庭長岡安平翁造庭遺稿』文化生活研究会、1926年所収
2）井下清「実際問題としての保存事業に就て」（『史蹟名勝天然紀念物　第7集』1932）
3）前島康彦編『井下清先生業績録』井下清先生記念事業委員会、1974
4）赤坂信「井下清による史蹟名勝天然紀念物保存事業に対する批判とその論拠」『ランドスケープ研究、63巻5号』日本造園学会、2000
●保存思想は破壊から生まれた
1）尾佐竹猛「明治初期に於ける破壊思想と保存思想（上）」（『史蹟名勝天然紀念物、第15集、第1号』史蹟名勝天然紀念物保存協会、1940）
尾佐竹猛「明治初期に於ける破壊思想と保存思想（下）」（『史蹟名勝天然紀念物　第15集、第2号』史蹟名勝天然紀念物保存協会、1940）
2）井下清「実際問題としての保存事業に就て」（『史蹟名勝天然紀念物　第7集』1932）
この中で井下は、1873（明治6）年の太政官布告によって全国に公園が設置されることになったが、結果的に幾多の文化財が公園地に残された事実を挙げている。
●ランドスケープデザイナーとガーデンデザイナー
都田徹・中瀬勲『アメリカンランドスケープの思想』鹿島出版会、1991
都田徹・中瀬勲編「ガレット・エクボ：ランドスケープの思想」（『PROCESS Architecture No.90』プロセスアーキテクチュア、1990.8）
一ノ渡勝彦編「ランドスケープ・デザイン：ダン・カイリーの作品」（『ROCESS Architecture No.33』プロセスアーキテクチュア、1982.10）
張清嶽編「ローレンス・ハルプリン」（『PROCESS Architecture No.4』プロセスアーキテクチュア、1978.2）
「特集　ロバート・ザイオン」（『SD』鹿島出版会、1976.6）
佐々木葉二編「ピーター・ウォーカー：アートとしてのランドスケープ」（『PROCESS Architecture No.85』プロセスアーキテクチュア、1989.10）
「特集・環境芸術としての建築―SITEの場合」（『SD』鹿島出版会、1981.8）
匠秀夫、村田慶之輔監修『芸術が都市をひらく フランスの芸術と都市計画』「芸術が都市をひらく」展実行委員会、1990
landscape network 901編『READINGS:2　ランドスケープ批評宣言』INAX出版、2002
●グリーンインフラ
石川幹子『グリーンインフラ 地球環境の持続的維持に向けて』中央大学出版部、2020
宇沢弘文『社会的共通資本』岩波書店、2000
国土交通省「グリーンインフラ推進戦略」2019.7
日本学術会議環境学委員会都市と自然と環境分科会「提言 気候変動に伴い激甚化する災害に対しグリーンインフラを活用した国土形成により“いのちまち”を創る」2020.8.25
NYC Green Infrastructure Plan “A Sustainable Strategy for Clean Waterways” The City of New York, 2010
●復興の思想と技術
松島肇「エコロジカル・デザイン / プランニング / マネジメント」（『ランドスケープ研究、第80巻、第1号』日本造園学会、2016）
新保奈穂美ほか「都市計画、都市政策、地方・国土計画」（『ランドスケープ研究、第82巻、第1号』日本造園学会、2018）
古田尚也ほか「防災・減災のためのエコロジカルデザイン」（『BIO CITY、第61巻』ブックエンド、2015）
糸長浩司ほか「東日本大震災、復興の光と影」（『BIO CITY、第75巻』ブックエンド、2018）
藻谷浩介ほか「10年目を迎える東日本大震災」（『LANDSCAPE DESIGN、第135巻』2020）

【歴史と様式】
●東洋・イスラムの庭園
ジョン・ブルックス著 神谷武夫訳『楽園のデザイン』鹿島出版会、1989
青羽光夫『中国庭園』誠文堂新光社、1998
木津雅代『中国の庭園－山水の錬金術－』東京堂出版、1994
針ヶ谷鐘吉『西洋造園変遷史』誠文堂新光社、1977
ジェフリ＆スーザン・ジェリコー著、山田学訳『図説景観の世界－人類による環境形成の軌跡－』彰国社、1980
NORAH M.TITLEY “Plants and Gardens IN PERSIAN, MUGHAL AND TURKISH ART” THE BRITISH LIBRARY, 1979
●整形式庭園と自然風景式庭園
針ヶ谷鐘吉『西洋造園変遷史』誠文堂新光社、1977
ジェフリ＆スーザン・ジェリコー著、山田学訳『図説景観の世界－人類による環境形成の軌跡－』彰国社、

1980
佐々木邦博「西洋庭園の歴史」（武居二郎、尼崎博正監修 『庭園史をあるく』昭和堂、1998）
アン・スコット＝ジェイムズ、オズバート・ランカスター著、横山正訳『庭の楽しみ－西洋の庭園二千年』鹿島出版会、1998
ジャック・ブノア＝メシャン著、河野鶴代、横山正訳『庭園の世界史　地上の楽園の三千年』講談社、1998
川崎寿彦『楽園と庭 イギリス市民社会の成立』中央公論社、1984
ガブリエーレ・ヴァン・ズイレン著、小林章夫監修、渡辺由貴訳『ヨーロッパ庭園物語』 創元社、1999
“Castle Howard” Castle Howard Estate Ltd、1987
Estate of Derek Jarman “derek jarman's garden with photograrhs by howard sooley” THAMES AND HUDSON, 1995
●モダン・ランドスケープと都市のランドスケープ
ジェフリ＆スーザン・ジェリコー著、山田学訳『図説 景観の世界－人類による環境形成の軌跡－』彰国社、1980
張清嶽編「ローレンス・ハルプリン」（『PROCESS Architecture No.4』プロセスアーキテクチュア、1978.2）
一ノ渡勝彦編「ランドスケープ・デザイン：ダン・カイリーの作品」（『ROCESS Architecture No.33』プロセスアーキテクチュア、1982.10）
佐々木葉二編「ピーター・ウォーカー：アートとしてのランドスケープ」（『PROCESS Architecture No.85』プロセスアーキテクチュア、1989.10）
「特集ロバート・ザイオン」（『SD』鹿島出版会、1976.6）
●侘び茶と近代数寄茶
岡崎文彬著『図説 造園大要』養賢堂、1965
田中哲雄監修『文化財探訪クラブ⑦ 庭園と茶室』山川出版社、2001
『淡交別冊 愛蔵版 近代の数寄者 －続・茶人編－ No.23』淡交社、1997
「特集・最後の大茶人」（『芸術新潮』新潮社、2002.2）
京都林泉協会著『日本庭園鑑賞便覧　全国庭園ガイドブック』学芸出版社、2002
●山水河原者からガーデンビジネスまで
1）飛田範夫『「作庭記」からみた造園』鹿島出版会、1985
2）飛田範夫『日本庭園の植栽史』京都大学学術出版会、2002
3）飛田範夫『江戸の庭園』京都大学学術出版会、2009
●公園の誕生
1）白幡洋三郎「ドイツ都市公園の成立と展開（II）（19世紀の都市公園 --- 自然の中の啓蒙施設）」（『造園雑誌、第43巻、第3号』日本造園学会、1980）
2）石川幹子『都市と緑』岩波書店、2001
Olmsted, Frederick Law（1852）“Walks and Talks of an American Farmer in England” London　＊オルムステッドは農業土木の技術者であった。
3）池ノ上容「国立公園を語る（2）」（『国立公園、No.471』国立公園協会、1989）

【政策と法制度】
●環境と緑の政策
国土交通省『緑の基本計画ハンドブック 令和3年改訂版』日本公園緑地協会、2021

【仕事と資格】
●樹木医
『最新・樹木医の手引き』日本緑化センター、2006
●雑木林と里山
山に活かされた日々刊行委員会編『山に活かされた日々 新潟県朝日村奥三面の生活誌』
全国雑木林会議編「現代雑木林事典」百水社、2001
●ビオトープ
日本生態系協会編『ビオトープネットワーク－都市・農村・自然の新秩序』ぎょうせい、1995
道路環境研究所エコロード検討委員会編著、建設省道路局道路環境課・建設省土木研究所環境部監修『自然との共生をめざす道づくり－エコロード・ハンドブック』大成出版社、1995
都市緑化技術開発機構編『都市のエコロジカル・ネットワーク－人と自然が共生する次世代都市づくりガイド－』ぎょうせい、2000

第2章　造園が扱う空間

【自然とのふれあい】
●自然とのふれあい
赤坂信（共著）『遠い林・近い森　森林観の変遷と文明』愛智出版、1995
●コロナ禍で変化した緑との向き合い方
小野良平「感染症と近代日本の公園計画論」（『ランドスケープ研究85巻3号』日本造園学会、2021）
新保奈穂美・斎藤馨「計画者と利用者からみた『都市の農』の変遷に関する考察」（『ランドスケープ研究78巻5号』日本造園学会、2015）
日本造園学会阪神大震災調査特別委員会編『公園緑地等に関する阪神大震災緊急調査報告書』1995
村上修一「発災後の利用にみる都市公園の意義と課題」（『ランドスケープ研究、第82巻、第2号』日本造園学会、2018）
田中伸彦「COVID-19が観光に及ぼした影響と新たな観光のあり方」（『ランドスケープ研究、第85巻、第3号』日本造園学会、2021）
愛甲哲也「COVID-19がもたらしたアウトドアレクリエーションへの需要と国立公園等の管理の課題」（『ランドスケープ研究、第85巻、第3号』日本造園学会、2021）
國定康子・神田隆介「ワーケーション導入によるキャンプ場活性化について」（『ランドスケープ研究、第85巻、第3号』日本造園学会、2021）
新保奈穂美「COVID-19で高まる農への関心と今後の都市への展望」（『ランドスケープ研究、第85巻、第3号』日本造園学会、2021）

【都市の公園】
●都市公園の種類と役割
都市公園等整備緊急措置法及び都市公園法の一部を改正する法律の施行について（平成5年6月30日建設省都公緑発第86号）
レクリエーション都市整備要項（昭和45年12月10日建設省決定）
都市計画法施行令第3条（昭和51政228・追加）
国土交通省
●動物園
若生謙二「ランドスケープ・アーキテクトの動物園革命」（『ジャパンランドスケープ　No.35』プロセスアーキテクチュア、1998）
『ランドスケープデザイン』No.17、マルモ出版、1999
●防災公園
国土交通省ホームページ
●子供の好奇心を満たす遊び場
『もっと自由な遊び場を』大月出版、1998
●環境アート
Harney,Leon A.,Art in Public Places,Partners for Livable Places,1981
Jonson,Jory A.,"% for Arts" Landscape Architecture 7/8

【庭園】
●海外の日本庭園と日本の外国庭園
My GARDEN 別冊『GARDEN AND LANDSCAPE ロビン・ウィリアムスの世界』マルモ出版、2000

【集合住宅造園】
●ニュータウンと造園
『オープンスペース環境施設計画資料集』オーム社、1997

【道の造園】
●道路植栽の種類
中島宏監修『道路緑化ハンドブック』山海堂、1999
●高速道路とエコロード
『エコロードガイド』道路緑化保全協会、2005
●人のための道
土木学会編『街路の景観設計』技報堂出版、1985

【建築緑化】
●壁面緑化
近藤三雄『つる植物による環境緑化デザイン』ソフトサイエンス社、1997

第3章　造園の仕事の手順

【調査と解析】
●緑被地・緑地の調査
『緑の基本計画ハンドブック2001年版』日本公園緑地協会、2001
日本公園緑地協会編、国土交通省都市・地域整備局公園緑地課緑地環境推進室監修『公園緑地マニュアル（改訂版）』日本公園緑地協会、2005

【計画と設計】
●公共造園工事の図面と積算
『造園施工管理技術編　改訂版』日本造園緑地協会
●バリアフリーとユニバーサルデザイン
浅野房世、亀山始、三宅祥介著『人にやさしい公園づくり－バリアフリーからユニバーサルデザインへ』鹿島出版会、1996
日本公園緑地協会編、建設省都市局公園緑地課監修『みんなのための公園づくり－ユニバーサルデザイン手法による設計指針』日本公園緑地協会、1999

【施工】
●石組と石積
京都芸術短期大学 / 京都造形芸術大学『庭園学講座Ⅵ 日本庭園と石』日本庭園研究センター、1999
太田博太郎、松下隆章、田中正大著『ブック オブ ブックス 日本の美術15　禅寺と石庭』小学館、1971
髙﨑康隆監修『庭仕事の庭石テクニック』誠文堂新光社、2013

第4章　造園で用いる材料

【植物材料】
●樹木とグランドカバープランツ
『月刊 建設物価』建設物価調査会
『月刊 積算資料』経済調査会
●常緑樹と落葉樹
『月刊 建設物価』建設物価調査会
『月刊 積算資料』経済調査会
●針葉樹と広葉樹
『月刊 建設物価』建設物価調査会
『月刊 積算資料』経済調査会
●低木と地被植物
『月刊 建設物価』建設物価調査会
『月刊 積算資料』経済調査会
●一・二年草と多年草
青木宏一郎『江戸のガーデニング』平凡社、1999
EMELIE TOLLEY AND CHRIS MEAD "HERBS Gardens, Decorations, and Recipes" Clarkson N. Potter, Inc., 1985
●庭木と公共用緑化樹木
『月刊 建設物価』建設物価調査会
『月刊 積算資料』経済調査会

【庭園の構成要素】
●竹垣と蹲踞
秋里籬島『築山庭造伝 後編』
●庭園照明とサウンドスケープ
髙﨑康隆『自分でつくる楽しい庭のデザイン』主婦と生活社、2003

●火成岩・変成岩・堆積岩
庭石大事典制作委員会著『原色 庭石大事典』誠文堂新光社、2016
萩谷宏ほか『[新版] 岩石・鉱物・化石』小学館、2022
細谷正夫『岩石観察図鑑』地球レーベル、2022

第５章　緑への取組み

【緑への取組み】
●環境教育と公園
清里環境教育フォーラム実行委員会編『日本型環境教育の「提案」ー自然との共生をめざして』小学館、1992
全国女性造園技術者の会グリーンハートプロジェクトチーム編著『感じて調べて考える学習ガイド　公園に行こう！育てようグリーンハート　引き出そう子どもの力』2004
●市民農園とクラインガルテン
都市農山漁村交流活性化機構ウェブサイト「滞在型市民農園のご案内」
●ワークショップ
高野文彰ほか『公園づくりを考える』技報堂出版、1993
●ボランティアとパートナーシップ
公園緑地管理財団編、建設省関東地方建設局国営昭和記念公園工事事務所監修『「協働」（パートナーシップ）による公園づくり読本ー住民と共に考える公園づくりー』大蔵省印刷局、2000

図表出典

第１章　はじめに知っておきたい造園

【思想】
●「風景」と「景観」の関係
横段　三好学…日本造園学会提供（『ランドスケープ研究』）
●環境になじむことの意味
横段　イーフー・トゥアン著、山本浩訳『空間の経験』筑摩書房、1988
①古見演良提供
●名所・名木を保存する考え方
横段　長岡安平、井下清…日本造園学会提供（『ランドスケープ研究』）
●作庭家と造園家
①籬島軒秋里『都林泉名勝図会』
横段　小川治兵衛…日本造園学会提供（『ランドスケープ研究』）
　　　重森三玲…重森家所蔵
●ランドスケープデザイナーとガーデンデザイナー
①「特集・環境芸術としての建築―SITE の場合」（『SD』鹿島出版会、1981.8）

【歴史と様式】
●東洋・イスラムの庭園
①岡崎彬『図説造園大要』養賢堂、1965
②列島記念館ホームページ
③飛田範夫提供
④ 1629 年出版の造園書の扉絵
⑤ Richard Arioli （ジェフリ＆スーザン・ジェリコー著、山田学訳『図説　景観の世界』彰国社、1980）
⑥ニュウトン
●整形式庭園と自然風景式庭園
①②ジェフリ＆スーザン・ジェリコー著、山田学訳『図説　景観の世界』彰国社、1980
⑤ Estate of Derek Jarman “derek jarman's garden with photograrhs by howard
sooley” THAMES AND HUDSON,1995
●モダンランドスケープと都市のランドスケープ
① United States Information Service （ジェフリ＆スーザン・ジェリコー著、山田学訳『図説　景観の世界』彰国社、1980）
②『PROCESS』プロセスアーキテクチュア
③ Paul Ryan
④ David Walker
⑤『SD』鹿島出版会、1976.6
●奈良時代までの庭園と寝殿造庭園
⑥『年中行事絵巻』
●機能の庭と鑑賞の庭
②『年中行事絵巻』
●山水河原者からガーデン・ビジネスまで
②『摂津名所図会』

③『東都歳事記』
●庭園秘伝書と造園教育
②秋里籬島『築山庭造伝（前・後編）』
③日本造園学会より提供
横段　福羽逸人…日本造園学会提供（『ランドスケープ研究』）

【政策と法制度】
●環境と緑の政策
①国土交通省『緑化施設整備計画の手引き』
②平成 9-12 年公表　環境省資料より作成
③自然再生推進法に基づき作成
●緑の基本計画
①福岡市役所
●景観づくりと法制度
②国土交通省「景観法の概要」2017

【仕事と資格】
●樹木医
①「樹木医の仕事」日本樹木医会パンフレット、1998

第 2 章　造園が扱う空間

【自然とのふれあい】
●自然公園とその制度
横段　田村剛…日本造園学会提供（『ランドスケープ研究』）
①環境省「自然公園計画」
●雑木林と里山
④山に活かされた日々刊行委員会編『山に活かされた日々　新潟県朝日村奥三面の生活誌』
●ビオトープ
①道路環境研究所エコロード検討委員会編著、建設省道路局道路環境課・建設省土木研究所環境部監修『自然との共生をめざす道づくり－エコロード・ハンドブック』大成出版社、1995

【都市の公園】
●防災公園
②都市緑化技術開発機構公園緑地防災技術共同研究会『防災公園技術ハンドブック』2000
●体験型公園
②③国営備北丘陵公園提供
●災害と公園
横段　帝都復興事業計画図（東京市「帝都復興事業図表」1930.5）
横段　東京臨海広域防災公園（東京臨海広域防災公園管理センター資料）
●民間公園管理－指定管理者制度－
横段　下表（公の施設の指定管理者制度の導入状況等に関する調査 / 総務省）
③国土交通省「令和２年度都市公園等現況調査」
●子供の好奇心を満たす遊び場
横段　インクルーシブ公園（東京都公園協会）

【庭園】
●海外の日本庭園と日本の外国庭園
①日本造園設計事務所連合編（ランドスケープデザイン '72）編集会議　『ランドスケープ・デザイン '72 日本造園設計事務所連合作品集』日本造園設計事務所連合、1972
② Robin Williams & Associates
③東郷町パンフレット
●借景とハハー
⑤“Castle Howard” Castle Howard Estate Ltd,1987
●露地とアウトドアリビング
③“GARDENS　A House & Garden Guide1977” The Conde Nast Publications Inc.,1977

【催事と追憶】
●リゾートとテーマパーク
①濱野周泰、瀧邦夫、三上常夫『コニファー　The Guide to Conifers』ワールドグリーン出版、1992
●斎場と墓地
①吉田誠撮影
横段　④ジェフリ＆スーザン・ジェリコー著、山田学訳『図説　景観の世界』彰国社、1980

【集合住宅造園】
●ニュータウンと造園
①（B-3 地区）Bird's eye view of the Primary Space
●建替え団地と造園計画
⑤⑥⑦都市基盤整備公団「人と自然が調和する快適で安心なまちづくりのために」パンフレット

【道の造園】
●高速道路とエコロード
『エコロードガイド』道路緑化保全協会、2005

【河川の造園】
●河川の自然再生と多自然型工法
②国土交通省「多摩川流域リバーミュージアム」
③千田稔『自然的河川計画』理工図書、1991 より一部加筆
④真田秀吉『日本水制工論』岩波書店、1932
●都市の水辺の復権
②土木学会編『水辺の景観設計』技報堂出版、1988

【工場の造園】
●ニューファクトリー
①③④⑤サッポロビール株式会社提供
●産業用地の造園計画
①日本緑化センター『工場緑化ハンドブック』1976

【建築緑化】
●建築緑化の効果
都市緑化技術開発機構編集『屋上・壁面緑化技術のてびき』1999
●屋上緑化
③輿水肇『建築空間の緑化手法』彰国社、1985

【著者イチ押し】
●訪ねてほしい造園空間-⑤
上２点　UR 都市機構
下２点『Esplanade（No.43）』INAX

第３章　造園の仕事の手順

【調査と解析】
●景観の調査
②「森林地形の簡易把握手法の確立」（森林総合研究所平成５年度研究成果選集　田中良明、吉田智佳史、岡勝、井上源基）
③「SD 法に基づいたアンケート調査」（愛媛大学農学部生物資源学科　生物資源生物学　緑化感性工学研究室）
●緑被地・緑地の調査
①日本公園緑地協会編、国土交通省都市・地域整備局公園緑地課緑地環境推進室監修『公園緑地マニュアル（改訂版）』日本公園緑地協会、2005
②横浜市環境創造局提供
●利用に関する調査
② KDDI Location Analyzer にて作成
③（一社）富士山チャレンジプラットフォーム提供
④国土交通省都市局公園緑地・景観課「平成 26 年度都市公園利用実態調査」2015

【計画と設計】
●施設計画
①日本公園緑地協会編、国土交通省都市・地域整備局公園緑地課緑地環境推進室監修『公園緑地マニュアル（改訂版）』日本公園緑地協会、2005
●バリアフリーとユニバーサルデザイン
①静岡県立富士山こどもの国提供
②大阪府営大泉緑地提供

【施工】
●庭園用具と植栽資材
①秋里籬島『築山庭造伝（後編）』
②大貫茂『全国花の寺花の社 100』旅行読売出版社、1993
③④⑤ YASUTAKA TAKASAKI “THE GARDEN VOLUME122 PART1” JOURNAL OF THE ROYAL HORTICULTURAL SOCIETY, 1997

【管理と運営】
●剪定と刈込み
③日本樹木医会『現代の樹木医学』

【マネジメント】
●ランドスケープマネジメント
①住信基礎研究所「Management System の時代」（『住信基礎研究所所報、第２巻』2002）より作成

第４章　造園で用いる材料

【植物材料】
●一・二年草と多年草
①立祥「東都入谷朝顔」
④ EMELIE TOLLEY AND CHRIS MEAD “HERBS Gardens, Decorations, and Recipes” Clarkson N. Potter, Inc., 1985

【植栽基盤】
●植穴客土と植栽基盤整備
①日本造園建設業協会『植栽基盤整備ハンドブック』2005 より作成
●植栽基盤の条件
①東京電力株式会社『緑化のための植栽基盤マニュアル』1985 より作成
②日本造園建設業協会『植栽基盤整備ハンドブック』2005
●土壌硬度と排水
①『緑化のための植栽基盤整備マニュアル』東京電力、1985
②松井健、岡崎正規編著『環境土壌学』朝倉書店、1993
●土壌改良方法と土壌改良材
①②住宅・都市整備公団南多摩開発局『南多摩地区緑化設計指針（案）』1995
③緑化環境工学研究委員会「緑化事業における植栽基盤整備マニュアル」（『ランドスケープ研究』63 巻３号）より作成

【庭園の構成要素】
●竹垣と蹲踞
横段　秋里籬島『築山庭造伝（後編）』
●庭園照明とサウンドスケープ
①髙﨑康隆『自分でつくる楽しい庭のデザイン』主婦と生活社、2003
●火成岩・変成岩・堆積岩
庭石大事典制作委員会『原色 庭石大事典』誠文堂新光社、2016
萩谷宏ほか『［新版］岩石・鉱物・化石』小学館、2022
細谷正夫『岩石観察図鑑』地球レーベル、2022

【著者イチ押し】
●訪ねてほしい造園空間ー⑫
（石山緑地）キタバ・ランドスケープ・プランニング提供
（水景園）空間創研提供

第５章　緑への取組み

【緑への取組み】
●環境教育と公園
①全国女性造園技術者の会グリーンハートプロジェクトチーム編著『感じて調べて考える学習ガイド　公園に行

こう！育てようグリーンハート　引き出そう子どもの力』2004
②国営武蔵丘陵森林公園提供
●市民農園とクラインガルテン
①加藤農園「緑と農の体験塾」(『日刊ゲンダイ』2022.4.5)
②アグリス成城（都市緑化機構ウェブサイト）
③松田雅央提供
④日本クラインガルテン研究会より提供
●癒しの庭と園芸療法
③澤田みどり「園芸療法—①」(『花の友　春−56』日本花の会、1996)
④グロッセ・リュック提供
●ボランティアとパートナーシップ
①国土交通省提供
②柏崎夢の森公園ホームページより作成
③群馬県立観音山ファミリーパーク　KFP 友の会提供

＊明記のない写真は、著者の提供による。

人名索引

キーワード＋施設索引

【サーソ】

【タート】

【ナーノ】

略　歴

赤坂　信（あかさか　まこと）
1950 年　新潟県に生まれる
1973 年　山形大学農学部林学科卒業
1976 年　千葉大学大学院園芸学研究科造園学専攻修士課程修了
1978～1980 年　ハノーバー大学（ドイツ）留学
現　在　千葉大学名誉教授
農学博士（京都大学）

◇造園の仕事に就く読者への一言
身の回りの緑、自然との関係をあらためて見直してその仕組みを知る機会になればと思います。地球の自転公転がもたらす日々の変化や季節のめぐりとともに生きていること、そしてその変化に驚き、また喜びを感じること、こうした「当たり前」の体験の空間を、地上に今生きていることを実感させる場所として用意する。現代の「風流」の復権を造園の役割と考えたいと思います。

池尻あき子（いけじり　あきこ）
1955 年　東京都に生まれる
1978 年　東京農業大学農学部造園学科卒業
現　在　㈱プレック研究所環境計画部門専門次長
技術士（総合技術監理部門、建設部門)、1 級造園施工管理技士、登録ランドスケープアーキテクト（RLA)、RLA フェロー公園管理運営士

◇造園の仕事に就く読者への一言
「造園・緑の仕事をしています」というと、大概の人は「羨ましい」と言います。こんなに羨ましがられる職業も珍しいでしょう。そしてそのためには、フィールドに出ていろんなことを体験しておいたほうがいいでしょう。人との付き合いも。きっと役に立ちます。

池邊このみ（いけべ　このみ）
1957 年　東京都に生まれる
1983 年　千葉大学大学院園芸学研究科造園学専攻修士課程修了
現　在　千葉大学大学院園芸学研究科緑地環境学コース環境造園学領域教授

◇造園の仕事に就く読者への一言
ランドスケープは、奥が深く幅の広い可能性を持つ分野です。自然的であり芸術的でもあり、理系でも文系でも適性がある仕事が沢山あります。創造性とセンスに自信がある人、人を幸せにしたい人、ぜひチャレンジを。

上野裕治（うえの　ゆうじ）
1951年　熊本県に生まれる
1974年　東京農業大学農学部造園学科卒業
2010年　東京農業大学大学院農学研究科環境共生学専攻修了
1975～2006年　㈱大林組、㈱アーバンデザインコンサルタントを経てハイランドパーク㈲設立
2006～2017年　長岡造形大学建築・環境デザイン学科教授
現　在　フリーランスとしてランドスケープデザイン、樹木医業をおこなう
博士（環境共生学）、登録ランドスケープアーキテクト（RLA）、技術士（建設部門）、樹木医、1級造園施工管理技士、1級土木施工管理技士

◇造園の仕事に就く読者への一言
好奇心を持ってモノを見ることがもっとも大切です。「なぜ？」「どうして？」「もっと美しく、もっと快適にできないかな？」そんな疑問符の連続が知識やデザインのもとになります。

加藤　修（かとう　おさむ）
1960年　宮崎県に生まれる
1984年　千葉大学園芸学部造園学科卒業
現　在　㈱ヘッズ代表取締役、武蔵野美術大学、東京造形大学講師
登録ランドスケープアーキテクト（RLA）、技術士（建設部門）、1級造園施工管理技士

◇造園の仕事に就く読者への一言
良い体験をたくさんしてください。人生を豊かに過ごしてください。そして、美への意識は忘れずに。お勧めの本は谷崎潤一郎の『陰翳礼賛』。

木下　剛（きのした　たけし）
1967年　静岡県に生まれる
1996年　千葉大学大学院自然科学研究科環境科学専攻博士課程修了
1996～2022年　千葉大学園芸学部助手、助教授、大学院園芸学研究院准教授
2001～2002年　エディンバラ・カレッジ・オブ・アート（イギリス）客員研究員
2016～2017年　シェフィールド大学（イギリス）客員研究員
現　在　千葉大学大学院園芸学研究院教授、早稲田大学非常勤講師、博士（学術）

◇造園の仕事に就く読者への一言
造園は人々の生存を支える環境＝ランドスケープをつくり / まもる技術の体系です。ここでいう生存とは生存権のそれです。ぜいたくなもの、あったほうがよいものというより、なくてはならないものです。が、社会は必ずしもランドスケープをそのようにとらえていません。しかし、だからこそ造園が必要なのだと私は思います。

新保奈穂美（しんぽ　なおみ）

1987 年　埼玉県に生まれる
2015 年　東京大学大学院新領域創成科学研究科自然環境学専攻博士課程修了
現　在　兵庫県立大学大学院緑環境景観マネジメント研究科　講師
　　　　兵庫県立淡路景観園芸学校　景観園芸専門員
　　　　東北大学大学院国際文化研究科　特任講師

◇造園の仕事に就く読者への一言
地域を分析し、空間と生活をよりよくするアイデアを生み出すために、自分の地域や日本だけに視野を限定せず、ぜひ世界各地の風土・文化を目にして体感していただきたいです。得られる経験・感性が、身近な環境を相対化し、未来をつくる・考える礎になると思います。

菅　博嗣（すが　ひろつぐ）

1959 年　東京都に生まれる
1985 年　千葉大学大学院園芸学研究科造園学専攻修士課程修了
現　在　㈲あいランドスケープ研究所取締役、千葉大学非常勤講師、NPO 法人日本冒険遊び場づくり協会理事、日本造園学会学術委員、元・古河総合公園パークマスター
登録ランドスケープアーキテクト（RLA）、技術士（建設部門）、1 級造園施工管理技士

◇造園の仕事に就く読者への一言
創造する力が造園の源であるとすれば現場を歩くことが大切です。驚いたり、疑問に感じたり、納得したり、その繰返しの中で次を想像する力が宿ります。この本が歩きはじめのきっかけとなれば幸い、Let's walk ！

髙﨑康隆（たかさき　やすたか）

1951 年　東京都に生まれる
1973 年　東京農工大学林学科自然保護研究室卒業
現　在　高崎設計室㈲代表取締役・石組師、京都芸術大学講師、E＆Gアカデミー講師
1 級造園施工管理技士

◇造園の仕事に就く読者への一言
造園作品に限らず、良いものをたくさん見てください。古庭園や良い空間を、十分に時間をかけて味わってください。造園の仕事の出発点は「見る」ことです。見る力を身に付けてください。見て、思うことが力になるのです。

竹田直樹（たけだ　なおき）

1961 年　兵庫県に生まれる
1984 年　千葉大学園芸学部造園学科卒業
現　在　兵庫県立大学大学院緑環境景観マネジメント研究科　准教授
技術士（建設部門）、1 級造園施工管理技士、博士（学術）

◇造園の仕事に就く読者への一言
自然を素材にする造園は、建築や彫刻と違って何をするにも思いどおりにならないものです。できてからも管理が必要で、どうなってしまうか分かりません。つくりすぎてはいけないのです。よく考えて、ちょっとだけつくりましょう。

辻野五郎丸（つじの　ごろうまる）
1945 年　満州国山東省に生まれる
1971 年　千葉大学大学院園芸学研究科造園学専攻修士課程卒業
中央大学研究開発機構客員教授
現　在　㈱修景社代表取締役

◇造園の仕事に就く読者への一言
ウォータフロントや親水という言葉はここ四半世紀の間に生まれた新しい言葉です。造園の技術は、人と自然との新しい関わり合い方を求めてより大きなスケールで展開されています。

内藤英四郎（ないとう　えいしろう）
1948 年　熊本県に生まれる
1970 年　東京農業大学農学部造園学科卒業
現　在　㈱都市ランドスケープ取締役
技術士（建設部門）、RLA フェロー

◇造園の仕事に就く読者への一言
今、自然の力、緑の力を活用してさまざまな社会的課題を解決し、より安全で快適な環境を創出していく、グリーンインフラ事業が進められています。こうした夢のある仕事にチャレンジする人が増えることを願っています。

飛田範夫（ひだ　のりお）
1947 年　東京都に生まれる
1972 年　名古屋大学文学部哲学科卒業
1977 年　京都大学農学研究科博士課程中退
現　在　武庫川女子大学非常勤講師
農学博士

◇造園の仕事に就く読者への一言
私の日本庭園史の研究方法は、現地を調査して実測図を作製すること、史料を調査すること、整備をすることですが、新しい庭園をつくることも貴重な体験になります。大事なことは、「見ろ！調べろ！つくれ！」だと思います。

福成敬三（ふくなり　けいぞう）
1952 年　東京都に生まれる
1980 年　東京大学大学院農学系研究科博士課程修了
現　在　フォーサイト緑地環境研究所代表
技術士（建設部門）、樹木医、1 級造園施工管理技士、1 級土木施工管理技士
RLA フェロー、公園管理運営士、自然再生士、環境再生医、グリーンアドバイザー、グリーンセイバー
農学修士

◇造園の仕事に就く読者への一言
造園の仕事は幅広い一方で、植木を扱う人といった認識でしか見られないこともあります。しかし環境や景観に配慮するという今日的な考え方は、造園の世界では根底に流れてきたものです。今後の社会でも役割は膨大です。

町田　誠（まちだ　まこと）
1959 年　東京都に生まれる
1982 年　千葉大学園芸学部環境緑地学科卒業
1982～2018 年　国土交通省、東京都、さいたま市など
現　在　（一財）公園財団常務理事、横浜市立大学大学院都市社会文化研究科客員教授

◇造園の仕事に就く読者への一言
日本の社会資本、公共施設、公共空間は、これまでつくるロジックに基づいて整備が進められてきました。これから重要なのは使いこなすロジックです。既成概念にとらわれることなく、豊かな市民生活のインフラストラクチャーとなるように皆さんの力で導いて欲しいです。

美濃又哲男（みのまた　てつお）
1959 年　東京都に生まれる
1981 年　東京農工大学農学部農学科卒業
現　在　㈲エル・エス研究室取締役
樹木医

◇造園の仕事に就く読者への一言
植物の取扱いは造園の核となる技術ですが、植物には植物のルールがあり、それに寄り添って扱わなければうまくはいきません。思い込みや期待感に惑わされることなく、植物そのものの姿を学ばれることを願っています。

造園がわかる本　第二版

2006 年 12 月 10 日　第 1 版 発　行
2023 年 4 月 10 日　第 2 版 発　行

著作権者との協定により検印省略

編　者　赤　坂　信
著　者　「造園がわかる」研究会
発行者　下　出　雅　徳
発行所　株式会社　**彰　国　社**
162-0067　東京都新宿区富久町8-21
電　話　03-3359-3231（大代表）
振替口座　00160-2-173401

自然科学書協会会員
工学書協会会員

Printed in Japan

印刷：壮光舎印刷　製本：ブロケード

ISBN 978-4-395-32189-6　C3052　https://www.shokokusha.co.jp